北京市哲学社会科学规划办公室
北京市教育委员会
资助出版

北京学研究报告
2016

北京学研究基地 编

中国社会科学出版社

图书在版编目（CIP）数据

北京学研究报告. 2016／北京学研究基地编. —北京：中国社会科学出版社，2023.6
　ISBN 978-7-5227-2063-0

　Ⅰ.①北… Ⅱ.①北… Ⅲ.①城市学—研究报告—北京—2016　Ⅳ.①C912.81

中国国家版本馆 CIP 数据核字（2023）第 106969 号

出　版　人	赵剑英
责任编辑	吴丽平
责任校对	赵雪姣
责任印制	李寡寡

出　　　版	中国社会科学出版社
社　　　址	北京鼓楼西大街甲 158 号
邮　　　编	100720
网　　　址	http://www.csspw.cn
发 行 部	010-84083685
门 市 部	010-84029450
经　　　销	新华书店及其他书店
印　　　刷	北京明恒达印务有限公司
装　　　订	廊坊市广阳区广增装订厂
版　　　次	2023 年 6 月第 1 版
印　　　次	2023 年 6 月第 1 次印刷
开　　　本	710×1000　1/16
印　　　张	21.25
插　　　页	2
字　　　数	355 千字
定　　　价	108.00 元

凡购买中国社会科学出版社图书，如有质量问题请与本社营销中心联系调换
电话：010-84083683
版权所有　侵权必究

编委会

顾　问　　张妙弟　李建平

主　编　　张宝秀

副主编　　张　艳　孟　斌　张　勃

编　委　　(按姓氏笔画排序)

　　　　　　石美玉　成志芬　朱永杰　刘　丹

　　　　　　张景秋　杨靖筠　苑焕乔　赵连稳　顾　军

前　言

在北京市哲学社会科学规划办公室和北京市教育委员会的领导和支持下，2015年北京联合大学北京学研究基地（以下简称基地）以"立足北京、研究北京、服务北京"为宗旨，努力从首都北京地域文化和地域综合性视角，深入开展北京历史文化与文化遗产、北京城市发展、北京经济发展、地方学与地方文化理论等领域的研究工作，取得了较为丰硕的研究成果。在《北京学研究报告2015》尝试由成果汇编向专业性研究综述转型的基础上，进一步深入探讨并尝试《北京学研究报告》的转型，围绕北京学研究基地的主要研究方向进行年度研究进展综述与理论观点凝练，力争将《北京学研究报告》做成行业内具有指导意义的发展报告或专业领域内的权威研究报告，为政府决策及行业发展提供咨询服务。在此背景下，基地立足于《北京学研究报告2016》的转型研究申请并成功获批北京市社科基金基地项目"北京学与首都时空发展趋势研究"。课题立足时、空、人相结合的北京学研究，着重从"以时间为主线的北京历史文化遗产保护与传承研究""以空间为主线的北京城乡发展动力与特点研究"与"时空相结合的北京文化与城市形象研究"等方面，对首都北京时空发展的阶段性特征进行总结，对未来发展趋势进行研判，积极探索北京学研究服务首都北京发展建设实践的路径，进一步推动北京学年度研究报告向专业性权威咨询报告转型。

进入21世纪，北京市进行了两次城市总体规划的修编，对20世纪的城乡规划思路进行了比较大的调整，这两次总体规划的修编对北京城市空间布局的影响可以分为两个阶段：2015年及以前，编制和实施《北京城市总体规划（2004年—2020年）》以及2016年至2020年，编制和执行《北京城市总体规划（2016年—2035年）》。第一阶段，在《北京城市总体规划（2004年—2020年）》《京津冀协同发展规划纲要》等大的城市发展方针的指引下，北京相继制定并完成了国民经济和社会发展的"十一五""十二五""十三五"规划，使郊区东南西北4个方向都有较大的发展，有效缓解了中心城区的压力，使北京的城市空间布局有了比较大的调整。第二阶段，《北京城市总体规划（2016年—2035年）》的编制与执行进一步落实"四个中心"的城市战略定位、疏解非首都功能、京津冀协同发展、治理"大城市病"的目标，逐步构建北京"一核一主一副、两轴多点一区"的新城市空间结构。

2015年是21世纪首都北京新旧两版城市总体规划、城市时空发展两个阶段转换的关键节点。本研究围绕2015年度北京学围绕首都时空发展的现状特征、发展趋势、经验成效等进行全面梳理与总结，以期为首都北京面向新发展阶段进行时空布局优化、高质量发展奠定基础。此外，研究从时间、空间与时空相结合的视角对北京学的主要研究方向进行凝练，创新对北京学理论体系与方法论体系的认识，具有重要的理论意义。研究将调查研究、理论观点与政策建议相结合，研究领域与热点问题相结合，研究成果具有较高的实践应用价值。

2015年是中国文化发展至关重要的一年，在文化发展方面有许多重要政策出台；北京市积极响应，出台《关于进一步加强基层公共文化建设的意见》等文件，为首都文化发展指引新方向、新机遇。2015年，无论是从实践层面还是从学术层面，文化遗产的保护与传承都是当前的一个热点。

2015年，北京市进一步落实京津冀协同发展以及城市产业与空间结构优化，通过《京津冀协同发展规划纲要》，印发《北京市城乡结合部建设三年行动计划（2015—2017年）》《北京市新增产业的禁止和限制目录（2015年版）》等一系列政策。2015年，北京市正确把握新时期首都城市战略定位，积极推进京津冀协同发展，有序疏解非首都功能，加快培育"高精尖"经济结构，大力统筹稳增长、促改革、调结构、惠民生、防风险等各项工作，经济社会保持了平稳健康发展，"十二五"规划顺利完成。但在长期快速发展中，也积累形成了比较明显的"城市病"，面对新时期首都城市发展的形势和任务，城市发展战略、城市建设与管理、城市经济、城乡一体化等问题成为学术界研究的热点。

2015年地方学研究取得丰硕成果，"地方学"内涵不断丰富，中国地方学的两种建构方式、概念论述、学科架构不断发展等。地方学的根本任务是挖掘地方性。

研究报告主要分为三个部分：第一，总报告；第二，北京学聚焦首都北京时空发展趋势的三个分报告；第三，2015年度北京学研究基地学术工作概览。

总报告聚焦"首都北京时空发展趋势"，从北京学时、空、人相结合的视角对首都北京不同阶段的城市空间布局与发展重点的整体特征与趋势进行论述。分报告分别包括"北京历史文化与遗产保护传承""北京城乡空间发展与建设""北京学与地方学理论研究"三个研究领域。在每个研究领域中，首先对2015年度出台的重要政策、文件进行梳理与解读，对该领域2015年度发生的重要活动进行回顾，对2015年度该研究领域的研究进展进行综述，以期由点到面地把握2015年度首都时空发展的趋势。

在"北京历史文化与遗产保护传承"部分，首先，回顾并梳理介绍了北京文化遗产保护、北京历史文化名城保护、北京历史文化街区保护、北京历史文化名镇名村保护、北京传统村落保护、北京文化产业发展等领域的相关政策。其次，回顾了2015年度北京历史文化保护与传承领域发生的重要活动。并且，分别从北京历史研究、北京城市文化与城市形象、北京文化遗产保护与传承、北京文化建设等方面回顾与综述了2015年度该领域的研究进展。此外，聚焦于"北京历史文化街区保护""北京市传统村落保护""京津冀历史文化村镇保护与发展""北京非物质文化遗产保护""北京佛教文化发展"五个专题，分别从现状、问题及原因、理论分析与经验借鉴、对策建议四个方面展开专题研究。北京历史文化街区、传统村落、历史文化村镇、非物质文化遗产保护等方面取得显著的成绩，但也存在诸多问题，面临严峻挑战。例如，北京历史文化街区保护方面存在规划针对性和可操作性不强、管理粗放、大规模改造项目的实施导致北京旧城一些历史文化街区的风貌完整性遭到了巨大破坏等问题。北京市传统村落的保护存在以下问题。一是传统村落存量稀少，衰败迹象明显，保护质量不高；二是人口流失，村落出现空心化、老龄化；三是设施落后，居民生活条件差；四是大拆大建现象普遍，建筑风貌损坏严重；五是村落文化传统断裂，非物质文化遗产传承无力；六是过度商业开发和利用；七是基础薄弱，管理数据缺乏；八是人才匮乏，专业力量不足。近年来，京津冀历史文化村镇面临传统建筑及其整体风貌保护堪忧、许多传统建筑技艺和民风民俗等非物质文化遗产濒临消亡等问题。通过对北京市的非遗项目进行初步统计分析，现在依旧有超过三分之一的项目处于濒危状态，仍面临部分非物质文化遗产项目及其传承人的生存发展空间不足、管理机制不健全、分类研究与专项研究不足等问题。

在"北京城乡发展与建设"部分，首先，对2015年度北京城乡发展与建设相关领域出台的各项政策的内容进行介绍，并进一步梳理对该政策的权威解读。梳理和回顾该领域中2015年度由政府主导的及学术团体主导的重要活动及其内容。从"北京城市发展战略研究""北京城市建设研究""北京城市经济研究""北京城乡一体化研究""北京城市管理研究"等方面综述2015年度该领域的研究进展。在"北京城市发展战略研究"领域，分别梳理了"融入'一带一路'战略""京津冀协同发展""落实首都城市战略定位"三个方面的发展战略研究。在城市建设研究领域，紧扣"国际一流和谐宜居之都建设"，文化中心建设，智慧城市建设，生态、节水、海绵城市建设，健康城市建设五大前沿议题进行综述。其次，城市经济研究部分综述了城市创新与创意城市研究、北京产业研究两大领域的研究进展。在城乡一体化研究围绕城乡一体化、美丽乡村建设领域进行综述。最后，在城市管理研究部分，围绕"城市病"治理、城市人口流动的格局、过程与管治、城市交通与出行行为、城市应急防灾研究等前沿领域与现实问题进行系统综述。在此基础上，重点围绕"北京城市空间与日常生活""北京郊区巨型住区生活空间与社区规划""北京中心城区老年人群宜居满意度与提升策略""北京表演艺术旅游发展研究"，分别借助媒体新闻报道等的文本分析、一手问卷调查数据的统计分析与可视化方法、案例分析与比较等方法，从北京城市空间与居民行为的相互影响出发，进行深入的专题研究。例如，基于不同空间尺度、不同类型的多源调查数据，本报告围绕北京居民日常活动与宜居满意度、公共服务设施利用、中心城区老年人宜居满意度等开展一手调查，对居民日常生活中面临的休闲娱乐空间冲突严重、日常购物便捷度下降、北京常住人口子女择校难、流动人口子女入学困难、看病难问题长期困扰、交通难等问题及其原因进行分析。

在"北京学与地方学"部分，梳理了地名管理相关政策、2015年北京学与地方学重要活动、北京学和地方学研究进展以及对地方学与北京学学科的认识、地方学与地域文化关系等理论研究成果。最后，本报告以一览表的形式梳理了2015年度北京学研究基地开展的及参与各项学术活动，以及取得的主要成果。

从年度资料汇编到专业性研究报告转型具有很大挑战，需要瞄准方向、聚焦主题，进一步凝练方向，本项目进行了有益探索，但仍存在以下问题未来须进一步探索。首先，本研究成果在阐述北京学研究基地主要研究方向之间的逻辑关系方面仍存在不足。时间、空间、人相结合涉及历史学、地理学、民俗学等不同学科的交叉融合，整理研究框架和学科框架需要加强理论学习。其次，本研究尝试从时间、空间与时空相结合的视角对北京学围绕首都时空发展趋势的相关研究进行梳理与重新解读，希望通过研究综述与专题调查相结合的方式既保证全面性又保证有深度，未来还需要进一步思考专题研究的选题以及专题之间逻辑关系。最后，本研究未来仍需在专题调研报告基础上进一步凝练观点，促进研究成果向咨询报告的转换，进一步推动北京学研究报告向专业性咨询报告的转型。

在《北京学研究报告2016》的编写过程中，一如既往地得到了北京市哲学社会科学规划办公室及北京市教委和校内有关领导、系部、科研机构及相关学科的大力支持和帮助，在出版过程中，得到了中国社会科学出版社的热情帮助，在此一并表示衷心的感谢！报告中若存在错误和不足之处，望广大读者批评指正。

《北京学研究报告2016》编委会
2016年10月

目 录

总论 首都北京时空发展趋势 …………………………… 张宝秀 黄 序（1）
 一 新中国首都北京城市空间布局的演变 ………………………（1）
 二 21世纪北京城市空间拓展第一阶段（2015年以前）：编制和
  实施《北京城市总体规划（2004年—2020年）》………………（2）
 三 21世纪北京城市空间拓展第二阶段（2016—2020年）：编制和
  执行《北京城市总体规划（2016年—2035年）》………………（9）

第一篇 北京历史文化与遗产保护传承

北京历史文化遗产保护传承相关政策法规 ……………… 苑焕乔（23）
 一 文化遗产保护总体政策法规 …………………………………（23）
 二 历史文化名城、名镇名村与街区保护专项政策法规 …………（25）
 三 传统村落保护专项政策法规 …………………………………（28）
 四 文化产业发展相关政策法规 …………………………………（30）

北京历史文化与遗产保护传承领域重要活动 ……………… 朱永杰（33）
 一 交流展示活动 …………………………………………………（33）
 二 学术研讨活动 …………………………………………………（37）

北京历史文化与遗产保护传承研究进展 …………… 张 勃 刘会靖（43）
 一 北京历史研究 …………………………………………………（43）
 二 北京文化遗产保护传承研究 …………………………………（54）

三　北京城市文化与城市形象研究 …………………………………（63）
　　四　首都北京全国文化中心建设研究 ………………………………（67）

北京历史文化街区保护现状与对策研究 ……………………朱永杰（73）
　　一　北京历史文化街区保护现状 ……………………………………（73）
　　二　北京历史文化街区保护存在的主要问题与原因分析 …………（75）
　　三　国内外历史文化街区保护经验借鉴 ……………………………（80）
　　四　北京历史文化街区保护对策建议 ………………………………（82）

北京传统村落保护现状与对策研究 …………………………张　勃（87）
　　一　北京传统村落保护现状 …………………………………………（88）
　　二　北京传统村落保护存在的主要问题与其原因分析 ……………（92）
　　三　传统村落保护的基本思路与理念 ………………………………（96）
　　四　加强北京传统村落保护对策建议 ………………………………（100）

京津冀历史文化村镇保护现状与对策研究 …………………苑焕乔（103）
　　一　京津冀历史文化村镇保护现状 …………………………………（103）
　　二　京津冀历史文化村镇保护存在的主要问题 ……………………（106）
　　三　国内外历史文化村镇保护理念与实践 …………………………（108）
　　四　京津冀一体化背景下历史文化村镇保护对策建议 ……………（113）

北京非物质文化遗产保护现状与对策研究 …………………李　扬（117）
　　一　北京非物质文化遗产保护现状 …………………………………（117）
　　二　北京非物质文化遗产面临的主要问题 …………………………（124）
　　三　北京非物质文化遗产项目保护对策建议 ………………………（127）

第二篇　北京城乡空间发展与建设

北京城乡空间发展与建设相关政策 …………………………孟　斌（135）
　　一　发展战略与城乡建设相关政策 …………………………………（135）

二　城乡产业发展相关政策 …………………………………………（138）

北京城乡空间发展与建设领域重要活动 ……………… 孟　斌（145）
　一　政府组织活动 …………………………………………………（145）
　二　学术研讨活动 …………………………………………………（149）

北京城乡发展与建设研究进展 ………………………… 孟　斌（152）
　一　城市发展战略研究 ……………………………………………（153）
　二　城市建设研究 …………………………………………………（156）
　三　城市经济研究 …………………………………………………（161）
　四　城市管理研究 …………………………………………………（164）
　五　城乡一体化研究 ………………………………………………（170）

北京城市空间与居民日常生活关系研究 ………… 孟　斌　贾晓朋（173）
　一　北京居民日常生活满意度现状分析 …………………………（173）
　二　日常生活与城市空间互动关系理论解析 ……………………（182）
　三　基于城市空间视角提升北京市民日常生活满意度的
　　　对策建议 ………………………………………………………（184）

北京郊区巨型住区生活空间与社区规划研究 ………… 张　艳（188）
　一　北京郊区居民日常生活活动空间基本特征 …………………（188）
　二　北京郊区居民日常生活活动空间规划存在的主要问题 ……（195）
　三　居民日常生活圈与社区规划理论 ……………………………（200）
　四　完善北京郊区居民日常生活活动空间规划与管理
　　　对策与建议 ……………………………………………………（206）

北京中心城区老年人群宜居满意度与提升策略研究 ……… 李雪妍（210）
　一　北京中心城区老年人群宜居环境现状评价 …………………（211）
　二　影响北京中心城区老年人群宜居环境满意度的主要问题 ……（230）
　三　提升北京中心城区老年人群宜居环境满意度的对策建议 ……（235）

北京表演艺术旅游发展研究 ………………………… 董恒年　张远索（238）
　　一　北京表演艺术旅游发展现状 ……………………………………（238）
　　二　北京表演艺术旅游发展滞后问题与原因分析 …………………（246）
　　三　伦敦西区表演艺术旅游发展特征与经验借鉴 …………………（247）
　　四　北京表演艺术旅游发展借鉴伦敦西区经验的对策建议 ………（255）

第三篇　北京学与地方学理论研究

地名管理相关政策 ……………………………………… 朱永杰（265）
　　一　国家政策 ……………………………………………………（266）
　　二　市级政策 ……………………………………………………（268）

北京学与地方学研究重要活动 ………………………… 朱永杰（271）
　　一　记住乡愁，传承文化——第十七次北京学学术年会 ………（271）
　　二　城市的变迁——2015年中国地方学国际学术研讨会 ………（273）
　　三　地方学的应用与创新座谈会 ………………………………（273）
　　四　第二届晋学与区域文化国际学术研讨会 …………………（274）

领域进展 ………………………………………………… 成志芬（275）
　　一　对"地方学"的内涵、"地方"的范围的进一步研究 ………（275）
　　二　对中国地方学研究状况的分析 ……………………………（277）
　　三　"地方学"的学科架构 ………………………………………（277）
　　四　"地方学"如何研究和发展 …………………………………（278）
　　五　"地方学"与国学的关系 ……………………………………（280）
　　六　对某个地方学的研究 ………………………………………（280）
　　七　其他研究方面 ………………………………………………（282）

对地方学与北京学学科的认识 ………………………… 张宝秀（284）
　　一　地方学的概念 ………………………………………………（284）
　　二　地方学的学科属性 …………………………………………（285）
　　三　地方学与城市学的关系 ……………………………………（286）

  四　地方学的根本任务——挖掘地方性 …………………………（286）
  五　北京学学科建设 ………………………………………………（288）

地方学与地域文化关系 ……………………………………刘开美（291）
  一　地方学与地域文化的概念 ……………………………………（291）
  二　地方学与地域文化的联系 ……………………………………（294）
  三　地方学与地域文化的区别 ……………………………………（297）

第四篇　2015年北京学研究基地学术工作信息一览

表1　2015年立项的主要科研项目 …………………………………（305）
表2　2015年出版的主要学术著作和论文集 ………………………（308）
表3　2015年完成的研究报告 ………………………………………（310）
表4　2015年发表的主要学术论文 …………………………………（311）
表5　2015年主要的科研获奖情况 …………………………………（315）
表6　2015年"北京学讲堂"系列讲座 ………………………………（316）
表7　2015年举办的主要学术活动 …………………………………（318）
表8　2015年参加的主要学术活动 …………………………………（320）

总论　首都北京时空发展趋势

张宝秀　黄　序[*]

一　新中国首都北京城市空间布局的演变

1949年中华人民共和国成立后，随着时间的推进，北京城市空间布局的演变趋势是由"子母城"和"单中心"向"分散集团式"和"多中心"过渡。

1953年的北京城市改建与扩建规划草案，以旧城为中心向四周扩建。

1958年6月上报的总体规划提出内向型"子母城"布局形式；9月上报的总体规划提出"分散集团式"布局形式，发展远郊区，"形成许多大小不等的新的市镇和居民点，分散地围绕着市区"（实际仍是"子母城"思想）。

1983年批准的总体规划除了继续肯定"分散集团式"和"子母城"的布局外，还主张"形成各自相对独立的多中心布局"，首次提出"多中心"概念，但缺乏具体规划措施。

1993年批准的总体规划明确沿京津塘高速公路为城市主要发展轴，实行开放型四级城镇体系布局，提出"两个战略转移"和加强与首都周围城市的协调发展；同时在市区坚持了"分散集团式"布局，并按照"多中心"格局增建5个新的市级商业文化服务中心，后又建设了中关村、亦庄经济技术开发区、中央商务区（CBD）、金融街、奥运公园等重点功能区，进一步向"多中心"过渡。

进入21世纪，北京市进行了两次城市总体规划的修编，对20世纪的规

---

[*] 张宝秀（1964—　），女，博士，教授，北京联合大学应用文理学院院长、北京学研究所所长、北京学研究基地主任，研究方向为历史地理学、人文地理学、北京学。黄序，北京联合大学北京学研究基地特邀研究员、北京市社会科学院城市问题研究所原所长。

划思路进行了比较大的调整，这两次总体规划的修编对北京城市空间布局的影响可以分为两个阶段。

二 21世纪北京城市空间拓展第一阶段（2015年以前）：编制和实施《北京城市总体规划（2004年—2020年）》

进入21世纪后，经国务院批准的《北京城市总体规划（1991—2010年）》确定的2010年的大部分发展目标已经提前实现。经济社会的快速发展、北京城市建设"新三步走"战略目标的确立、北京2008年奥运会的申办成功，这些都对北京的城市发展提出了新的要求，也说明北京进入了新的发展阶段，迫切需要用与新的发展要求和新的发展阶段相适应的城市规划来指导全市的发展。此外，进入21世纪时，北京的城市发展出现了许多新情况、新问题，如人口的快速增加与资源供应紧张状况不断加剧、历史文化名城的保护面临巨大压力、建成区呈现无序蔓延趋势、城乡差距不断拉大、单中心的发展格局给城市的进一步发展造成了难以克服的困难，等等，这些情况也迫切需要对上版总体规划进行总结和调整，从总体规划的战略性、全局性角度，寻求新的解决办法。在这种形势下，2002年5月北京市第九次党代会提出了修编北京城市总体规划的工作任务。在经过充分的前期研究基础上，于2004年编制完成了《北京城市总体规划（2004年—2020年）》，并经国务院批准。

在这版总体规划中提出北京城市发展的目标是国家首都、世界城市、文化名城和宜居城市，提出的北京城市空间布局规划是"两轴—两带—多中心"，两轴是指沿长安街的东西轴和传统中轴线的南北轴，两带是指包括通州、顺义、亦庄、怀柔、密云、平谷的"东部发展带"和包括大兴、房山、昌平、延庆、门头沟的"西部发展带"。多中心是指在市域范围内建设多个服务全国、面向世界的城市职能中心，这些中心包括中关村高科技园区核心区、奥林匹克中心区、中央商务区（CBD）、海淀山后地区科技创新中心、顺义现代制造业基地、通州综合服务中心、亦庄高新技术产业发展中心和石景山综合服务中心等。

根据在这版总体规划中提出北京城市发展的目标和空间布局规划，遵循"优化城区、强化郊区、涵养山区"的原则，将全市从总体上划分为首都功能核心区、城市功能拓展区、城市发展新区和生态涵养发展区四大功能区域，并且按照优化完善首都功能核心区，提升改造城市功能拓展区，重点建设城市发展新区，适度开发生态涵养发展区的建设方向进行功能区建设。各功能区域的范围和功能分别如下。

首都功能核心区。包括东城、西城、崇文、宣武四个区，是首都功能和"四个服务"的最主要的载体，承担国家政治文化中心、金融管理中心和国际交往中心的职能，同时具有服务全国的会展、体育、医疗、商业和旅游等功能。

城市功能拓展区。包括朝阳、海淀、丰台、石景山四个区，是国家高新技术产业基地，国内外知名的高等教育和科研机构聚集区，著名的旅游、文化、体育活动区，也是中国与世界联系的重要节点。

城市发展新区。包括通州、顺义、大兴、昌平、房山五个区和亦庄开发区，是北京发展高新技术产业、现代制造业和现代农业的主要载体，是北京疏散城市中心区产业与人口的重要区域，也是未来北京城市发展的重心所在。

生态涵养发展区。包括门头沟、平谷、怀柔、密云、延庆五个区县，是北京的生态屏障和水源保护地，是环境友好型产业基地，是保证北京可持续发展的支撑区域，也是北京市民休闲游憩的理想空间。

在 2014 年 12 月召开的中央经济工作会议上，京津冀与一带一路、长江经济带并列作为我国区域发展三大战略，国务院成立京津冀协同发展领导小组，为三地落实协同发展指明方向，指出要抓紧编制首都经济圈一体化发展的相关规划，明确三地功能定位、产业分工、城市布局、设施配套、综合交通体系等重大问题，并从财政政策、投资政策、项目安排等方面形成具体措施。在产业发展上要着力加快推进产业对接协作，理顺三地产业发展链条，形成区域间产业合理分布和上下游联动机制，对接产业规划，不搞同构性、同质化发展。在城市布局和空间结构上，要着力调整优化，促进城市分工协作，提高城市群一体化水平，提高其综合承载能力和内涵发展水平。2015 年 4 月 30 日中共中央政治局召开会议，审议通过《京津冀协同发展规划纲要》。纲要指出，推动京津冀协同发展是一个重大国家战略，核心是有序疏解北京非首都功能，要在京津冀交通一体化、生态环境保护、产业升级转移等重点领域率先取得突破。

在《北京城市总体规划（2004 年—2020 年）》《京津冀协同发展规划纲要》等大的城市发展方针的指引下，北京相继制订并完成了国民经济和社会发展的"十一五""十二五""十三五"规划，使郊区东南西北 4 个方向都有较大的发展，有效缓解了中心城区的压力，使北京的城市空间布局有了比较大的调整，具体体现在以下方面。

（一）东部——北京城市副中心的崛起

北京城市副中心位于北京东部的通州区通州镇。其发展的背景是1993年，通州镇被定位为北京14个卫星城之一。2005年，通州新城与顺义新城、亦庄新城成为北京重点发展的三个新城；其中通州新城还被定位为"北京未来发展的新城区和城市综合服务中心"，是中心城行政办公、金融贸易等职能的补充配套区。通州的地位进一步得到强化。当年年底北京市委全会明确提出，"集中力量、聚焦通州，借助国际国内资源，尽快形成与首都发展相适应的现代化国际新城"。2012年，在北京市第十一次党代会上，北京市委、市政府明确提出"聚焦通州战略，打造功能完备的城市副中心"。在国务院批复的《北京城市总体规划（2004年—2020年）》中，通州被定义为城市东部副中心，北京重点发展的新城之一，是中心城行政办公、金融贸易等职能的补充配套和东部发展带的服务中心。引导发展行政办公、金融贸易、文化、会展、商业服务、教育、科研等功能。空间上主要向东、向南发展，跨过北运河以东地区是引导发展行政办公、金融贸易等功能的重要区域，该地区的规划和建设要高起点、高标准，使其与所处的地位和承担的功能相匹配。

面对使命和责任，通州区紧紧围绕新定位和新要求，开展了一系列卓有成效的工作，取得了市行政副中心建设的初步成果。到2015年通州配合市规划委启动市行政副中心综合规划的编制，对市行政副中心的发展进行统筹布局；与市规划委、市交通委合作编制市行政副中心综合交通规划，强化区域交通枢纽定位；与市水务局合作编制市行政副中心水务发展规划及三年行动计划，系统解决供水、排水和水环境治理等问题，部分工程已开工建设；与市园林绿化局合作编制市行政副中心园林绿化发展规划及三年行动计划，充分体现了"城在绿中"的理念，2016年将全面实施；与市教委、市卫健委、市文化局合作编制市行政副中心教育、卫生、文化等公共服务发展规划，进一步优化资源配置、提升服务质量和水平。这一系列工作，为市行政副中心实现高起点、高标准的谋篇布局提供了坚实可靠的顶层设计。同时，围绕"交通便捷、生态宜居"的新要求，开展了大量基础性工作。采取最严厉的环保措施，在大气治理、水环境综合整治、低端产业退出、城乡环境建设、打击违法用地和违法建设以及人口调控等方面重拳出击，取得了明显成效。大力度实施以道路交通为重点的市政基础设施建设，加快配置教育、医疗、文化、体育等公共服务设施，城市功能配套和综合承载力步入跨越式提升的轨道。扎实推进重点功能区建设，举全区之力顺利完成行政办公区一期的拆迁，并具备了开工条件；商务中心区重点项目进入全面建设和逐批竣工阶段；文化旅游区北京环球主题公园及度假区实现开工；环渤海高端总部基地土地一级开发基本完成；宋庄文化创意产业集聚区A1地块完成上市交易。紧密结合市行政副中心建设思路，持续提升梨园、永顺等地区的城市化水平和发展质量。加快城乡一体化进程，与市农委合作完成农业结构调整方案，编制完成新型城镇化综合试点实施方案，确定台湖镇、潞城镇、于家务乡为先行先试区，着手研究南部乡镇中心区城镇化问题，大力构建市行政副中心生态屏障与发展纵深。积极推动京津冀协同发展，与河北廊坊、天津武清达成合作协议，在水系治理、水系连通和园林绿化等方面全面开展合作。

（二）北部——奥运、中关村科技园对北京城市空间布局的影响

2001年7月13日，在莫斯科国际奥委会112次全会上，北京市经过激烈的竞争与角逐，获得了2008年第29届奥运会的举办权，给北京的发展带来了新的机遇与挑战。

奥运经济是举办城市在筹备和举办奥运会期间，以及奥运会后的一段时期内，利用奥运会创造的商机，借势发展本地区经济的一系列活动。主要包括三个组成部分：一是直接为举办奥运会而产生的经济活动，如比赛场馆及相关设施的投资及投资拉动等；二是围绕开发奥运会资源进行的经济活动，如奥运市场开发的各项内容；三是主办城市借奥运契机，发展区域经济、加快城市建设的各种经济活动。从本质上看，奥运经济是由注意力资源的相对集中给举办城市和国家带来的一种阶段性加速发展的经济现象。如果这种注意力资源得到充分利用和开发，将对举办城市和国家的经济、社会发展产生巨大的推动作用。[①]

---

① 程秀生：《发展奥运经济与优化城市功能布局》，载《2003北京奥运经济报告》，北京出版社2004年版。

北京奥运会作为奥运史上具有独特风采的奥运会，中国文化、中国精神、中国气派与奥林匹克精神的结合与互动，成为多元文化交融互补的奥林匹克精神的重要组成，成为奥运史上珍贵的文化遗产。同时对北京城市空间布局产生重大影响。在场馆总体位置上，通过科学的规划编制，强化新的建设与既有的历史文化资源在空间上的协调，北京建设的31个场馆，包括新建和改扩建的场馆，在地域上或者在空间上，和北京的旧城做好了相应的处理关系，没有一个新建和改扩建的场馆是在历史文化名城的核心区。最大限度地保障了新建的体育场馆以及相应的配套设施，不会和旧城具有历史文化价值的建筑在空间上产生冲突，也更好地保证了我们旧城的风貌。在文化传承上，奥林匹克主中心区位于北京城市中轴线的北端，北京这座历史文化名城最重要的一个特点，是北京从设计、建设之初就拥有一条中轴线。历史上的长度是北起钟鼓楼、南到永定门，大概7.8公里。而新的奥运体育主中心区放在城市中轴线的北端，这在建设过程中，继承和发扬了北京中轴线的城市空间组织的结构和特征，是对北京整体城市建设的一大贡献。[1]

中关村科技园区起源于20世纪80年代初的"中关村电子一条街"，1988年经国务院批准成为我国第一家高科技园区。1999年，国务院作出了加快中关村科技园区建设的批复。"十五"期间，中共北京市委、北京市人民政府制定并组织实施了《中关村科技园区五年上台阶行动纲要》。五年来，中关村科技园区勇于探索，不断创新，大力推进以自主创新为核心的高新技术产业发展，圆满完成了"三年大变样""五年上台阶"及"十五"时期的主要任务。

2005年7月，国务院作出了做强中关村科技园区的重大决策。中关村科技园扩展，实行"一区多园多基地"空间布局，总面积23252.29公顷，包括海淀园（面积13306公顷）、丰台园（面积818公顷）、昌平园（面积1148.29公顷）、电子城（面积1680公顷）、亦庄园（面积2678公顷）、德胜园（面积864公顷）、石景山园（面积345公顷）、雍和园（面积300公顷）、大兴生物医药产业基地（面积963公顷）、通州园（面积1450公顷），以及若干特色产业集聚的专业园、产业基地和大学科技园。其中，海淀园

---

[1] 胡浩、齐飞：《奥运会对城市空间发展的影响研究——以北京奥运会为例》，《经济研究导刊》2012年第28期。

是中关村科技园区的主体和核心。①

中关村科技园的发展,极大增强了北京北部区域的发展,以中关村科技园区的主体和核心海淀园为例,到2015年,其所在的海淀区的GDP为5359.7亿元,比2010年的3097.9亿元增加了2261.8亿元,增长了73%。

(三) 南部——南城加快发展

由于历史原因,北京南城曾是北京城市发展中相对落后的地区。进入21世纪后,加快南城发展开始进入北京发展的大格局。在《北京市国民经济和社会发展第十个五年计划纲要》中指出:"完善城市发展格局,实行城市开发建设重点的战略转移,构建市中心区—绿化隔离带—边缘集团—卫星城—小城镇协调发展的城市格局,重点加快南部地区发展,建成绿化隔离带,加强卫星城开发建设,加速推进郊区小城镇建设,促进城市体系完善和空间布局优化。"

2007年,北京市政府曾明确提出"建设活力南城",当时南城的概念只有崇文、宣武、丰台三个区。加快南部地区发展。主要着眼于缩小发展差距,以危旧房改造和市政基础设施建设为突破口,加快南部地区的建设步伐,逐步实现与其他区域协调发展。实施倾斜政策,加大对南部地区基础设施建设的支持力度。建设完成广安大街改扩建、南中轴线改扩建、蒲黄榆路改扩建、106国道北京段等一批关系南部地区发展的重大项目,使南部地区基础设施相对落后的状况明显改观。加快南部地区危旧房改造步伐,集中力量搞好前门、天坛、永外、牛街、天桥、菜市口等危改区的改造,使南部地区的居住状况和环境明显改善。优先安排南部地区的公共建筑和商业设施建设,规划建设一批文化、体育设施和大面积绿化休闲广场。加快前门大栅栏地区整治改造。

2009年,北京市《促进城市南部地区加快发展行动计划》正式发布,重新界定了北京"南城"的范围,不仅包括崇文、宣武和丰台,还纳入房山和门头沟。将北京城市南部地区作为本市未来发展的重要空间和京津冀

---

① 北京市发展和改革委员会:《北京市"十一五"时期中关村科技园区发展规划》,北京市发展与改革委员会网站,2007年1月4日(链接日期),http://fgw.beijing.gov.cn/fgwzwgk/zcgk/ghjh-wb/wnjh/202003/t20200331_2638460.htm。

区域合作的门户通道。城南由此迎来了前所未有的发展机遇。

2010年年底，北京市提出将亦庄开发区和大兴区进行行政资源整合，成为南部新区，定位为用来发展和承载中小企业及高端制造业等实体经济的发展。在2013年出台的《北京市"十二五"时期重点新城建设实施规划》中将亦庄—大兴新城定位为以高技术制造业、战略性新兴产业集聚发展为依托的综合性城市新区。是辐射并带动京津城镇走廊产业发展，并具有全球影响力的区域产业中心和高端产业服务基地。"十二五"时期力争建设成为北京南部地区具有区域核心带动作用的战略性新兴产业中心和现代化综合新城。加快实现从"产业型"新城向"综合型"新城的转变。

2013年3月19日，第二阶段城南行动计划（2013—2015年）正式发布。与2009年第一阶段城南计划相比，更注重民生服务，强调城市功能。新计划共安排公共服务、基础设施、生态环境、产业发展4类232项重大项目，其中续建项目94项，新建项目138项，总投资约3960亿元，与第一阶段城南计划相比增加了1000亿元。其中北京新机场建设，在第二阶段城南行动计划中无疑重中之重，其后三年，北京新机场建设将积极会同国家有关部门加快节奏，实现主体工程全面开工，场址选在大兴南各庄与河北省廊坊市白家务接壤处。

到2015年，第二阶段城南行动计划的实施取得重大进展，大兴国际机场建设加速推进。

（四）西部——首钢转型是加快西部发展的开始

始建于1919年的首钢，曾是20世纪末中国最大的钢铁厂，鼎盛时期其一个厂一年上交的利税就占北京全市利税总额的1/4。当时在首钢所在地北京西部的石景山区的发展在北京城市发展中还是相当不错的。但钢铁生产的特性和位于京西的位置，使首钢对北京的生态环境有很大的影响。在2001年北京争得奥运会举办权后，北京下决心改善空气质量，首钢搬迁提上议事日程，2005年国务院批准"首钢实施搬迁、结构调整和环境整治"方案，2010年年底首钢实现了主厂区全面停产。闲置的首钢北京园区没有拆除，而是以保护和利用为基础，在原先的工业场地上进行规划和改造。2010年年初，北京市领导提出深化首钢规划，将首钢建成"加快转变经济发展方式的示范区、首都生态文明建设重点区"的要求。北京市"十二五"规划也提出了建设"新首钢高端产业综合服务区"的新要求。为此北京城市规划设计研究院在2007年市政府批复的《首钢工业区改造规划》基础上，编制《新首钢高端产业综合服务区控制性详细规划》。规划于2011年年底获得北京市政府批准，成为指导首钢地区开发建设的依据。此后首钢转型开始，2015年首钢北京园区被北京2022冬奥组委选择作为办公地点，首钢以此为契机，开始大力推进园区建设。首先启动首钢地区重大基础设施建设，其中石景山首钢段永定河及滨河环境治理完成，燕山水泥厂保障性住房项目建成，启动了长安街跨永定河桥梁设计、长安街西延工程设计、轨道交通S1线工程设计、丰沙铁路首钢地区入地改造工程设计。

首钢的转型发展，不仅仅是转变经济发展方式和首都生态文明建设的体现，也是非首都功能开始撤离中心城区的体现。

纵观2015年以前北京城市空间布局的变化，在《北京城市总体规划（2004年—2020年）》的指引下，加快城市空间格局由功能过度集中在中心城向多功能区域共同支撑转变，形成区域联动、优势互补、多点支撑的城市发展格局。积极引导市域按功能定位分类发展，加快城市薄弱地区崛起，适应城市发展重心转移、整体功能提升的要求，按照面向未来的战略定位，推动城市发展建设重心向发展新区转移，突出重点、分类推进把新城成为宜居宜业、更富吸引力的现代化城市，成为首都功能的新载体和区域城市群的重要节点。

三　21世纪北京城市空间拓展第二阶段（2016—2020年）：编制和执行《北京城市总体规划（2016年—2035年）》

这一阶段北京市开始执行新版城市总体规划，即《北京城市总体规划（2016年—2035年）》，城市战略定位是全国政治中心、文化中心、国际交往中心、科技创新中心。为落实城市战略定位、疏解非首都功能、促进京津冀协同发展，充分考虑延续古都历史格局、治理"大城市病"的现实需要和面向未来的可持续发展，着眼打造以首都为核心的世界级城市群，完善城市体系，相应构建北京新的城市发展格局，在北京市域范围内形成

"一核一主一副、两轴多点一区"的城市空间结构，着力改变单中心集聚的发展模式。①

（一）构建北京新的城市发展格局

在具体的主要发展方向上，新版总规提出，以两轴为统领，围绕核心区，在西北部地区、东北部地区、南部地区形成主体功能、混合用地的空间布局，保障和服务首都功能优化提升。

1. 西北部地区

主要指海淀区、石景山区。海淀区应建设成为具有全球影响力的全国科技创新中心核心区，服务保障中央政务功能的重要地区，历史文化传承发展典范区，生态宜居和谐文明示范区，高水平新型城镇化发展路径的实践区。石景山区应建设成为国家级产业转型发展示范区，绿色低碳的首都西部综合服务区，山水文化融合的生态宜居示范区。西北部地区应充分发挥智力密集优势，加强高等学校、科研院所、产业功能区的资源整合，不断优化科技创新服务环境，提升科技创新和文化创意产业发展水平。

2. 东北部地区

主要指朝阳区东部、北部地区。应强化国际交往功能，建设成为国际一流的商务中心区、国际科技文化体育交流区、各类国际化社区的承载地。提升区域文化创新力和公共文化服务能力，塑造创新引领的首都文化窗口区。规范和完善多样化、国际化的城市服务功能，展现良好的对外开放形象。建成大尺度生态环境建设示范区、高水平城市化综合改革先行区。

---

① 一核：首都功能核心区包括东城区、西城区，总面积约92.5平方公里。
一主：中心城区即城六区，包括东城区、西城区、朝阳区、海淀区、丰台区、石景山区，总面积约1378平方公里。
一副：北京城市副中心，规划范围为原通州新城规划建设区，总面积约155平方公里。
两轴：中轴线及其延长线、长安街及其延长线。
多点：5个位于平原地区的新城，包括顺义、大兴、亦庄、昌平、房山新城。
一区：生态涵养区，包括门头沟区、平谷区、怀柔区、密云区、延庆区，以及昌平区和房山区的山区。

3. 南部地区

主要指丰台区、朝阳区南部地区。丰台区应建设成为首都高品质生活服务供给的重要保障区,首都商务新区,科技创新和金融服务的融合发展区,高水平对外综合交通枢纽,历史文化和绿色生态引领的新型城镇化发展区。朝阳区南部应将传统工业区改造为文化创意与科技创新融合发展区。加强南部地区基础设施和环境建设投入,全面腾退、置换不符合城市战略定位的功能和产业,为首都生产生活提供高品质服务保障,促进南北均衡发展。

值得注意的是,此轮总体规划中提出的减量发展的概念,要求突出城市空间疏解导向,做到"城市空间布局同城市战略定位相一致",通过优化空间布局实现"疏解非首都功能",将非首都功能淘汰或转移出去,降低空间密度,为首都功能腾出空间,最终实现空间合理布局。为此,应从区域、市域、核心区域三个递进的空间层次实施:一是区域层面,在更大的战略空间上对首都发展进行考量,即在城市外围区域设立非首都功能的集中疏解地,以"一核""两翼"格局优化城市群空间形态,形成既功能互补、错位发展又紧密联系的区域平衡结构;二是市域层面,修正传统"单中心＋环线"的"摊大饼"模式,以"一主""一副""多点"布局多中心结构,副中心与五个平原新城承担中心城的疏解,在功能分工上形成相对均衡的发展模式;三是核心区层面,突出服务保障职能,强化政治中心的空间安全保障能力,以更大范围的空间布局来支撑国家政务活动,创造安全优良的政务环境。

(二) 重点布局与发展趋势

为了实现新时期城市发展格局,北京在国民经济和社会发展"十三五"规划中规划并实施了以下几方面的重点布局,引领首都北京时空发展趋势。

1. 城市副中心建设加速

2015年6月,在经过中共中央政治局审议后,《京津冀协同发展规划纲要》正式对外颁布。在这份纲要中,将通州定位转变为北京行政副中心,要求有序推动北京市属行政事业单位整体或部分向副中心转移,并要求在2017年取得成效。同时,《北京市国民经济和社会发展第十三个五年规划》

启动，其中的重点就是加强通州行政副中心及其他新城重大项目建设。这标志着在通州城市副中心建设开始加速，这既是北京优化城市功能布局长期探索实践的结果，也是有序疏解非首都功能、落实首都城市战略定位、融入京津冀协同发展的标志性工作。

2016年5月，中央政治局会议决定在通州规划建设北京城市副中心，并与雄安新区的设立一道上升为国家战略。从行政副中心到城市副中心，这一变化表明未来的北京城市副中心，将不单纯是北京市行政中心，而将是一个类似于东京新宿、巴黎拉德芳斯都会区、纽约曼哈顿的城市经济文化中心。行政副中心定位强调把北京市行政功能搬迁到通州，城市副中心则更为强调综合的城市功能。正是在这次调整后，北京市正式启动了新的北京城市副中心规划编制工作。按照"规划草案"，城市副中心将承接中心城区部分非首都功能，将聚焦行政办公、商务服务、文化旅游三大主导功能，搭建科技创新平台，形成配套完善的城市综合功能。截至2020年，城市副中心388项重点工程建设按期推进。行政办公区二期所有地块取得开工手续，道路工程完成80%。其中行政办公区（一期）已建成，并在2019年完成市政府及相关部门的搬迁；运河商务区是承载中心城区商务功能疏解的重要载体，建成以金融创新、互联网产业、高端服务为重点的综合功能片区，集中承载服务京津冀协同发展的金融功能；2020年运河商务区9个项目实现完工。文化旅游区以北京环球主题公园及度假区为主，重点发展文化创意、旅游服务、会展等产业。2020年北京环球主题公园（一期）已基本完工，并在2021年开园。同时，城市副中心将承接中心城区40万—50万常住人口疏解。

2. "四个文化"和"一核一城三带两区"推进全国文化中心发展格局迈上新台阶

进入21世纪以来北京两次制订的城市发展规划，都把全国文化中心作为城市战略定位。事实上自进入21世纪以来，北京对建设全国文化中心始终是非常关注的。首个全国文化中心建设五年规划是2016年发布的《"十三五"时期加强全国文化中心建设规划》，其中对全国文化中心发展格局定位为"着眼建设世界级文化中心城市，立足构建现代化的新型首都圈和以首都为核心的世界级城市群，建设由近及远、圈层结合的文化中心新型发展格局"。提出文化中心功能核心层、拓展层和辐射层的概念，着眼建设世界级文化中心城市，立足构建现代化的新型首都圈和以首都为核心的世界级城市群，建设由近及远、圈层结合的文化中心新型发展格局。特别是提出了建设涵盖京津冀协同发展区域，发挥京津冀地域相近、文脉相亲的地缘优势，统筹推动长城文化带、运河文化带、西山文化带，实现历史文化遗产连片、成线整体保护。

2020年北京出台《北京市推进全国文化中心建设中长期规划（2019年—2035年）》对上一版的规划提出的建设全国文化中心的总体框架进行了修订，按照首都"四个文化"（古都文化、红色文化、京味文化、创新文化）基本格局，提出"一核一城三带两区"总体框架。

以社会主义核心价值观为引领，建设具有强大凝聚力和引领力的社会主义意识形态。坚持马克思主义在意识形态领域指导地位的根本制度，牢牢抓住学习宣传贯彻习近平新时代中国特色社会主义思想这一根本任务，强基固本、凝魂聚气，更好构筑中国精神、中国价值、中国力量，促进人民在思想上、精神上紧紧团结在一起。

以"一城三带"为抓手，构建涵盖老城、中心城区、市域和京津冀的历史文化名城保护体系。按照"老城不能再拆"的要求，通过中轴线申遗推进老城整体保护与复兴，统筹推进大运河文化带、长城文化带、西山永定河文化带建设，精心保护北京历史文化这张金名片，构建历史文脉和生态环境交融的整体空间结构，凸显北京历史文化整体价值。对北京的空间布局将会产生重大影响。

以"两区"建设为支撑，建设公共文化服务体系示范区和文化产业发展引领区。加强重大公共文化设施建设，推动供需两端精准对接，着力提升文化产品质量和服务效能，进一步丰富群众文化生活。推动文化领域供给侧结构性改革，突出高品质、服务性、融合化，加快构建高精尖文化产业体系，建设具有国际竞争力的创新创意城市。

在"一核一主一副、两轴多点一区"的城市空间结构中，发挥核心区和中心城区的承载作用，凸显长安街沿线、中轴线文化资源丰富的优势，抓好平原新城、生态涵养区及城市副中心的文化建设，进一步优化全国文化中心建设的空间布局。[①]

---

① 北京市人民政府：《北京市推进全国文化中心建设中长期规划（2019年—2035年）》，北京市人民政府网站，2020年4月9日，http://www.beijing.gov.cn/zhengch/zhengcefagui/202004/t20200409_1798426.html。

2020年北京针对大运河文化带、长城文化带、西山永定河文化带的保护，已制定"三个文化带"保护建设规划和五年行动计划，并明确各领域年度重点任务。在实施"一城三带"保护建设方面，加快文物建筑修缮，开工注册项目114项，完成老舍纪念馆、箭扣长城三期、颐和园画中游建筑群、北法海寺二期等修缮工程，北海漪澜堂、京报馆等跨年项目按期推进。推进文物腾退利用，德胜门箭楼南侧公交场站实现腾退，清陆军部旧址面向社会预约开放。加强文物本体预防性保护，完成北海公园白塔、九龙壁日常监测，完成北京地区世界遗产保护状况评估报告及八达岭长城世界文化遗产反应性监测报告。推进重点文化项目建设，完成长城国家文化公园（北京段）建设保护规划初稿，路县故城遗址保护展示工程实现土护降开工，城市副中心博物馆完成项目建议书、投资测算报告和展陈体系方案。推动文化内涵挖掘和文化传播，成立北京长城文化研究院及全国第一家长城保护修复实践基地，成功举办2020年北京长城文化节和大运河文化节。①

3. "三城一区"打造北京经济发展的新高地

北京市开始执行新一轮的城市总体规划《北京城市总体规划（2016年—2035年）》对城市战略定位的最大变化是北京要成为"全国科技创新中心"，要做到城市空间布局同城市战略定位相一致，就要通过优化空间布局实现"疏解非首都功能"，在减量发展的同时，即压缩工业用地、产业用地的同时，更为重要的是利用有限的产业用地高水平地集约利用，尤其是建设"三城一区"，打造北京经济发展的新高地。"三城一区"是中关村科学城、怀柔科学城和未来科学城，以及创新型产业集群和中国制造2025创新引领示范区，也就是说未来三个科学城进行的高水平的、世界水平的科技创新的研发的成果转化既要有全球、全国的转化，也要有在北京这个示范区里进行转化。

中关村科学城：起源于20世纪80年代兴起了电子一条街，主导产业是电子产品贸易。1988年国务院批准在中关村建立"北京新技术产业开发试验区"，这是中关村科技园区的雏形，从此时开始，中关村正式开始产业化发展，主导产业从贸易向技术研发和生产制造拓展。1999年"北京新技术

---

① 北京市文物局：《北京市文物局2020年工作总结》，北京市文物局网站，2021年1月10日（链接日期），http：//wwj.beijing.gov.cn/bjww/wwjzcslm/1737418/1738081/gzdt53/10918498/index.html。

产业开发试验区"正式更名为"中关村科技园"初步形成包含研发、商贸、制造的完整产业链条。园区范围也逐步扩展为一区十六园。2011年3月19日，市政府发布《关于加快建设中关村科学城的若干意见》，首次明确以中关村大街、知春路和学院路周边区域75平方千米为中关村核心区，打造具有全球影响力的科技创新中心的新地标。《北京城市总体规划（2016年—2035年）》提出，中关村科学城要通过集聚全球高端创新要素，提升基础研究和战略前沿高技术研发能力，形成一批具有全球影响力的原创成果、国际标准、技术创新中心和创新型领军企业集群，建设科技创新出发地、原始创新策源地、自主创新主阵地。

怀柔科学城：起源于2009年中国科学院与北京市人民政府共建怀柔科教产业园，更名怀柔科学城后，围绕北京怀柔综合性国家科学中心、以中国科学院大学等为依托的高端人才培养中心、科技成果转化应用中心三大功能板块，集中建设一批国家重大科技基础设施，打造一批先进交叉研发平台，凝聚世界一流领军人才和高水平研发团队，作出世界一流创新成果，引领新兴产业发展，提升我国在基础前沿领域的源头创新能力和科技综合竞争力，建成与国家战略需要相匹配的世界级原始创新承载区。

未来科学城：成立于2008年，是中央组织部和国务院国资委为深入贯彻落实建设创新型国家和中央引进人才计划而建设的人才创新创业基地和研发机构集群。着重集聚一批高水平企业研发中心，集成中央企业在京科技资源，重点建设能源、材料等领域重大共性技术研发创新平台，打造大型企业技术创新集聚区，建成全球领先的技术创新高地、协同创新先行区、创新创业示范城。

北京经济技术开发区：1992年北京经济技术开发区开始建设，1994年8月25日被国务院批准为北京唯一的国家级经济技术开发区，1999年6月经国务院批准，北京经济技术开发区范围内的7平方公里被确定为中关村科技园区亦庄科技园。2007年1月5日，北京市人民政府批复《大兴亦庄新城规划（2005年—2020年）》，明确指出以北京经济技术开发区为核心功能区的大兴亦庄新城是北京东部发展带的重要节点和重点发展的新城之一。其功能定位是建设具有全球影响力的创新型产业集群和科技服务中心、首都东南部区域创新发展协同区、战略性新兴产业基地及制造业转型升级示范区、宜业宜居绿色新城。它将以重大产业项目为牵引，对接三大科学城科技创新成果转化，打造创新驱动发展前沿阵地，建设创新型产业集群和中国制造2025创新引领示范区。

经过深入实施创新驱动发展战略，大力推动经济高质量发展，北京统筹推进"三城一区"主平台和中关村国家自主创新示范区建设，"十三五"期间举全市之力，筹建国家实验室，规划建设综合极端条件实验等5个大科学装置和材料基因组等13个交叉研究平台。抢抓机遇积极布局量子、脑科学等一批新型研发机构，围绕集成电路、人工智能、区块链等推进一批重大项目。实施促进科技成果转化条例，制定实施"科创30条"、高精尖产业"10+3"等系列政策，到2020年，国家高新技术企业达到2.9万家，独角兽企业93家，数量居世界城市首位。深入推进供给侧结构性改革，新一代信息技术和医药健康产业双引擎作用持续发挥，高技术产业、战略性新兴产业增加值分别累计增长56.9%和58.5%，金融、科技、信息等现代服务业增加值比重进一步提升，高精尖经济结构加快构建。①

2020年"三城一区"主平台建设取得积极进展。以全球视野加强战略科技力量布局谋划，积极承接国家重大科技任务，成立应用数学研究院等新型研发机构。中关村科学城实施北区发展行动计划，发布"星谷"建设项目，启用海淀城市大脑展示中心。怀柔科学城"十三五"期间布局的29个科学装置设施全部开工建设，6个项目进入设备安装调试阶段，18个项目主体结构封顶或土建工程完工，中科院北京纳米能源与系统研究所整建制迁入。未来科学城建成国电投氢能燃料电池等3条中试线，中关村生命科学园引进12个全球招商项目。北京经济技术开发区持续加强技术创新中心和中试基地建设，落地158项"三城"科技成果转化项目，全球首个高级别智能网联自动驾驶示范区启动建设。顺义创新产业集群示范区发展规划正式公布，第三代半导体材料及应用联合创新基地竣工，北京奔驰顺义工厂建成投产。②

4. 第三阶段的城南行动计划及实施

为改善南部地区发展短板，优化提升城市功能，早在2010年，北京便

---

① 《2021年北京市政府工作报告》。
② 《关于北京市2020年国民经济和社会发展计划执行情况与2021年国民经济和社会发展计划的报告》。

已启动城南行动计划，推进城南发展；2013年，第二阶段城南行动计划正式发布，相较第一阶段，更注重民生服务，强调城市功能。

整体来看，前两轮行动计划重点集中在提升地区基础设施和公共服务水平，为产业发展提供基础支撑。据统计，前两轮共实施重大项目395项，完成总投资约6860亿元人民币，南部地区全社会固定资产投资年均增长9.6%，高出全市平均水平2.1个百分点。[①]

2018年《促进城市南部地区加快发展行动计划（2018—2020年）》出台，第三轮行动计划立足首都城市战略定位，聚焦"一轴、两廊、两带、多点"城市服务功能组织架构，推动资源要素加速向城南地区聚集，明晰地区发展新格局。进一步解决首都南北发展不平衡、南部地区发展不充分的问题。经过近几年第三轮行动计划的实施，城南地区发展短板有效补齐，发展要素快速集聚，发展格局逐步清晰，城南正在加速崛起。主要体现在三个方面。

城南在承载城市功能、优化城市空间布局方面发挥了更大作用。新机场的建设和丽泽金融商务区产业的发展将有效推动大兴、丰台以及房山的发展，北京大兴国际机场经过8年奋战，2019年9月25日正式通航。2020年，共完成旅客量吞吐量1609.1449万人/次，全国排名第17位；货邮吞吐量77252.9吨，全国排名第35位；飞机起降133114架次，全国排名第18位。临空经济区自贸区落地，综保区2021年将封关运行，未来将承载更多国际交往、科技创新功能，成为国家发展新的动力源。

城南经济实力迈上了新台阶。在2010—2020年的十年间，地区生产总值由2296亿元到5592亿元，增长了1.4倍，地方一般公共预算收入由104亿元到609亿元，增长了4.9倍。在北京经济技术开发区、中关村丰台园，已形成轨道交通、航空航天、高端汽车、产业互联网4个千亿级产业集群。银河证券、长城资产等670家企业入驻丽泽金融商务区，良乡大学城承接了5所大学迁入。

人民群众获得感明显增强。城市交通体系逐步完善，在2010—2020年的十年间，地铁线路从2条增加到11条，新增轨道交通运营里程181公里、地铁站点94个，百姓出行更加便捷。公共服务水平持续提升，天坛医院、人大附中丰台学校等一批优质医院和学校建成投用，新增中小学学位数5.6

---

① 陶凤：刘迪雅：《北京第三轮城南行动计划交成绩单》，《中国青年报》2020年12月11日。

万个以上，新增医院床位8900余张。向垃圾场、土沙坑、旧货市场和厂房等要空间，城南绿色版图持续扩大。南海子郊野公园、旧宫城市公园等，如今绿荫华盖、水系环绕，人均城市绿地面积从30.1平方米增加到47.9平方米，城市面貌和生态环境大幅改善。[①]

5. 新首钢高端产业综合服务区控制性详细规划及实施

2015年北京申冬奥成功，北京抓住筹办2022年北京冬奥会冬残奥会（以下简称北京冬奥会）重大机遇，全面落实《北京城市总体规划（2016年—2035年）》对新首钢高端产业综合服务区（以下简称新首钢地区）的功能定位，加快推进新首钢地区发展建设，打造新时代首都城市复兴新地标，特制定《加快新首钢高端产业综合服务区发展建设 打造新时代首都城市复兴新地标行动计划（2019年—2021年）》。通过对这一行动计划的实施，到2020年，以石景山区为主的北京西部地区有了很大的变化，主要体现在以下方面。

冬奥服务保障能力持续提升。加强与冬奥组委机关沟通对接，落实"双进入"机制，组建场馆运行和外围保障团队，完善赛会保障体系。加快推进68项重点任务，完成北京冬奥会技术运行中心及附属通信枢纽（TOC）、注册中心及制服发放中心（UAC）项目，启动建设北京冬季奥林匹克公园，全力推进轨道交通M11冬奥支线、S1线金苹区间、苹果园综合交通枢纽、滑雪大跳台中心酒店、冬奥广场、冬奥主运行中心等项目建设，全面实施冬奥场馆周边及阜石路沿线等区域环境整治提升项目，提高全要素服务保障水平。出台促进冰雪体育产业快速发展若干措施，积极推动中国冰雪大会总部基地和冰雪俱乐部联盟落户。广泛开展冬奥"六进"工作，新增健身场地7个、健身步道5公里，举办冬奥主题活动100余场，启动打造"带动三亿人参与冰雪运动"示范区。

新时代首都城市复兴新地标加快建设。全力推进27项重点任务和69个重大项目，深化"体育+""科技+"产业布局，强化"首店""首发"品牌集聚效应，新首钢园区公用型保税仓库建成，智慧园区大脑等人工智能创新应用示范项目落地，北京国际云转播等35家企业入驻。成功举办中国

---

① 中共北京市委、北京市人民政府：《中共北京市委、北京市人民政府关于印发〈推动城市南部地区高质量发展行动计划（2021—2025年）〉的通知》，北京市人民政府网站，2021年7月15日（链接日期）．http：//www.beijing.gov.cn/。

科幻大会、电竞北京2020等重大活动40余场，国际创忆馆主题展、首钢极限公园等集中亮相。首钢园获评"北京市体育产业示范基地"，文化复兴、生态复兴、产业复兴、活力复兴全面迸发，工业锈带正在快速蝶变为活力秀场。①

6. 冬奥世园会带动北部、西北部的发展

延庆区是北京郊区相对落后发展缓慢的区，但延庆凭借多年来坚定不移实施生态文明发展战略，及筹办举办世园会和冬奥会、撤县设区等前所未有的重大历史机遇，有力推动国内外资源向延庆集聚，加速配套服务设施建设，快速推进以人为核心的城镇化，提升绿色产业质量效益，持续保障改善民生，大幅提升全民文明素养，显著提高延庆的国际知名度和美誉度，极大带动延庆及周边区域发展。

"十三五"时期是延庆发展史上具有重要里程碑意义的五年。认真落实市委市政府决策部署，把服务保障冬奥会世园会筹办举办作为重大政治任务，聚焦交出服务保障赛会和地区高质量绿色发展两张优异答卷，全面融入首都发展大局，全区地区生产总值累计873亿元，较"十二五"增长65%；固定资产投资累计超1000亿元，是"十二五"的近3倍，超过之前25年的总和；财政收入年均增长超10%，可支配财力累计近1000亿元；全区居民人均可支配收入增长38.5%，低收入村户全部脱低；旅游收入累计323亿元，较"十二五"增长30.3%，经济社会实现跨越式发展。

2019年世园会圆满成功举办。举全区之力高质高效完成会前、会期服务保障任务，确保盛大开幕、精彩开园、平稳运行、完美闭幕，接待230多个国家地区、国际组织、非官方参展者，吸引近千万中外游客，为世界奉献了一场"精彩绝伦"的世园盛会。积极推动会后利用，北京世园公园开园，被评为国家4A级旅游景区。

截至2020年，冬奥会延庆赛区服务保障扎实推进。深入贯彻"四个办奥"理念，全力以赴服务保障冬奥会筹办举办。冬奥延庆赛区基本建成。赛区生态修复完成94%。专项服务保障有序推进。圆满承办"十四冬"高山滑雪赛事，顺利通过国家雪车雪橇中心场地预认证和国际冬季单项体育

---

① 《2021年石景山区政府工作报告》。

联合会场地考察。提前谋划赛后利用,加快冰雪产业布局,冰雪赛事等活动参与者累计超 13 万人次。①

(三) 疏解非首都功能取得成效

纵观"十三五"期间北京城市空间布局的变化,在《北京城市总体规划(2016 年—2035 年)》的指引下,通过调整经济发展的主方向,工业减量发展,科技创新实现包含研发、商贸、制造的完整产业链,高端产业功能区在经济发展中的作用愈加突出;通过优化空间布局实现"疏解非首都功能",在一定程度上有效缓解了首都功能核心区和中心城区的压力,使北京的功能定位得到实施,同时各区县都在符合自身资源禀赋的条件下有很大的发展。

从人口变化上看,2020 年与 2016 年全市常住人口分别为 2189 万人和 2195.4 万人,在全市常住人口总量基本持平的情况下,核心区及中心城区的常住人口总量分别下降了 32.2 万人和 166.2 万人,城市副中心和平原新城则分别增加了 38.1 万人和 100 万人。说明核心区及中心城区的人口有效疏解,城市副中心和平原新城则承接了绝大部分的疏解人口。②

从地区生产总值上看,2020 年与 2016 年相比,全市增长的幅度为 33.5%,首都功能核心区为 30.1%,中心城区为 34.2%,城市副中心为 44.7%,平原新城为 32.1%,生态涵养区为 30.7%,全市除城市副中心因处于高速建设期增长速度较快,其余各功能区基本与全市的增长速度持平,说明经过减量发展和产业替代,北京经济发展仍然保持高速增长,同时各功能区的发展更加均衡。③

从工业总产值上看,2020 年与 2016 年相比,全市增长的幅度为 15.4%,首都功能核心区为 -50.4%,城市副中心为 -10.9%,平原新城为 10.4%,说明工业在北京仍保持一定的发展速度,但在首都功能核心区已大幅减少,疏解非首都功能取得明显成效,平原新城有所增长,是承接一些疏解出来的、不适宜在中心城区发展的工业的体现。④

---

① 《2021 年延庆区政府工作报告》。
② 根据《2021 年北京区域统计年鉴》数据计算。
③ 根据《2021 年北京区域统计年鉴》数据计算。
④ 根据《2021 年北京区域统计年鉴》数据计算。

第一篇
北京历史文化与遗产保护传承

北京历史文化遗产保护传承相关政策法规

苑焕乔[*]

2015年是中国文化发展至关重要的一年，在文化发展方面有许多重要政策出台，如《文物保护法》《关于加快构建现代公共文化服务体系的意见》《2015年扶持成长型小微文化企业工作方案》《关于进一步推动知识产权金融服务工作的意见》等。同时，北京市立足实际积极响应，市政府出台《关于进一步加强基层公共文化建设的意见》等文件，这些都是北京文化发展当前和未来的关键性指导政策，均在很大程度上为首都文化发展指引新方向、新机遇。

一 文化遗产保护总体政策法规

文化遗产包括物质文化遗产和非物质文化遗产。物质文化遗产是指具有历史、艺术和科学价值的文物，而文物则是人类在历史发展过程中遗留下来的遗物、遗迹；非物质文化遗产是指各种以非物质形态存在的与群众生活密切相关、世代相承的传统文化表现形式。为了进一步加强我国文化遗产保护，继承和弘扬中华民族优秀传统文化，推动社会主义先进文化建设，国家公布了《中华人民共和国文物保护法》和《中华人民共和国非物质文化遗产保护法》。

---

[*] 苑焕乔（1971— ），女，历史学硕士，北京联合大学北京学研究所助理研究员，主要从事历史学和北京文化遗产研究。

(一) 物质文化遗产 (文物) 保护

《中华人民共和国文物保护法》(以下简称《文物保护法》) 是国家为了加强对文物的保护，继承中华民族优秀的历史文化遗产而制定的，从1982年第一次修订至今，已经做过四次修正。第四次修正版是根据2015年4月24日第十二届全国人民代表大会常务委员会第十四次会议《全国人民代表大会常务委员会关于修改〈中华人民共和国文物保护法〉的决定》修正的。2015年新颁布《文物保护法》具有以下亮点。

第一，《文物保护法》第一次将"保护为主、抢救第一、合理利用、加强管理"十六字方针，列入文物保护工作；明确了国务院文物行政部门是全国文物保护工作的唯一主管部门；提出对不可移动文物进行修缮、保养、迁移，必须遵守不改变文物原状的原则。

第二，提出各级人民政府应当正确处理经济建设与文物保护、社会发展与文物保护的关系，确保文物安全。

第三，我国境内地下、内水和领海中遗存的一切文物属国家所有；一切机关、组织和个人都有义务依法保护文物；一切考古发掘工作，必须履行报批手续。

第四，文物保护单位均要划定必要的保护范围，作出标志说明，建立记录档案，设置专门机构或专人负责管理这四项工作。

第五，新修订《文物保护法》，加强了对不可移动文物的管理；加强了对考古发掘活动的监督和管理；加强了对国有馆藏文物的保护管理；加强了对民间收藏文物的管理；加强了对文物拍卖的管理。

第六，新修订《文物保护法》第七章中，共有7条30款的违法行为，确定由文物行政管理部门作为执法主体来执行处罚。

(二) 非物质文化遗产保护

《中华人民共和国非物质文化遗产法》(以下简称《非遗法》) 于2011年6月1日起施行。《非遗法》是在充分吸收国际公约精神，并在我国非物质文化遗产保护实践基础上制定的，是继首次颁布《文物保护法》后，文化领域的又一部重要法律。

第一，它明确了"一个目标"，即"继承和弘扬中华民族优秀传统文化，促进社会主义精神文明建设，加强非物质文化遗产保护、保存工作"。

第二，提出了保护工作"两大原则"：一是保护非物质文化遗产，应当注重其真实性、整体性和传承性；二是保护非物质文化遗产，应当有利于增强中华民族的文化认同，有利于维护国家统一和民族团结，有利于促进社会和谐和可持续发展。

第三，规定了保护工作的"三项制度"，即调查制度、代表性项目名录制度、传承与传播制度。

第四，在保护措施上实行区别保护，采取认定、记录、建档等措施，保存各类非物质文化遗产；采取传承、传播等方式保护，具有历史、文学、艺术、科学价值的非物质文化遗产。

二 历史文化名城、名镇名村与街区保护专项政策法规

（一）历史文化名城保护

我国历史文化名城保护兴起于1982—1994年。随着城市化速度不断加快，针对当时历史文化名城保护与发展矛盾问题，1982年国家颁布的第一部《文物保护法》，正式确立了我国历史文化名城保护制度，公布了第一批24个历史文化名城。随后，国务院公布了第二批38个、第三批37个历史文化名城。当时，学术界就历史文化名城的保护与建设、规划结构与旧城更新、传统特点和风貌保护、特色要素和保护范围等问题展开探讨，奠定了我国历史文化名城保护的基础，并于2008年4月国务院第3次常务会议通过《历史文化名城名镇名村保护条例》，指出历史文化名城保护应遵循科学规划、严格保护原则，保持和延续其传统格局和历史风貌，维护历史文化遗产的真实性和完整性，继承和弘扬中华民族优秀传统文化，正确处理经济社会发展和历史文化遗产保护的关系。

同时，作为首批入选的北京历史文化名城，为了加强保护，根据国家相关保护条例、政策，结合北京市实际情况，于2005年3月25日北京市第十二届人民代表大会常务委员会第十九次会议通过《北京历史文化名城保护条例》（以下简称《条例》），其保护内容包括旧城的整体保护、历史文化街区的保护、文物保护单位的保护、具有保护价值的建筑的保护；该条例最大的亮点，是根据国务院批复提出："有序引导中心城人口和功能的疏解与调整。"如《条例》第21条规定，北京市和有关区人民政府应当根据保

护规划要求，制定调整旧城城市功能和疏解旧城居住人口的政策和措施，鼓励居民迁出旧城，降低旧城人口密度，逐步改善旧城居民的居住条件。该《条例》对北京历史文化名城保护发挥了重要作用。

(二) 历史文化街区保护

随着历史文化名城保护的深入，人们越来越认识到历史文化街区是历史文化名城保护的重要部分。1986年，在国务院批转城乡建设环境保护部、文化部"关于请公布第二批国家历史文化名城名单"的报告中指出，对一些文物古迹比较集中，或能较完整地体现出某一历史时期的传统风貌和民族地方特色的街区、建筑群、小镇、村寨等，也应予以保护；各省、自治区、直辖市或市、县人民政府可根据它们的历史、科学、艺术价值，核定公布为当地各级"历史文化保护区"。当时文件中的历史文化保护区，其内涵就是历史文化街区。1997年建设部转发的《黄山市屯溪老街区历史文化保护区保护管理暂行办法》，明确了历史文化保护区的重要地位和保护原则、方法，并设立历史文化名城专项保护基金，对历史文化保护区进行资助。

2002年，历史文化街区在新修订的《文物保护法》中被首次提出"保存文物特别丰富并且具有重大历史价值或者革命纪念意义的城镇、街道、村庄，由省、自治区、直辖市人民政府核定公布为历史文化街区、村镇，并报国务院备案"，标志着中国历史文化街区保护制度正式建立。2008年的《历史文化名城名镇名村保护条例》，进一步规范了历史文化街区概念，指"经省、自治区、直辖市人民政府核定公布的保存文物特别丰富、历史建筑集中成片、能够较完整和真实地体现传统格局和历史风貌，并具有一定规模的区域"，同时还明确规定，在所申报的历史文化名城保护范围内应有2个以上的历史文化街区，而且是经省级政府核定公布的。

同时，作为历史文化名城的北京，于2002年2月由市人民政府公布了《北京旧城25片历史文化保护区保护规划》，这是北京首次公布历史文化保护区的详细规划，它强调保护区内必须以"院落"为基本单位进行保护与更新，危房的改造和更新不得破坏原有院落和胡同布局等。为使广大市民了解这些保护区规划详细情况，特出图集收录25片历史文化保护区的规划文本、历史和现状资料、照片及规划图，对保护区内的用地性质变更、人口疏散、道路调整和市政设施改善等方面，提出了具体原则、对策和措施。该规划成为后来长期指导北京名城保护的重要文件。

(三) 历史文化名镇名村保护

中国历史文化名镇名村，是由建设部和国家文物局从 2003 年起共同组织评选的，保存文物特别丰富且具有重大历史价值或纪念意义的、能较完整地反映一些历史时期传统风貌和地方民族特色的镇和村。历史文化名镇名村的评选与公布工作，以不定期的方式进行。2003 年建设部和国家文物局公布第一批 22 个中国历史文化名镇名村，标志着历史文化名镇名村正式进入我国文化遗产保护体系。随后，又连续公布了 5 批中国历史文化名镇名村，迄今已公布 6 批 528 个中国历史文化名镇名村，基本反映了我国不同地域古村镇文化遗产的传统风貌，形成了我国历史文化名城名镇名村的保护体系。

2008 年 7 月，国务院颁布实施《历史文化名城名镇名村保护条例》，指出历史文化名城名镇名村保护的立法目的、适用范围和保护原则、资金，以及保护监督和激励机制等。从此，中国历史文化名镇名村保护走上法制轨道，使保护工作有章可循、有法可依。2010 年，住建部和国家文物局联合出台《中国历史文化名镇名村评价指标体系（试行）》，指出历史建筑公布是古镇、古村评定评价的重要基础。一个古镇古村落建筑群再有价值，如果政府不对其历史建筑进行公布和挂牌保护，这个地方的评价分值就不会高，也就直接影响其参加名镇名村的评选。同时，还指出历史建筑的统计应以院落为单位填报，由于我国村镇内的院落多为四合院，院落中有多栋单体建筑等，为此，以院落为单位进行评判更为合理。因此，规划和保护管理历史文化名镇名村，成为评定评价的基本依据。

为了规范历史文化名镇名村保护规划编制和审批工作，根据《中华人民共和国城乡规划法》和《历史文化名城名镇名村保护条例》等法律法规，2014 年 10 月经中华人民共和国住房和城乡建设部发布了第 16 次常务会议审议通过的《历史文化名城名镇名村街区保护规划编制审批办法》（以下简称《办法》）。该《办法》明确要求，历史文化名镇保护规划应单独编制，须划定核心保护范围和建设控制地带；在历史文化名镇名村等保护范围内从事建设活动，改善基础设施、公共服务设施和居住环境，应当符合保护规划，在编制保护规划时，应保持和延续其传统格局、历史风貌，维护历史文化遗产的真实性和完整性，继承和弘扬中华民族优秀传统文化，正确处理经济社会发展和历史文化遗产保护的关系。

另外，在历史文化名镇名村保护之际，为保护和利用村镇特色景观资源，积极发展村镇旅游，推进新农村建设，2009年1月住房和城乡建设部、国家旅游局决定开展全国特色景观旅游名镇（村）示范工作，发布《关于开展全国特色景观旅游名镇（村）示范工作的通知》，通知"优先组织景观特色明显、旅游资源丰富并已形成一定旅游规模、人居环境较好的建制镇、集镇、村庄参加申报"。自2009年以来，已经公布三批553个特色景观旅游名镇名村，其中有一些是历史文化名镇名村，但更多的是自然景观较好的村镇，相对于历史文化名镇名村而言，特色景观旅游名镇名村更侧重于村镇自然遗产的保护。当前，国家特色景观旅游名镇名村的公布，在促进我国农村经济社会发展、历史文化和自然资源保护、生态环境治理等方面取得明显效果，成为当前统筹城乡发展、转变农村经济方式的重要途径。

三　传统村落保护专项政策法规

为贯彻党的十八大关于弘扬中华优秀传统文化精神，促进传统村落的保护、传承和利用，建设美丽中国，2012年4月住建部、文化部、国家文物局、财政部联合发布了《关于开展传统村落调查的通知》（建村〔2012〕58号），提出传统村落概念，是指"村落形成较早，拥有较丰富的传统资源，具有一定历史、文化、科学、艺术、社会、经济价值，应予以保护的村落"，并提出符合传统建筑风貌完整、选址和格局保持传统特色、非物质文化遗产活态传承3个条件之一，即可认定为传统村落。中国传统村落，原名"古村落"，蕴藏着丰富的历史信息和文化景观，是中国农耕文明留下的巨大遗产。2012年9月，经传统村落保护和发展专家委员会第一次会议决定，将习惯称谓的"古村落"改为"传统村落"，以突出其文化价值及传承意义。伴随着国家层面传统村落保护工作的迅速展开，中国大地上正在兴起保护传统村落的热潮，而"传统村落"逐渐取代"古村落"成为一个拥有特定内涵的名词，意指"拥有物质形态和非物质形态文化遗产，具有较高的历史、文化、科学、艺术、社会、经济价值的村落"。

2012年12月17日，住房城乡建设部、文化部、财政部发布《关于公布第一批列入中国传统村落名录村落名单的通知》（建村〔2012〕189号）（以下简称《通知》）指出，在各地初步评价推荐基础上，经传统村落保护和发展专家委员会评审认定并公示，住建部等三部门决定将北京市房山区南窖乡水峪村等646个村落列入中国传统村落名录。《通知》还指出，请按照三部门印发的《关于加强传统村落保护发展工作的指导意见》（建村〔2012〕184号），做好传统村落保护发展工作。因此，中国传统村落保护发展工作开始有了监督指导。截至2014年年底，中国传统村落数量已达到2555个（2012年第一批共计646个，2013年第二批共计915个，2014年第三批共计994个）。

2014年4月，住房城乡建设部、文化部、国家文物局、财政部等部门出台了《关于切实加强中国传统村落保护的指导意见》（建村〔2014〕61号）和《关于做好中国传统村落保护项目实施工作的意见》（建村〔2014〕135号），对传统村落保护工作提出了明确的要求；部署了传统村落的补充调查工作；制定了传统村落保护档案的制作要求保护与发展规划要求；开展全国性的传统村落保护发展工作培训；研究、布置了近几年传统村落保护发展要做好的基础性工作；等等。

2015年8月，住建部等部门发布《关于公布2015年列入中央财政支持范围的中国传统村落名单的通知》（建村〔2015〕120号）指出，根据《关于切实加强中国传统村落保护的指导意见》（建村〔2014〕61号），并经专家对各地推荐上报的中国传统村落进行审查，决定将北京市门头沟区大台街道千军台村等491个中国传统村落列入2015年中央财政支持范围（名单见附件1）。请严格按照建村〔2014〕61号文件和《关于做好中国传统村落保护项目实施工作的意见》（建村〔2014〕135号）要求，认真做好中国传统村落保护各类项目的组织实施工作。同时，第四批中国传统村落的申报评审工作也在进行之中。

与此同时，北京市积极响应国家传统村落保护政策，成立传统村落调查工作组，并于2012年8月组织召开了专家评审会，邀请文物保护、建筑规划和民俗文化等方面专家，依照《传统村落评价认定指标体系（试行）》（建村〔2012〕125号），对京郊各区县上报的83个村庄进行了质量审核，确定了爨底下、灵水等基本保存原始风貌的52个村庄，列为国家级传统村落的建议名单，并全部列入北京市传统村落保护名录。

四 文化产业发展相关政策法规

自党的十八大以来,国家明确提出了推动文化产业快速发展新思路,进一步深化文化体制改革,构建现代文化市场体系和公共文化服务体系,对文化立法提出新要求,积极推动文化产业成为国民经济支柱产业。为此,国家于2015年出台一系列文化产业发展相关政策,内容涵盖公共文化服务、"互联网+"、创业创新、文化企业扶持等多方面。同时,北京市文化产业相关政策也随之出台。这些文化产业发展的关键性指导政策,均在很大程度上为首都文化产业发展指引了新方向、带来新机遇。

(一)公共文化服务:全面立体新发展

2015年1月,中共中央办公厅、国务院办公厅联合发布《关于加快构建现代公共文化服务体系的意见》(以下简称《意见》),该《意见》提出构建现代公共文化服务体系的总体要求,提出统筹推进公共文化服务均衡发展、增强公共文化服务发展动力、加强公共文化产品和服务供给、推进公共文化服务与科技融合发展、创新公共文化管理体制和运行机制、加大公共文化服务保障力度等。该《意见》贯彻落实党的十八大精神和习近平总书记系列重要讲话精神,牢固树立以人民为中心的工作导向,适应我国基本国情和建立具有中国特色的现代公共文化服务体系,促进基本公共文化服务标准化、均等化,推动社会主义文化大发展大繁荣,提高全民族文化素质,增强民族凝聚力。因此,现代公共文化服务备受社会关注,使相关政策大量出台,从体系构建、财政投入、立法保障、社会参与等方面全方位、立体化部署,全面支持公共文化服务建设。如:2015年5月全国人大教科文卫委员会公布《公共文化服务保障法草案(稿)》和6月北京市人民政府公布《关于进一步加强基层公共文化建设的意见》等,指出政府向社会购买公共文化服务,既是深入推进依法行政、转变政府职能、建设服务型政府的重要环节,也是规范和引导社会组织健康发展、推动公共文化服务社会化发展的重要途径。

(二)规范互联网,治理侵权假冒行为

2015年1月国家新闻出版广电总局发布《关于推动网络文学健康发展

的指导意见》、4月国务院版权局发布《关于规范网络转载版权秩序的通知》和11月国务院办公厅发布《关于加强互联网领域侵权假冒行为治理的意见》等，要求各地新闻出版广电部门，充分认识网络版权、网络文学健康发展的重要意义，切实加强对网络工作的指导和扶持，确保各项任务措施落到实处，同时，对网络领域侵权行为进行治理等。

（三）知识产权保护：产业发展新动能

2015年4月，国家知识产权局发布《关于进一步推动知识产权金融服务工作的意见》和国务院办公厅发布《2015年全国打击侵权知识产权和制售假冒伪劣商品工作要点》等，是文化产业发展的强有力支持和保护伞，从国家战略支撑、金融服务、网络转载等方面，提出加大对知识产权保护的支持力度。知识产权保护法的出台，提高了全社会的知识产权保护意识，并增强了行政执法能力等。

（四）小微文化企业：市场发展新活力

2015年5月，国家文化部办公厅发布《2015年扶持成长型小微文化企业工作方案》，使小微文化企业成为文化产业发展不可忽视的重要群体，提出政府给予小微文化企业金融服务、信用保险、监督管理、税收优惠等一系列政策优惠。

（五）文博会展：谋划转型新升级

2015年3月、5月，国务院发布《博物馆条例》《关于进一步促进展览业改革发展的若干意见》，提出从博物馆的管理、社会参与博物馆建设、会展的专业化、信息化、国际化等方面，对文博会展作出了一系列部署调整。当前，我国文博会的发展还处于政府主导发展阶段，文博业相关政策的出台，为实现文博业转型升级，进而带动我国文化产业的发展，将发挥重要作用。

（六）智库建设："转知成智"新功能

2015年1月，中共中央办公厅、国务院办公厅印发了《关于加强中国特色新型智库建设的意见》指出，要充分发挥中国特色新型智库咨政建言、理论创新、舆论引导、社会服务、公共外交等重要功能。当前，我国文化产业正处于创新驱动、转型升级战略机遇期，各种新发展问题互相交织、错综复杂，亟须中国文化智库发挥"转知成智"功能，因此，《关于加强中国特色新型智库建设的意见》是新一届中央领导集体重视智库建设，并对智库建设提出的新要求、新定位和新方向。

北京历史文化与遗产保护传承领域重要活动

朱永杰[*]

一 交流展示活动

（一）京津冀非物质文化遗产展

2015年6月13日，为展现非物质文化遗产的独特魅力，推动京津冀地区协同发展，北京市文化局、天津市文化广播影视局、河北省文化厅联合在全国农业展览馆举办了京津冀非物质文化遗产展。时任文化部部长、党组书记雒树刚，时任文化部党组成员、副部长项兆伦，北京市委常委、宣传部部长李伟参观了展览。

该展览精选三地非遗名录中的精品，分为雕錾塑作、扎绘织绣、琴棋书画、传统医药和表演竞技共五个单元，囊括了近70个非遗项目。其中，5项名列人类非物质文化遗产代表作名录，40项名列国家级非遗名录。展览展出的130件（套）作品中，景泰蓝制作技艺等"燕京八绝"项目，彰显了"京作"宫廷艺术的富丽华贵，杨柳青木版年画等带来了"九河下梢天津卫"的市井熙攘，蔚县剪纸等则体现出燕赵大地的朴实豪放。京津冀三地除联合办展外，还联手举办了北京传统手工艺作品设计大赛，已吸引三地127个单位和个人的392件作品参加。

---

[*] 朱永杰（1976— ），男，地理学博士，北京联合大学北京学研究所副研究员，主要从事北京学、历史地理学方面的研究。

（二）纪念北京建城 3060 周年学术报告会及相关展览

2015 年 5 月 29 日，由北京历史文化名城保护委员会办公室主办的纪念北京建城 3060 周年学术报告会在首都博物馆顺利举行。该报告会是纪念北京建城 3060 周年系列活动的一部分，目的在于贯彻落实习近平总书记在北京考察工作时的重要指示，追古思今，探索古老的北京在新时期、新形势下新的发展机遇，研究北京作为文化中心的科学发展路径。该报告会上，北京大学城市与环境学院唐晓峰教授就"历史上的水与北京城"发表学术演讲；北京市社科院历史所原副所长、研究员尹钧科先生在现场提问环节与听众进行深入交流。参加本次报告会的有中直、国管等中央国家机关，北京名城委成员单位、区县政府、市规划系统、首都高校等机构的相关人员。

2015 年 6 月 24 日，"鼎天鬲地·北京从这里开始——纪念北京建城 3060 年"主题展览在首都博物馆拉开帷幕。展览持续至 7 月 19 日，由北京市名城委办、北京市文物局、首都博物馆联盟主办，首都博物馆、房山区委、房山区人民政府承办。市委常委、宣传部部长李伟出席开幕仪式。北京是古老的历史名城。经考古论证，公元前 1045 年，周武王灭商，即封召公于北燕，建立了最北方的诸侯国——燕，其所在地就是北京市房山区琉璃河的燕都遗址。展览主题"鼎天鬲地"借助"鼎""鬲"的文字谐音，将出土于琉璃河的堇鼎、伯矩鬲两件国宝器物与"顶天立地"的精神联系起来，将先辈开疆拓土的辉煌历史与我们创新发展的时代责任联系起来，从器物演变佐证文明发展。

燕国在八百多年的进程中，曾创造了辉煌的城市文明与地域文化，为后人留下了丰厚的历史遗存。该展览分"肇启燕都""营建燕都""经略燕都""逝于燕都"四个单元，以燕都古城为主，以城都选址、营建、经营、古城人物为章节，还原一座 3000 多年前的古燕都城及当时人们的城市生活。向公众展示北京城市最初面貌和古人艰辛的发展历程，追忆往事，思考现实，体现燕都建城对其后北京城市发展的影响。

（三）北京史研究与北京学探索学术前沿论坛暨研究成果展

2015 年 10 月 16 日，由北京市社会科学界联合会、北京史研究会和北京联合大学北京学研究所共同主办的"北京史研究与北京学探索学术前沿论坛暨研究成果展"在北京社科活动中心举行。

来自北京联合大学、北京大学、首都师范大学、北京史研究会、北京市社会科学院、北京市地方志编纂委员会、北京市档案馆、北京市文物局、首都博物馆和北京永定河文化研究会等单位的专家学者和社会各界人士80余人参加会议，李建平、张宝秀、张妙弟、王岗、谭烈飞、张景秋六人分别就"三十五年来北京史研究及展望""北京学学科建设历程及发展方向思考""关于北京学研究理论建设的三点思考""北京史研究发展趋势""《北京四合院志》的编写与出版""首都发展阶段与特征"等主题做了精彩报告，马建农、宋大川、梅佳、郗志群、岳升阳和张广林等专家学者先后做自由发言。与会人员对首都社科学界和北京学研究所在北京史和北京学方面的研究表示一致的认可。同时，在北京市社科活动中心展厅举办"北京史与北京学研究成果展"，共展出两百多部（件）北京史和北京学的研究成果。

（四）2015年东城区非物质文化遗产展演暨非遗博物馆开馆活动

2015年6月10日，由北京市东城区文化委员会主办，北京市东城区非物质文化遗产保护中心、北京市东城区第二文化馆承办的2015年东城区非物质文化遗产展演暨非遗博物馆开馆活动在东城区第二文化馆拉开帷幕。该活动分为"体验非遗，人人动手——观众学做非遗作品DIY大赛"，非遗展演、非遗博物馆正式开馆、非遗专家讲坛以及主题活动"京跤百年——纪念宝善林（宝三）先生诞辰一百一十五周年暨马贵保先生从艺七十周年专场演出"几大部分。开幕式上，东城区副区长王晨阳宣布开幕并向区级非遗传承人颁发证书和奖牌。宝三跤场跤艺、数来宝、老北京叫卖等极具特色的非遗项目进行了演出。活动持续到6月14日，在此期间景泰蓝制作技艺的代表性传承人戴嘉林、京作家具烫蜡技艺的代表性传承人于鸿雁为大家带来了景泰蓝和硬木家具的鉴赏与收藏讲座。

东城区非物质文化遗产博物馆是全市首家以非物质文化遗产为主题的博物馆，建筑面积950平方米，全面展示东城区非物质文化遗产、介绍东城区非遗传承与保护成果。馆内主要展出传统美术、传统技艺等类别的非遗项目实物及文图影像资料，包括象牙雕刻、景泰蓝制作技艺、雕漆技艺、花丝镶嵌技艺等数十个非遗项目的180余件展品在此展出。

（五）第五届前门历史文化节

2015年11月6日上午，第五届前门历史文化节暨京津冀传统文化商业亮宝会开幕式在台湾会馆拉开帷幕。北京市东城区、天津市和平区、河北省承德市三地"宝物"汇聚前门，传统老字号、非遗特色、文艺展示、当地美食应接不暇。当天，中国非物质文化协会、中华老字号工作委员会、中国步行商业街委员会及京津冀三地多位领导、嘉宾共150余人出席开幕式。系列活动鲜鱼口老字号美食节、前门文化系列图片展、前门社区文化节等陆续精彩亮相。

活动时间从11月6日持续至11月8日。市民不仅体验到三地传统文化特色商品"宝物"展览、展销，还通过饶有趣味的"寻宝图"以及微信"扫一扫"等新媒体、新科技手段，与商家互动，寻找感兴趣的宝物。在文化中旅游，在体验中消费。前门历史文化节作为东城区重要品牌活动，已成功举办四届，集中展示了前门地区修缮保护成果，将文化、商业、旅游有机融合在一起，打造了首都独具魅力的品牌形象文化名片。本届前门历史文化节突出京津冀文化商业交流，突出前门东西两区保护发展成果展示，突出商业与社区两个活力的激发。通过上述系列活动，旨在进一步扩大与和平区、承德市的交流，进一步彰显前门文化魅力，进一步推动产业转型升级，进一步激发商业社区活力，为建设国际化、现代化新东城贡献力量。

（六）2015北京文化创意产业项目推介会

由北京市文资办主办的2015北京文化创意产业项目推介会日前在京举办。来自京津冀三地的66家文化创意产业园区代表出席推介会，共同发起并签署了《京津冀文创园区协同发展备忘录》，并就三地协同发展展开对话。

国家对外文化贸易基地、中新天津生态城国家动漫产业综合示范园、石家庄国家动漫产业发展基地三地园区代表签署的《备忘录》提出，三地园区将积极响应中央精神，加强对三地文化资源的协同开发、管理和利用，推进区域文化产业融合和文创资源共享，切实推动三地文化产业协同发展，包括5个方面的具体举措，即搭建合作平台，优化跨区域合作环境；促进资源共享，加强三地互补性对接；培育中小企业，筑牢文创园区产业基础；创新合作模式，加速跨界文创产业共赢；实现园区结对，打造三地文化品牌形象。该推介会还在会场开辟了图文展示区和现场洽谈区，来自三地的18家代表性文创园区进行了展览展示，并就有关项目进行了洽谈、对接。

据北京市文资办主任周茂非介绍，下一步北京市文资办将联手天津、河北有关主管部门，以"文化创意产业项目推介会"为抓手，继续推动文化、科技、金融的深度融合，拓宽文创园区、企业、项目间的合作渠道，发挥好北京作为全国文化中心的示范和带动作用，努力构建京津冀文创产业协同发展体系，优化区域文创发展格局。

二 学术研讨活动

（一）中国古村镇保护与利用学术研讨会

2015年4月25—26日，中国古村镇保护与利用学术研讨会在门头沟召开，此次会议由北京市社会科学院主办，北京古都学会、北京永定河文化研究会、中国文物学会古村镇专业委员会联合承办。来自清华大学、北京大学等院校，以及贵州、四川、福建、山西等相关古村镇研究机构的80余位专家学者参加了会议。与会学者围绕古村镇历史文化资源的整理与研究、古村镇保护与利用、乡村旅游与古村镇发展规划、中外古村镇保护利用比较研究等主题，展开了热烈的学术交流和讨论。

中国古都学会名誉会长、北京市文史馆馆员、北京市社会科学院历史所尹钧科研究员较早开展对北京古村落的文献整理和实地考察，出版了《北京郊区村落发展史》。会上他阐述了北京古村落的形态类型、分布以及影响北京古村落发展的主要因素，就什么样的古村落可以保护、怎样保护，提出了思考。他认为，历史悠久的村落、称作某城的村落、古代交通大道上的村落、有些名称特殊的村落、有重要物产的村落、一些重要文物古迹区和风景旅游区的村落、北京市的四级村落等都应保护。

北京市门头沟区文化委员会主任闫洪亮介绍了门头沟区古村落保护与利用的探索和经验。他提出，不仅要保护古村落原貌，而且还要妥善保护古村落的历史文化，细化古村落资料，为古村落建档立案。门头沟在古村落保护与利用方面所做出的积极尝试，在北京地区乃至在全国，都堪称典型。他们积累了很多宝贵经验，如采取股份制、吸收社会资金入股等形式，为保护和开发古村落探索出一条新路。

北京大学城市与环境学院岳升阳教授在对北京村镇文化遗产现状分析的基础上提出，在保护村镇文化遗产时，除了对有形的古村镇进行整体保护外，也应注意保护和利用消失了的村镇的无形文化价值；无论有形还是无形的古村落文化保护，都需建立政府部门之间的协调机制，克服管理机构"九龙治水"的弊端。该会议的研讨成果丰富，许多对策措施对于当前的决策有借鉴意义，有助于北京以及其他地区古村镇的保护和利用。

（二）中国的"双城记"：比较视野下的北京与上海城市历史学术研讨会

2015年6月13—14日，"中国的'双城记'：比较视野下的北京与上海城市历史学术研讨会"在北京召开。该会议由北京市社会科学院、华东师范大学、北京古都学会联合主办，来自北京大学、清华大学、复旦大学、华东师范大学、中国人民大学、北京师范大学、香港中文学大学、中国社科院、上海社科院、天津社科院、中央民族大学、中国传媒大学、中共中央党校、中国政法大学、首都师范大学、杭州师范大学、北京联合大学、北京鲁迅博物馆、美国圣路易斯华盛顿大学、伊利诺里州立大学、布法罗大学、纽约州立大学、日本立命馆大学及中国社会科学出版社、史林杂志社、安徽史学编辑部、高校理论战线编辑部、社会科学研究编辑部、福建论坛杂志社等学术机构的专家学者60余人参加了会议，共收到论文48篇，近70万字。

6月13日上午，大会举行开幕式。北京市政协文史委、北京市社科规划办、北京市地方志办的领导出席，北京市社科院谭维克院长、华东师范大学上海史研究中心主任姜进教授分别致辞。北京市社科院周航副院长主持开幕式。

谭维克院长在致辞中指出，历史研究是社科研究的一个重要领域，城市研究是历史研究的一个很重要的组成部分。有差异才有比较，有比较才有鉴别，有鉴别才能通过研究得出有价值的研究成果。北京、上海都是中国同一级别的特大城市，两个城市的共同点，可以用九个字来概括，"特大型、中国范、国际化"。北京、上海有很多不同，最根本、最深厚的原因要从历史积淀当中去寻找，也就是说历史文脉的差异性决定了北京和上海在城市风格、精神、魅力等方面存在的差异。要通过这样的比较，使两个地方相互学习，求同存异，取长补短，互相包容，进而共同发展。谭院长还介绍了北京市社会科学院建院几十年来以来，坚持决策智囊、学术高地、社会智库的办院方针。

姜进教授在致辞中指出，该研讨会是北京与上海城市史比较研究的第一次会议，其开创性不言而喻。从史学研究而言，北京与上海分别代表着城市起源的原型，以这两个城市进行比较，显然背后都蕴含着非常重要的问题意识。随后，北京大学陈平原教授、华东师范大学许纪霖教授先后发表题为"北京研究的可能性"与"以北京为'他者'的近代上海"的主题演讲。

6月13日下午和14日上午，会议进行分组讨论。与会专家学者就北京与上海的历史文化及二者之间的比较与对照等诸多议题，展开了热烈的研讨。6月14日下午，举行圆桌论坛暨闭幕式。在圆桌论坛上，与会专家学者都纷纷谈了自己参加此次会议的学术心得并期待下一次"双城记"学术会议的举办。华东师范大学许纪霖教授结合两天以来的研讨，提出了当前城市史研究需要继续深入的一些问题。

北京市社科院历史所所长、北京古都学会会长王岗研究员主持闭幕式。他指出，通过比较研究，深入探讨城市之间的差异性具有非常重要的意义。北京和上海是中国最具代表性的两座城市，相应的"北京研究"与"上海研究"也呈现出鲜明的学术理论。该会议的成功召开，为拓展城市史研究的新问题，丰富城市史研究的理论框架，建立城市史研究的新图景，提供了宝贵的对话平台。最后，作为本次会议的主办方，北京市社会科学院和华东师范大学上海史研究中心就以后持续举办北京与上海城市史比较研究的计划达成了共识。

（三）旧城历史街区：保护、更新与社区参与国际研讨会

2015年9月23日，由北京历史文化名城保护学术委员会和北京工业大学主办，北京市城市规划设计研究院、东城区朝阳门街道、史家胡同风貌保护协会共同承办的"旧城历史街区：保护、更新与社区参与国际研讨会"暨"为人民设计——2015北京国际设计周史家胡同/内务部街展场开幕论坛"在东城区史家胡同博物馆召开。该会议由北京市东城区朝阳门街道办事处配合组织,参加会议的包括北京市城市规划设计研究院副院长杜立群、城市设计所所长冯斐菲以及关注改善居住环境的胡同居民、专家学者和志愿者等。同时,北京市城市规划设计研究院协助史家胡同风貌保护协会策划的北京国际设计周《胡同口述史、居民公约、找回院子里的生活》展区也在史家胡同博物院内展出。

会议上,东城区朝阳门街道办事处主任陈志坚,北京市城市规划设计研究院杜立群院长、北京工业大学建筑与规划学院规划系主任张建教授,史家胡同风貌保护学术委员会赵博言(史家社区书记)女士相继致辞并主持了"为人民设计——2015北京国际设计周史家胡同/内务部街展场揭牌仪式"和史家社区"居民公约"签约仪式。会议还邀请了海内外著名专家学者做了主题发言,代尔夫特理工大学建筑学院、新加坡大学设计与环境学院 Jürgen Rosemann 教授讲述了德国居民参与改善居住环境的三个生动案例;中国国立台湾大学建筑与城乡研究所、南京大学建筑与城市规划学院夏铸九教授讲解了台北老市中心历史街区的保存成功经验与教训;北京市城市规划设计研究院城市所冯斐菲所长介绍了目前北京市城市规划设计研究院在北京历史文化街区保护、更新与社区参与方面所做的努力,总结了经验,提出了今后发展的想法;清华大学罗家德教授以生动有趣的案例讲解了社区营造的方法和实施手段;北京市城市规划设计研究院城市所工程师赵幸介绍了北京东四南历史文化保护街区保护更新近期工作进展情况,总结了工作成绩与不足之处,提出了未来工作计划。

会后举行了小型的公共论坛,参会嘉宾与当地居民、志愿者之间展开了热烈讨论、积极互动。会议上的主题发言与专业讨论,加深了海内外专家学者对街区保护与社区参与的内涵理解,更加坚定了胡同居民共同建设美好家园的决心,为北京旧城历史文化街区的保护、更新与社区参与工作提供了借鉴和参考。

(四) 三山五园文化遗产传承和保护学术研讨会

2015 年 10 月 31 日,由北京联合大学、中共海淀区委宣传部、天津大学联合主办,北京联合大学应用文理学院、海淀区文化发展促进中心、北京联合大学三山五园研究院共同承办的"全球视域下三山五园文化遗产传承和保护"学术研讨会在京举行,来自京内外的高等院校、科研机构以及文化产业等领域的百余名专家学者参加了该学术研讨会。

研讨会上,围绕中西园林文化遗产和保护、数字化在园林文化遗产传承和保护中的作用等问题,专家学者们展开了热烈的讨论。海淀区政协原主席、海淀区史志办原主任张宝章先生,清华大学建筑学院郭黛姮教授,天津大学建筑学院张凤梧教授等专家、学者分别做了《御制诗和三山五园研究》《圆明园桥梁复建漫谈》《样式雷和三山五园研究》等精彩的学术报告。颐和园园长刘耀忠先生,以及北京联合大学的赵连稳教授、孟斌教授分别做了精彩学术报告。针对学界广泛关注的圆明园桥梁复建问题,清华大学建筑学院郭黛姮教授认为,桥梁是具有交通功能的文化遗产,为了满足使用要求,应当按原貌进行复建。但在复建中必须以历史遗存、文字、图样等史料为依据,应用三维激光扫描等技术进行科学的复建,使其成为向人们展示当年皇家园林景物的窗口。"样式雷"是对清代二百多年间主持皇家建筑设计的雷姓世家的誉称。与会多位专家提出,在世界建筑世家文化中,"样式雷"是迄今保存最完整的,既有实物,也有图档,还有建筑原型,对于三山五园历史文化的基础研究、遗产保护具有重要意义。

近年来,海淀区积极推进三山五园文化遗产传承、保护和利用。作为该研讨会的主办方之一,海淀区委宣传部和北京联合大学三山五园研究院在过去的三年里密切合作,陆续开展了三山五园历史文化研究,组织学术研讨会,出版了《三山五园与京西文化研究和保护利用》论文集,建设了三山五园文献馆并不断充实馆藏文献和实物资料。三山五园研究院、三山五园文献馆正在逐步成为三山五园文化研究和文化传播的重要阵地。

(五) 2015 年北京广安门内空竹文化交流研讨会

2015 年 11 月 28 日,由北京市西城区广安门内空竹协会主办,北京市西城区百花深处艺术团承办的 2015 年北京广内空竹文化交流研讨会在贵都大酒店隆重举行。来自京津冀和我国台湾地区的十余位专家、学者和空竹爱好者以"空竹文化"为主题,展开了深入探讨。

2015 北京广内空竹文化交流研讨会围绕"京津冀一体化空竹文化协同发展""空竹文化与民族体育专场"和"京台文化交流"三大专题内容展开,深度挖掘空竹文化精髓,共同讨论空竹项目传承发展与保护利用中所遇到的困难、问题和传承保护，探讨分析了当下空竹文化在民俗体育文化中的现状及发展，研究竞技空竹工作开展情况和发展，跨界分享与学习传统文化传承的宝贵经验，结合大陆与台湾空竹技艺，共同探讨两岸空竹一家亲等话题。此外，在研讨会现场，空竹民间组织代表就共同发起促进京津冀民间空竹文化协同交流发展签订了倡议书。

在研讨会后，举办了空竹文化交流活动文艺演出，现场不仅有传统的抖空竹表演，还有以空竹为主题的琴书、歌舞、相声等表演。来自康乐里小学的空竹表演《空竹梦》赢得了观众的阵阵掌声，另外此次演出还邀请到来自台湾地区的空竹表演者，让到场观众大饱眼福。在演出现场除了有好看的文艺演出，还有空竹等非遗展示，使观众可以近距离接触非遗物件，与非遗大师沟通交流。

主办方表示，今年是西城区广安门内空竹协会成立十周年，举办此类涉及多地多方面的空竹文化交流研讨会活动旨在进一步挖掘、保护、传承、发扬国家级非物质文化遗产代表项目"北京抖空竹"，扎实有效地继承优秀传统文化，继续扩大"北京抖空竹"的社会影响力和区域品牌文化的凝聚力。

中华传统文化是中华民族生生不息的根本，也是中华儿女共同的精神家园。如何使中国传统文化中的精华与现今的时代相融合，是重大的理论和实践问题，海峡两岸有许多可以相互学习、相互借鉴和相互合作之处，可以一起去实现中华文化的新发展和新超越，为世界文化做出新的贡献。

北京历史文化与遗产保护传承研究进展

张 勃 刘会靖[*]

北京历史文化与遗产保护传承研究，历来是北京研究的重要内容，2015年专家学者们对此进行了多角度、广范围的研究与探讨，并取得了丰硕的研究成果。

一 北京历史研究

北京历史研究向来是学界的热点，2015年度北京历史方面的资料整理和研究成果仍然较为丰富。

（一）资料整理

北京市档案馆主编的4辑《北京档案史料》[①]颇具史料价值。其中，第1辑共收入史料8组，均为新公布的史料，包括晚清北京钱铺史料、20世纪30年代北平市修理明耻楼史料、20世纪30年代戏曲审查史料、20世纪三四十年代北平市小学教材要目及课程标准史料、20世纪三四十年代独流入海减河工程计划史料一组、1949—1956年北京市物价情况和管理工作史料一组、20世纪50年代北京市高等院校教师开展政治理论学习史料、1964年北京市调整解决中学生课业负担过重问题史料等。第2辑《档案见证——

---

[*] 张勃（1972— ），女，历史学博士，北京联合大学北京学研究所研究员，主要从事北京学、民俗学研究。刘会靖（1989— ），男，北京联合大学2014级专门史方向硕士研究生。

① 北京市档案馆主编：《北京档案史料》，新华出版社2015年版。

纪念中国人民抗日战争暨世界反法西斯战争胜利70周年史料选》，是纪念中国人民抗日战争暨世界反法西斯战争胜利70周年史料专辑，共刊布了17组档案史料，其中新公布史料7组，即北平师范大学抗日救国会出版《抗日周刊》第二期、1933年古北口及周边地区战事及战时邮务情况史料、1939年北京特别市教育局关于"东亚新秩序建设运动"史料一组、伪中华民国临时政府刊印的《郅治先声》（1939）、日伪统制华北纺织工业史料、日伪北平市末任市长许修直施政报告史料一组、北平邮政管理局查报1941年被日本宪兵队扣留包裹损失情况史料。此外还精选重刊了《北京档案史料》历年来公布的与日本侵华有关的10组史料。第3辑共收入史料8组，包括20世纪20年代末30年代初北平社会调查史料、1931年北平市市立通俗教育馆编订《济南惨案血痕》陈列明耻楼史料一组、1933年古北口、通县、三河邮局损失及古北口邮局邮务恢复史料、20世纪三四十年代革新婚丧礼俗史料、1945年10月至1946年5月北平市政府施政报告、1948年北平市卫生机构沿革调查史料、中华人民共和国成立初期北京市林木保护史料、1955年北京市财贸工作史料。第4辑共收入史料5组，即北平市社会局1935年7月至1936年5月统计资料简报史料、1936年国民政府颁修正初高中课程标准史料、1946年6月至11月北平市政府施政报告、1951年北京市京郊农村经济调查报告、1957—1958年北京市物价工作史料。这些档案是研究20世纪中叶以前北京政治、经济、文化等方面的第一手资料，具有十分重要的史料价值。

2015年是中国人民抗日战争暨世界反法西斯战争胜利70周年，北京市档案馆还主编并出版了《证据：日本侵华暴行调查档案全编（京津冀卷）》[1]，该书分为九册，第一次以原始档案影印与释文并存的形式收录了761份记录日本帝国主义侵华期间在京津冀地区所犯罪行。北京市政协文史和学习委员会主编的《北京文史资料》第80辑[2]，包括"抗战忆事""往事回眸""人物春秋""梨园别话""旧京琐记""京华风物""遗产保护"等内容，均具有十分重要的史料价值。

---

[1] 北京市档案馆主编：《证据：日本侵华暴行调查档案全编（京津冀卷）》，人民出版社2015年版。
[2] 北京市政协文史和学习委员会主编：《北京文史资料》第80辑，北京出版社2015年版。

（二）学术著作

张法的《北京的深邃：京城模式与象征体系》，从现代北京作为共和国首都定型下来的基本格局，回溯中国文化中京城的远古形成、基本结构、丰富的文化内涵和美学内容，揭示其对现代中国首都象征体系的影响，呈现改革开放以来京城模式和象征体系的演变，并思考全球化时代的京城模式与象征体系。[1] 李颖伯的《格致之路：古都北京的科技文化》，分不同的历史时期，对北京地区科技文化的发展、变迁进行了较为系统的研究，内容涉及制陶、天文历算、铸造、建筑、医学、数学、农学、地理学、工程技术等。[2] 周小翔等的《贾道燕蕴：古都北京的商业文化》，一方面利用考古与文字资料，从纵向上分析了北京商业文化发展的历史脉络和不同历史时期的特点，另一方面依托近代史实，通过行业、街区、集市、会馆、经营、商俗等，从横向上剖析了北京商业文化的诸多面相，是对北京商业文化的系统研究。[3] 释永芸、岳红的《北京伽蓝记》，通过北京寺庙的变迁沿革展示了佛教文化在北京的传播历史，对于了解北京的佛教文化具有较高价值。[4] 杜丽红的《制度与日常生活：近代北京的公共卫生1905—1937》，以近代北京公共卫生制度作为研究对象，既从国家和社会的角度阐述制度变迁的过程，也从日常生活的角度分析制度在社会中的实际运作，从而构建出以制度为中心的近代国家与社会互动的历史过程。[5] 舒燕的《北京旧城观音女庙研究》，从民俗学与宗教学的双重视角切入，使用金石碑刻、寺庙档案和个案访谈等多种资料，梳理了北京旧城观音女庙的女市民信仰群体类型、地方仪式、传承特征与日常生活，并探讨了清末至民国时期北京旧城观音女庙与北京城市社会结构的关系，与北京女性人生史的关系，具有相当的深度和系统性。[6] 萧振鸣的《鲁迅与他的北京》，全面介绍了鲁迅在北京的生活、足迹、创作、翻译、收藏、交友等方面的活动，由此折射出

---

[1] 张法：《北京的深邃：京城模式与象征体系》，安徽教育出版社2015年版。
[2] 李颖伯：《格致之路：古都北京的科技文化》，中华书局2015年版。
[3] 周小翔、林妍梅、刘静等：《贾道燕蕴：古都北京的商业文化》，中华书局2015年版。
[4] 释永芸、岳红：《北京伽蓝记》，商务印书馆2015年版。
[5] 杜丽红：《制度与日常生活：近代北京的公共卫生1905—1937》，中国社会科学出版社2015年版。
[6] 舒燕：《北京旧城观音女庙研究》，学苑出版社2015年版。

民国时期北京的生活状态,以及北京带给鲁迅的种种影响及改变。[1] 顾钧的《美国第一批留学生在北京》,首次梳理了民国时期美国第一批专业汉学家,如费正清、毕乃德、顾立雅、恒慕义等在北京的研究工作及其回国后的著述和活动,讨论了美国专业汉学兴起的历史过程和深层原因,揭示了民国时期以北京为中心的中美学术文化交流。[2]

包路芳的《挂甲屯的故事:北京城乡社会变迁研究》,以挂甲屯这一城郊乡村为研究个案,描述了挂甲屯由乡村社区发展为城乡社区的历史过程,阐释了北京乃至中国乡土社会的变迁及城市化背景下从有农到无农、从村屯到城市、从农民到市民的变迁轨迹,生动体现了中国乡村剧烈的社会变迁。[3] 中共海淀区工委花园路街道工作委员会等编著的《北京市花园路地区历史与文化研究》,对花园路地区的历史沿革、地名形成、文化遗产和历史文化名人等了进行系统梳理和研究,呈现了该地区历史文化发展的主要脉络。[4] 此外,郭京宁的《当代北京故宫史话》、于永昌的《当代北京长安街史话》、金汕的《当代北京体育场馆史话》、吴雅山的《当代北京曲剧史话》,等等,以史话的形式,分别对当代故宫、长安街、体育场馆等的发展演变情况进行了梳理。[5]

(三) 研究论文

2015年发表多篇研究论文,对北京历史社会中的城市发展、历史人物、历史事件、宗教信仰、民俗文化、中外交往等进行了较为深入的研究。在北京城市发展及其管理方面,程民生从城市在文明传播中的作用出发,从金朝营建燕京的汴京基因入手,研究汴京元素对古代北京的影响,认为宋代东京作为中国近代城市的源头和代表,其建制、规划以及市井文明对北京城产生了深远的影响,并指出金、元、明、清四代北京城对北宋东京的继承是中华文明传承的表现,是汴京元素对中国城市史尤其是都城史的贡

---

[1] 萧振鸣:《鲁迅与他的北京》,北京燕山出版社2015年版。
[2] 顾钧:《美国第一批留学生在北京》,大象出版社2015年版。
[3] 包路芳:《挂甲屯的故事:北京城乡社会变迁研究》,中国大百科全书出版社2015年版。
[4] 中共海淀区委花园路街道工作委员会、海淀区人民政府花园路街道办事处、北京联合大学应用文理学院编著:《北京市花园路地区历史与文化研究》,学苑出版社2015年版。
[5] 上述四种书籍皆由当代中国出版社2015年出版。

献。① 高福美关注辽金时期北京文化发展的脉络及特点，探究北京都城的历史地位及影响，分析北京文化中心地位的形成过程及影响因素，认为辽金时期是北京城市、文化发展史的重要阶段，成为北方文化中心和区域文化交流中心，新生了政治文化、宫廷文化和宗教文化等文化因素，民族间的文化交流深入日常生活。② 孙冬虎关注元大都与明清北京的文化艺术与艺术空间，探索北京文化艺术与艺术空间的特征和发展，认为元大都及明清北京以戏曲为主的艺术活动及相关机构和人员的地理分布是帝都时代北京艺术空间的表征，由官方文艺、宫廷礼仪、城市艺人和民俗节庆形成的文化传统与地域特色在中华人民共和国成立后仍得以传承延续。③ 罗炤探讨了元朝"丝绸之路"对人类历史发展的重大贡献以及元大都（今北京）在"丝绸之路"中的关键地位，阐述了元大都在世界历史中的重要影响及其独特性，认为15世纪前人类历史上意义最重大的科技文化交流通过元朝"丝绸之路"得以实现，但元大都在海、陆"丝绸之路"的关键地位和巨大影响均被遗忘，没有全面地反映历史的真实面貌。④

王建伟从城市管理体制变革、市政基础设施建设和传统城市格局与空间结构演化等方面研究清末民初北京城市的近代化进程，认为北京城市功能在国家政体的变革中走向多元化，传统城市空间结构和社会结构的演化推动北京城市格局从封闭僵化的内外城旗民隔离进入流动开放状态，现代城市元素和城市化色彩在近代化进程中的进一步凸显加速北京从皇权附属的帝都发展成初具形态的近代化城市。⑤ 贾彩彦论述了近代北京的城市化及其对土地产权和使用管理制度的影响，在此基础上梳理了近代北京城市土地管理制度的演变，并与近代兴起的其他不同类型城市进行比较。⑥ 刘洋从法律文本分析入手，对清末北京城市治理法规的结构、渊源及其社会基础

---

① 程民生：《汴京元素对古代北京的影响》，《史学集刊》2015年第1期。
② 高福美：《辽金时期北京文化发展脉络及特点》，载王岗主编《北京史学论丛2014》，北京燕山出版社2015年版。
③ 孙冬虎：《元大都与明清北京的艺术空间》，载王岗主编《北京史学论丛2014》，北京燕山出版社2015年版。
④ 罗炤：《元朝"丝绸之路"与元大都》，载王岗主编《北京史学论丛2014》，北京燕山出版社2015年版。
⑤ 王建伟：《清末民初北京城市近代化进程的初启》，载王岗主编《北京史学论丛2014》，北京燕山出版社2015年版。
⑥ 贾彩彦：《近代北京城市土地管理制度演变——对土地产权及使用管理制度的分析》，《上海经济研究》2015年第7期。

等相关问题在制度层面进行了探讨，认为该时期的有关立法尝试是具有现代意义的城市法制建设活动，在推动北京城市治理初步迈向法制现代化的同时，也深刻影响了民国时期及其后来城市立法样式及法制现代化的进程。① 张艳丽在概述古代北京地区供水状况的基础上，简析清末北京自来水厂的初建和自来水公司的发展，探究清末自来水与京师的城市生活，认为清末北京自来水事业的起步触动了传统居民饮水方式，其推进过程反映了居民传统观念的转变，推动了北京城市消防事业的进步和城市公共卫生的近代化，对预防传染病的发生具有积极意义。② 王娟关注民国北京地区的卍字会系列慈善组织，梳理北京地区诸卍字会的发展脉络，简析诸卍字会开展的慈善救助事业及其特点，并从人员构成、宗旨确立、制度建设等方面诸卍字会与红十字会的丝缕关联及其民族主义的发展趋向。③ 蔡禹龙勾勒了清末民初北京警察机构的职能与嬗递过程，认为这一过程反映了老北京警政演变的轨迹，是中国近代政治制度演变过程中不可或缺的要素。④ 王富盛主要利用竹枝词，并结合其他档案史料和文献，从传统到现代全方位考察清末至民国期间北京交通的近代转型与变迁。⑤ 佟宇、奚方圆以《晨钟报》为视角，考察了民国初年北京的贫民救济活动，认为有力的财政支持、重视民间救济的作用、发挥新闻媒介的宣传和反馈功能是这一时期的济贫活动给我们的启示。⑥ 程尔奇研究清末北京体育活动与体育教育的发展，分析公共文化设施的设立和日常生活的转变，探讨报纸与阅报社（处）的兴起以及专业性质社会团体的涌现，认为随着清末新政的推行和西方文化知识的传播，北京对外来文化的容受程度越来越高，北京的文化事业生发出新的内容，在清末十年间取得了显著的发展。⑦

---

① 刘洋：《清末北京城市治理和治安立法样式的法理分析》，《北京警察学院学报》2015 年第 2 期。
② 张艳丽：《自来水与清末北京的城市生活》，载王岗主编《北京史学论丛 2014》，北京燕山出版社 2015 年版。
③ 王娟：《民国北京地区的卍字会系列慈善组织述略》，载王岗主编《北京史学论丛 2014》，北京燕山出版社 2015 年版。
④ 蔡禹龙：《清末民初北京警察机构的嬗递》，《北京档案》2015 年第 5 期。
⑤ 王富盛：《品味竹枝"档案"里的近代北京交通》，《北京档案》2015 年第 3 期。
⑥ 佟宇、奚方圆：《民国初年（1916—1918）北京的贫民救济活动——以〈晨钟报〉为视角》，《东北师大学报》（哲学社会科学版）2015 年第 3 期。
⑦ 程尔奇：《清末北京文化事业发展述略》，载王岗主编《北京史学论丛 2014》，北京燕山出版社 2015 年版。

王建伟关注民国初年北京的文化版图，认为近代工商经济的发展为城市文化环境的更新提供了适宜的土壤，催生出一系列崭新的文化气象，进而促进民国初年北京的文化版图进一步更新自身的形式与内容。① 符晓以北京和上海为中心研究民国初年的音乐会，认为民国初年音乐会得到了空前发展，传播了西方音乐知识，丰富了人们的日常生活，在现代音乐史上具有深远意义。② 张涛关注民国初年北京的古物流失与画家经营，认为清末民初的北京艺术市场还处于有形无序的混沌状态，古物在市场间的辗转流徙和画家于市场中的苦心经营，均折射出极为丰富的时代意涵。③ 周尚意、张乐怡则以《鲁迅日记》为研究对象，通过考察鲁迅的在京足迹，统计鲁迅1912—1926年在京期间光顾过的地方，分析其中的一系列地名，呈现了当时北京城市的空间结构和文人城市空间结构意象。④ 林峥的博士论文《北京公园：现代性的空间投射（1860—1937）》，在全球化的背景下，考察"公园"作为一个新兴的西方文明装置，是如何进入晚清以及民国北京的。论文选择"公园"来讨论"城市"，兼及政治史、社会史、文化史、文学史等多重维度，具有较高的学术价值。⑤ 曹悦、晓文重在探析中华人民共和国成立初期政治中心建设中的北京角色定位与作用，认为在当时国家性质转变的背景下，北京的各项工作始终服务全局，在确立和巩固政治中心地位的同时，对全国工作产生了重要的影响。⑥

章永俊认为北京古代手工业的发展是多种因素综合作用的结果，并从自然环境、政治、经济、社会等方面探讨北京古代手工业发展因素，初步揭示诸因素对北京各历史时期手工业推动和阻碍作用的双重制约。⑦ 高福美研究了明代北京城市商业范围及市场分布，认为明代北京城市商业已经成熟，城内形成了繁荣的商业街区和定期性的商业集市，不仅丰富了商业

---

① 王建伟：《民国初年北京的文化版图》，《福建论坛》（人文社会科学版）2015年第4期。
② 符晓：《论民国初年的音乐会——以北京和上海为中心的研究》，《长春大学学报》2015年第3期。
③ 张涛：《纸上济苍生——民初北京的古物流失与画家经营》，《美术研究》2015年第1期。
④ 周尚意、张乐怡：《鲁迅在京足迹折射的文人城市空间结构意象——对〈鲁迅日记〉中北京地名的分析》，《热带地理》2015年第4期。
⑤ 林峥：《北京公园：现代性的空间投射（1860—1937）》，博士学位论文，北京大学，2015年。
⑥ 曹悦、晓文：《新中国成立初期政治中心建设中北京角色作用探析》，《北京党史》2015年第1期。
⑦ 章永俊：《北京古代手工业发展因素探析》，载王岗主编《北京史学论丛2014》，北京燕山出版社2015年版。

贸易形式，也扩大了城市贸易范围，奠定了清代乃至现代北京城市商业发展的基础。① 邓亦兵认为北京粮价是研究北京粮食市场和北京市场史的必要前提与重要内容，并以朝代分界探讨康熙时期北京粮价的变动趋势及其影响因素，分析康熙朝的粮价控制和京城粮食市场分布。② 滕德永结合中国第一历史档案馆所藏档案及清宫所藏相关文书对清宫太监的财务状况进行考察，估算清宫太监的收入及来源，探究清宫太监的财富积累和影响其收入主要因素，认为清代太监与明代太监命运相异，不仅政治地位低下，受到的约束严苛；而且其经济收益亦较有限，加上其他深刻的社会因素，造成清宫太监的整体贫困。③ 刘仲华利用朱批、录副等档案材料，概述乾嘉时期即已泛滥的私垦趋势，梳理嘉道以后南苑私垦查禁与招佃垦种的过程，揭示晚清南苑在政治原则与经济诉求之间的命运抉择，从侧面探讨清廷在面对现实变局中的制度坚守与困境，以及政治因素对北京城市发展的强力塑造。④ 赵连稳、许文雅分析了科举与北京书院的互动关系，认为科举在两者的互动关系中占据主导地位，主要体现在对书院教育的规范性影响。⑤ 吴文涛从文化的角度来重新审视北京历史上的水环境变迁问题，从历史记忆中回顾北京古都风貌的城市水系和水环境印象，并对永定河与大运河进行文化定位，梳理北京城市发展与水的辩证关系以及历史上的水环境对于北京城的文化意义，为解决北京的水资源困局提供新的视野。⑥

在历史人物和事件研究方面，张建业、张岱考察了李贽在北京期间的行踪与思想，认为李贽的人生与思想和北京有着密切的关系，研究李贽在

---

① 高福美：《明代北京城市商业范围及市场分布》，《兰台世界》2015年第9期。
② 邓亦兵：《康熙时期北京粮价分析》，载王岗主编《北京史学论丛2014》，北京燕山出版社2015年版。
③ 滕德永：《从档案看清宫太监的财务状况》，载北京民俗博物馆主编《北京民俗论丛》第3辑，学苑出版社2015年版。
④ 刘仲华：《"足民食"与"祖宗之制"的抉择——嘉道以后南苑私垦查禁与招佃垦种之议》，《清史研究》2015年第3期。
⑤ 赵连稳、许文雅：《科举与北京书院的互动关系》，《广州大学学报》（社会科学版）2015年第2期。
⑥ 吴文涛：《文化视野中的北京水环境变迁》，载王岗主编《北京史学论丛2014》，北京燕山出版社2015年版。

北京的经历，对了解李贽的生平和思想有着重要的意义。① 刘仲华从明清鼎革期间多尔衮对清政权的历史贡献角度出发，剖析了多尔衮进京后招降安抚的策略与方式，并分析了当时的京城局势，认为多尔衮采取的一系列措施为稳定北京局面和笼络人心，以及完成清政权的顺利迁都，并最终实现由地方到全国一统的转变奠定了基础。② 王臻梳理了明末清初在北京做质子的朝鲜昭显世子与德国耶稣会传教士汤若望的交往，认为这促进了西学思想在朝鲜后世的传播，而对此问题的关注有助于凸显中国在东西方文化交往中的独特地位。③ 董焱从利玛窦来京的背景与目的出发，评述了利玛窦在北京的传教活动，阐述了利玛窦在中西文化交流中的意义及其贡献，认为其传入的西方自然科学与生活方式促进了中国经济文化发展，开阔了部分士大夫的眼界。④ 常颖梳理了包惠僧在北京地区的革命活动，认为包惠僧虽然最终选择了错误的道路，但在中国共产党成立初期的北方工人运动中所做的工作和贡献是不可磨灭的。⑤ 尹晓冬考察了张东荪及其儿女在北京大学从事学习研究的经历，以这一文化世家的家庭遭遇折射出中国近现代科学的发展状态。⑥

赵雅丽选取晚清光绪年间持续二十多年的数次铁路争议事件，考察铁路之争中京师清议舆论和廷争激辩的出发点与深意，探讨双方在应对危机的思路与发言中的合理性成分，认为铁路之争中京师的清议舆论与廷争是基于特定角色地位发生的特定的政治参与和思想行为，不能简单用封建顽固、保守来界定。⑦ 任润鑫分析了北京政府在1921年端王回京事件中与外交使团的外交角力、政治博弈及失败的原因。⑧ 周宁选取1924年北京大学

---

① 张建业、张岱：《李贽北京行踪与思想考》，《北京科技大学学报》（社会科学版）2015年第3期。
② 刘仲华：《略述多尔衮进京后的招降安抚与京城局势》，《东北史地》2015年第5期。
③ 王臻：《朝鲜世子与德国传教士汤若望在北京的交往考述》，《暨南学报》（哲学社会科学版）2015年第12期。
④ 董焱：《利玛窦在北京的传教活动及意义》，载王岗主编《北京史学论丛2014》，北京燕山出版社2015年版。
⑤ 常颖：《包惠僧在北京地区的革命活动》，《北京党史》2015年第1期。
⑥ 尹晓冬：《张东荪父子与北京大学》，《科学文化评论》2015年第2期。
⑦ 赵雅丽：《浅议晚清铁路之争中京师的清议与廷争》，载王岗主编《北京史学论丛2014》，北京燕山出版社2015年版。
⑧ 任润鑫：《"蚁穴"外交与条约体系——1921年端王回京事件与北京政府的应对》，《南都学坛》（人文社会科学学报）2015年第2期。

教授杨栋林情书事件为研究对象,通过分析这起公共事件的媒体言论,讨论社交公开、男女同校与师生恋问题,发现公众具有不同认知与性别立场,而礼教的思维方式与评价标准仍然影响着绝大多数人的生活。[1] 何树远对1922年北京教育界与直系的合作及其对1922年北京政局的影响进行分析与探讨。[2] 张楠、梁燕对北京地区大学分校创立的历史背景、决策历程以及社会贡献进行了梳理,认为在北京地区高等教育发展进入普及化阶段的新时期,深入剖析大学分校创办历程对当前高等教育改革具有一定的借鉴意义。[3]

在宗教史方面,丁慧倩以明清时期清真寺内的历代修寺碑刻、牛街《冈志》,以及晚清民国时期各回族报刊展开的社会调查资料为基础,梳理了明清以来北京城区及关厢地区清真寺的位置和数量变化,并由此分析明清两代北京回民聚居区域的空间变化和历史变迁过程。[4] 麦锦恒回顾了社会变革下的道门往事,揭示了白云观在新的时代环境下为求自身权益和自我防护而做的积极努力。[5] Anne Swann Goodrich 以北京东岳庙为研究对象,考察东岳庙供奉的诸神,从中分析中国的神灵信仰和灵魂世界,进而探究中国的民俗宗教和皇家祭祀。[6] 陈晓苏简述了白塔寺的历史,分析了白塔的形制、结构、建筑艺术和审美价值,探究了白塔内发现的佛教文物,认为妙应寺白塔是古都北京历史变迁的见证人,是古城北京的标志和乡情与爱的象征,代表了古都市井百姓的民风民情。[7]

在民俗文化史方面,鞠熙认为文人记录文献与民间碑刻的结合能有效发现传统城市民俗在历史发展进程中的形式沿袭与机制变迁情况。她从585通北京内城碑刻入手,揭示民俗传承主体与动因的根本转变,阐明社会转

---

[1] 周宁:《社交公开、男女同校与师生恋:1924年北京大学教授杨栋林情书事件》,《妇女研究论丛》2015年第3期。

[2] 何树远:《从希望到失望——北京教育界与1922年的北京政局》,《中山大学学报》(社会科学版)2015年第3期。

[3] 张楠、梁燕:《论改革开放背景下北京地区大学分校的创办与贡献》,《北京联合大学学报》(人文社会科学版)2015年第1期。

[4] 丁慧倩:《明清北京城区及关厢地区的清真寺》,《回族研究》2015年第1期。

[5] 麦锦恒:《社会变革下的道门往事——民国初年的北京白云观》,《中国道教》2015年第1期。

[6] [美]Anne Swann Goodrich:《民俗宗教与皇家祭祀:北京东岳庙供奉诸神之考察》,李锦萍译,载北京民俗博物馆《北京民俗论丛》第3辑,学苑出版社2015年版。

[7] 陈晓苏:《珍铎迎风而韵响,金盘向日而光辉——记北京的白塔和妙应寺》,载北京史研究会编《北京史与北京生态文明研究》,经济科学出版社2015年版。

型的事实，并借以证明了碑刻文献的重要价值。① 韩燕对清代北京民俗庙会的发展背景、庙会类型及其神灵的供奉进行了初步探索，认为清代庙会是一种集宗教、集市、娱乐为一体的综合性民俗活动，其产生与发展和当时商品经济的发展、人口增长密切相关。② 卫才华、张小丁梳理了隆福寺从皇家寺庙、宗教神圣空间逐渐演变成京城庙会的历史过程，并认为隆福寺的长期存在，使庙会商业具有宗教朝圣和民俗体验的双重意义。③ 杨源从八角鼓起源的考辨、八角鼓曲艺的流变和以八角鼓为名的表演形式三方面对晚清民国北京八角鼓曲艺的名称、音乐结构变化、内容题材的丰富、全堂八角鼓的内容进行了深入分析。④ 季剑青以《骆驼祥子》《四世同堂》为中心，分析了老舍小说中的北京民俗与历史，认为老舍的长处是在一个相对稳定的空间内铺展北京市民生活的人情世态，其作品可以作为北京市民阶层的民俗志来读，但同时指出，老舍小说的民俗志特征，在某种程度上是以历史背景的虚化为代价的，当然，他对民俗与历史之间关系的处理方式也经历了一个变化的过程。⑤

在旗人研究方面，薛柏成、孙学凡从形成因素、主要内容与特点等方面研究了清代北京旗人婚姻家庭中的伦理道德观念，认为清代北京旗人社会的政治、经济以及文化政策对旗人婚姻家庭中的伦理道德观念有着深远影响，北京旗人在自身不断成长与完善的过程中逐步丰富自己的道德文化内涵。⑥ 刘尧晔通过对清代旗人群体的市民化过程与戏曲消费研究，探索特殊的旗人社会管理制度对旗人市民化的影响及其对戏曲消费的推动，并分析了这种消费背后深层次的民族文化心理及其对戏曲发展的促进作用。⑦ 唐博分析了清代八旗制度下北京旗人住房的配置规格，认为旗人住宅的兴衰，

---

① 鞠熙：《碑刻所见十八世纪北京内城民机制俗的变化》，《华东师范大学学报》（哲学社会科学版）2015年第2期。
② 韩燕：《清代北京民俗庙会文化浅议》，《黑龙江史志》2015年第7期。
③ 卫才华、张小丁：《清代及民国时期北京隆福寺商业民俗》，《民族文学研究》2015年第4期。
④ 杨原：《试析晚清民国北京八角鼓之流变》，《满族研究》2015年第1期。
⑤ 季剑青：《老舍小说中的北京民俗与历史以〈骆驼祥子〉〈四世同堂〉为中心》，《民族文学研究》2015年第1期。
⑥ 薛柏成、孙学凡：《清代北京旗人婚姻家庭中的伦理道德观念》，《吉林师范大学学报》（人文社会科学版）2015年第6期。
⑦ 刘尧晔：《清代北京旗人群体的市民化与戏曲消费研究》，《内蒙古大学艺术学院学报》2015年第4期。

在某种程度上对北京的城市建设与发展产生了深刻影响。① 樊志斌研究了清末北京旗人的祭祀与换索礼节，分析祭祀与换索礼节中反映的旗人特色，认为京师旗人的祭祀与换索虽深受京师当地气候、物产、汉人文化的影响，但总体上保留了东北满俗的特点，为北京文化添加了极具地方和民族特点的色彩。② 杜佩红从民族文化认同的角度来研究老北京的满族女装，认为满族女装是体现满族文化独特性的重要标志，梳理其历史变化过程不仅可以反映服饰文化的变迁，更能体现满人的自我认同与满汉关系的历史演变。③ 李扬以满族人金勋的《成府村志》为中心，研究清代北京满族村落的礼仪、风俗习惯、社会生活和寺庙与香会，探讨成府村风俗与社会生活中的满汉差异，分析成府村旗人社会的历史变迁，认为旗人社会的形成与发展体现皇权政治的因素，而成府村这一旗人聚落的变迁则是清代政局变化的缩影。④

总体上看，2015 年北京历史研究的特点主要有二。其一，从历史分期看，清末民国时期的研究成果较之其他时期更加丰富。除了该历史时期与现代关联密切，资料丰富容易引起学者兴趣之外，也在一定程度上反映出该时期在北京发展史上的重要性。其二，采用史料范围广泛，档案、碑刻、日记、报刊、竹枝词、小说等文献，在历史研究尤其是近现代史研究中的作用十分突出。

二　北京文化遗产保护传承研究

无论是从实践层面还是从学术层面，文化遗产的保护与传承都是当前的一个热点。下面从几个方面分述之。

（一）北京中轴线研究

对北京中轴线的研究主要集中在中轴线的历史文化内涵、文化积淀与

---

① 唐博：《清代北京旗人推动住房市场化》，《文史博览》2015 年第 4 期。
② 樊志斌：《清末旗人的祭祀与换索礼节》，载北京民俗博物馆主编《北京民俗论丛》第 3 辑，学苑出版社 2015 年版。
③ 杜佩红：《老北京的满族女装》，载北京民俗博物馆主编《北京民俗论丛》第 3 辑，学苑出版社 2015 年版。
④ 李扬：《清代北京旗人社会生活管窥——以〈成府村志〉为中心》，载王岗主编《北京史学论丛 2014》，北京燕山出版社 2015 年版。

特色和保护发展策略等方面。《北京联合大学学报》（人文社会科学版）2015年第2期"北京学研究"专栏集中发表王岗、张宝秀、张妙弟、李欣雅、李建平、吕舟等人的相关文章，概括了北京中轴线的概念、历史演变和中轴线两侧的主体建筑，阐述了北京中轴线的历史文化内涵与当代政治意义，分析了北京中轴线的文化积淀与特色，研究了北京中轴线的文化空间格局及其重构，探讨了北京中轴线申遗研究与遗产价值认识。认为北京中轴线不仅是重要的政治、文化标志和北京城市的脊梁与人文线，也是支撑北京古都风貌的核心和中国古代都城的精华；不仅是北京的中轴线；也是中国的中轴线，还是能够代表中华几千年文化精华的中轴线；不仅体现着北京城市规划设计的完整性，蕴藏着的深厚内涵，反映了中国传统的秩序、环境、审美等方面的价值取向，也积淀了元、明、清、民国和中华人民共和国丰厚的历史文化。中轴线随着时间推移在空间结构、标志节点、使用功能、文化内涵和文化空间等方面不断发生着变化与重构，是具有非常重要价值的潜在世界遗产项目，对它的价值认识、阐释、保护与管理，不仅能够反映国际文化遗产保护运动对保护对象价值认识的发展，对世界遗产保护本身也有着重要的影响。[1] 卫蓝等也对北京中轴线保护与发展面临的形势和策略与措施进行了专门研究与分析。[2]《紫禁城》2015年第4期上集中发表的刘阳、杨新成和张铱等人的文章，则用图文并茂的方式回顾了北京城中轴线的建筑旧影和古建筑测绘始末，追溯1934年至1937年和1941年至1944年朱启钤先生促成的对故宫及北京中轴线文物建筑的两次测绘，展示测绘成果和保存情况。[3] 陈晓虎、张学玲从明永乐年间天地坛、明嘉靖朝改制、清乾隆朝扩改建三个时期出发，对"天坛形制"进行了探讨，并分析了天坛建筑群南北轴线不居中的问题，阐述了斋宫和祭祀建筑群布局关系中反映上天和天子关系的方式。[4]

---

[1] 王岗：《北京中轴线的历史文化内涵与当代政治意义》；张宝秀、张妙弟、李欣雅：《北京中轴线的文化空间格局及其重构》；李建平：《北京中轴线的文化积淀与特色》；吕舟：《北京中轴线申遗研究与遗产价值认识》，均载《北京联合大学学报》（人文社会科学版）2015年第2期。

[2] 卫蓝、张晓研、刘学婧：《浅析北京中轴线保护与发展的策略与措施》，《北京规划建设》2015年第4期。

[3] 刘阳：《百年回望：北京城中轴线建筑旧影》，《紫禁城》2015年第4期；杨新成：《北京中轴线古建筑测绘始末》，《紫禁城》2015年第4期；张铱：《故宫及北京中轴线文物建筑测绘回忆》，《紫禁城》2015年第4期。

[4] 陈晓虎、张学玲：《明清北京天坛建筑群布局的释说》，《山西建筑》2015年第8期。

(二) 北京历史文化街区、胡同、四合院等研究

对北京历史文化街区的研究，主要是选取某处具体街区为典型案例，围绕北京历史文化街区的保护更新、立面整治和产业发展等进行普遍性分析。如赵鹏军、马博闻以北京前门大栅栏地区为例，从游客的场地感受出发，分析历史街区改造后城市文脉的存在和延续的问题，总结城市更新对历史文脉的影响因素与模式，强调历史街区更新过程中的文脉影响研究，对于指导旧城更新，尤其是进一步科学引导历史街区更新，具有重要的理论和现实意义。[①] 许苗苗则关注前门地区的空间形象设计与文化主题塑造问题，她选取"台湾会馆""天街""铁路博物馆与大观楼""老字号餐饮业态"四个重点案例加以分析，认为当前应该通过有针对性的措施重新塑造区域整体文化形象，提高区域的吸引力。[②] 孙书同等以北京长辛店历史街区为例，研究保存欠佳型历史街区的保护更新策略，提出一种以居民行为、居住环境和生活方式来决定规划方向的设计思路，主张通过对路网骨架、建筑形态的运用，从宏观上保存历史街区的空间格局，从微观上为居民提供方便、实用的生活场所。[③] 刘敏、刘爱利选取历史街区建筑遗产再利用较成功的南锣鼓巷为典型案例，基于业态视角分析和探讨了建筑遗产的再利用问题。[④] 李瑞美等以北京市旧城区什刹海历史文化保护区为例，对旧城历史文化保护区旅游交通行为特征研究，并从优化游览交通组织、提升游客游览品质角度出发提出了优化建议。[⑤] 郗志群、王丹丹亦以什刹海地区为研究对象，梳理了什刹海的历史变迁，阐述了什刹海的自然之美与人文之美，认为什刹海是北京文化的荟萃之区，承载了北京城悠长的历史痕迹，形成了独具特色的什刹海多元文化形态，对北京历史文化的建设和发展有重要作用，并以什刹海为例探讨了历史公共园林在生态、审美、文化和社会等

---

① 赵鹏军、马博闻：《基于场地感受的历史街区更新文脉影响研究——以北京前门大栅栏地区为例》，《城市发展研究》2015年第3期。
② 许苗苗：《论北京前门地区空间形象设计与文化主题塑造》，《中国名城》2015年第1期。
③ 孙书同、杨昌鸣、郑天：《保存欠佳型历史街区保护更新策略——以北京长辛店历史街区保护更新规划为例》，《规划师》2015年第2期。
④ 刘敏、刘爱利：《基于业态视角的城市建筑遗产再利用——以北京南锣鼓巷历史街区为例》，《旅游学刊》2015年第4期。
⑤ 李瑞美、贺玉龙、陈亦新：《旧城历史文化保护区旅游交通行为特征研究——以北京什刹海为例》，《道路交通与安全》2015年第3期。

方面的价值,指出公共园林的社会价值更多地体现在人文精神、人文关怀方面。[1] 成志芬、田燕以全聚德老店为研究案例,从文化地理学的视角展开分析,并就深入挖掘并真实弘扬传统文化内涵,保护北京历史文化遗迹提出建议。[2] 此外,王春娟以历史街区区域资源与产业发展为研究视角,对牛街的区域资源条件、产业背景、产业发展必要性进行分析,提出牛街区域多元文化结合民族主题的发展构想。[3] 张娟等著《北京香山近代建筑保护研究》,呈现了北京香山近代建筑的特征、分布和保护利用现状,并以香山慈幼院建筑整体保护为例就香山近代历史建筑群的保护提出了规划构想。[4] 李梦然、黄凯剖析颐和园的文化内涵、旅游现状及存在问题,探索园林文化内涵在旅游活动中的价值,寻求文化旅游活动中突出古典园林文化内涵和旅游品位的途径。[5] 王来水回顾了中山公园由明清两朝的社稷坛到成为北京城首个城市公共园林的百年沧桑历史,认为它的诞生是社会变革的产物,是历史的机缘和社会发展的必然,是首都公园从无到有、从小到大、从弱到强的历史见证,并评述了中山公园的景观特色与文化氛围,以及作为坛庙园林的代表之一承担的多种功能与角色。[6] 姚安详细介绍了北京天坛,认为这座古代皇家祭坛是中国祭天文化的结晶,承载了中国古代先民的企盼和希望,是古都北京的重要文化名片。[7] 石善涛、郑珺、谭烈飞等人则分别对恭王府、天安门广场和朝阜路进行了翔实具体的分析与论述。[8]

北京胡同、四合院是北京地域文化的重要载体和典型代表,如何对其加以保护传承和利用,近年来一直是深受关注的问题。吴颐宗在简述北京

---

[1] 郗志群:《什刹海的自然与人文之美》,载北京史研究会编《北京史与北京生态文明研究》,经济科学出版社2015年版;王丹丹:《历史公共园林的价值探讨——以北京内城最大的水系公共园林什刹海地区为例》,《建筑与文化》2015年第4期。

[2] 成志芬、田燕:《基于空间表征的北京历史文化遗迹的保护与开发研究》,《兰台世界》2015年第11期。

[3] 王春娟:《北京牛街区域资源与产业发展研究》,《中国市场》2015年第51期。

[4] 张娟、傅凡、高云昆等:《北京香山近代建筑保护研究》,中央民族大学出版社2015年版。

[5] 李梦然、黄凯:《浅析北京颐和园林文化内涵在旅游活动中的价值挖掘》,《北京农学院学报》2015年第1期。

[6] 王来水:《百年中山话沧桑》,载北京史研究会编《北京史与北京生态文明研究》,经济科学出版社2015年版。

[7] 姚安:《美丽北京之天坛》,载北京史研究会编《北京史与北京生态文明研究》,经济科学出版社2015年版。

[8] 石善涛:《细说恭王府》;郑珺:《天安门广场见证最美北京》;谭烈飞:《古都文脉——朝阜路》,均载北京史研究会编《北京史与北京生态文明研究》,经济科学出版社2015年版。

胡同历史与现状的基础上，结合城市经济理论与现有胡同保护经验，提出了基础设施改造、商业化改造以及环保宣传等相关改造模式建议。[1] 姚红媛、谷乐在分析传统北京四合院建筑特色的基础上，以菊儿胡同、南池子地区为实际案例，研究对北京四合院的改造，认为应在原有基础上遵循环境生态学原理，保留具有特色性的建筑设施和文化符号，在尽量不破坏原址的情况下对四合院进行修缮与现代化设计，使之符合现代住房标准，又兼具老北京的文化特色。[2] 李勤、孟海以北京的居住型庭院（四合院）为主，以园林型庭院为辅，对庭院空间的构成要素优势和特点进行分析，为现代住区的空间设计提供具有民族和地方特质的重要素材，探索其被传承和应用的可能性。[3] 韩文强在对比北京传统四合院与当代城市建筑、概述北京胡同保存现状的基础上，分析有关北京胡同四合院的设计实践，认为对胡同四合院的改造是基于胡同四合院环境肌理的再设计，找寻文化传统重塑当下生活，对接现实环境是这些设计实践的共同诉求。[4]

此外，郑家鑫分析了北京四合院的典型形制，着重探讨北京四合院的形制与封建社会人们的性格、情感特征之间的关系，提出了北京四合院的形制反映出我国古代北方人民对外封闭、对内开朗的性格特征，体现着尊卑之礼、长幼之序、男女有别、内外之分的观念以及崇尚自然、天人合一的文化内涵。[5] 陈梦璐、胡俊分析北京四合院与大理三坊一照壁和四合五天井的建筑形式、特点，考察汉族和白族之间建筑文化的交流，认为白族对汉族文化有总体的认同感。[6] 刘桐则以明清时期的北京四合院和朝鲜时代的上流住宅为中心，对中韩传统居住空间特征进行了比较分析。[7]

（三）北京传统村落和工业遗产研究

传统村落，原名古村落，指村落形成较早，拥有较丰富的文化与自然

---

[1] 吴颐宗：《北京胡同改造模式研究》，《中国市场》2015 年第 30 期。
[2] 姚红媛、谷乐：《浅析对北京四合院的改造》，《大众文艺》2015 年第 7 期。
[3] 李勤、孟海：《北京传统居住空间文化的承继研究》，《林产工业》2015 年第 6 期。
[4] 韩文强：《由内及外——有关北京胡同四合院的设计实践》，《建筑技艺》2015 年第 3 期。
[5] 郑家鑫：《传统北京四合院民居的形制思考》，《美术教育研究》2015 年第 7 期。
[6] 陈梦璐、胡俊：《浅析大理白族民居布局中的白族与汉族的文化交流——以喜洲白族民居和北京四合院为例》，《美术教育研究》2015 年第 14 期。
[7] 刘桐：《中、韩传统居住文化特征比较分析——明清时期北京四合院和朝鲜时代上流住宅为中心》，《艺术科技》2015 年第 1 期。

资源，具有一定历史、文化、科学、艺术、经济、社会价值，应予以保护的村落。传统村落中蕴藏着丰富的历史信息和文化景观，是中国农耕文明留下的最大遗产，是地域文化和聚落演变的真实档案，是承载居民乡愁的重要载体，具有很高的研究与利用价值。近年来随着北京传统村落休闲旅游热的兴起和全国范围内传统村落保护行动的迅速升温，传统村落的研究成果呈现快速增长的态势。2015年北京传统村落的研究成果，主要围绕传统村落或具体村落的发展史、价值、保护开发和民俗旅游等展开。

薛林平等著《中国传统村落》第1辑《北京传统村落》在北京传统村落历史分期的基础上，对多个具体传统村落进行了较为细致的研究。[①] 王长松、马千里通过地名探讨北京村落形成发展的历史脉络、时空分布特征和地理驱动因素等问题。[②] 薛林平等人梳理了门头沟区千军台村的历史沿革、聚落选址、空间布局和建筑特点等，系统总结了千军台的地域特征与建筑特色，揭示了军事功能和煤炭产业功能影响下的村落空间特色和建筑特色。[③] 邵玉华对爨底下村的风水进行考察，并从风水角度思考山区的村落建设问题。[④] 尹亚婷、张继晓探讨了北京乡村民居中植物纹饰的表象样式、内在含义以及与祈福文化的关系和意义。[⑤]

苑焕乔、李凌、李梅等人撰文探讨了国内外历史文化村镇的保护动态与经验，分析了北京传统村镇及其文化资源的类型与保护开发现状，梳理了北京传统村落亟待解决的问题，并针对现存问题提出了保护和开发对策。[⑥] 时少华、黄凤清以门头沟区传统村落为例，在总结北京传统村落民俗旅游资源类型的基础上，讨论北京传统村落保护与利用中面临的困境，就

---

① 薛林平等：《北京传统村落》，中国建筑工业出版社2015年版。
② 王长松、马千里：《基于地名变迁的北京村落时空分布研究》，《干旱区资源与环境》2015年第7期。
③ 薛林平、吕灏冉、李加丽：《北京门头沟区千军台传统村落研究》，《华中建筑》2015年第6期。
④ 邵玉华：《北京西郊爨柏景区爨底下村风水考察及山区村落建设的风水思考》，《中华建筑》2015年第5期。
⑤ 尹亚婷、张继晓：《北京乡村民居中祈福文化的植物纹饰研究》，《艺术与设计》（理论）2015年第5期。
⑥ 苑焕乔：《北京国家级历史文化村镇现状及保护对策研究》，《北京联合大学学报》（人文社会科学版）2015年第1期；李凌：《北京传统文化村落的保护与开发研究》，《北京农业职业学院学报》2015年第3期；李梅、苗润莲、张敏：《北京乡村文化资源保护与开发现状及建议》，《江西农业学报》2015年第4期。

传统村落民俗旅游资源提出保护与利用建议。① 张广林、侯秀丽等也基于门头沟的案例讨论了新型城镇化形势下地方文化的保护、传承与利用问题。② 杜姗姗等以门头沟区斋堂镇爨底下村为研究对象，从风水文化、空间布局与基础设施、建筑文化、生态文化、宗族文化五个层次分析其文化特征和内涵，进而探讨传统村落对新型城镇化背景下乡村规划的文化启示。③ 陈远笛、戴林琳以北京郊区琉璃渠村为例，从非物质文化遗产的视角论及传统村落的保护问题。④ 张大玉以北京密云古北水镇民宿为例，阐述传统村落保护与传承的思想，探索传统村落的保护与再生，指出不同民族和地域文化形成的不同传统村落类型，其保护传承与再生的途径与方法也应多种多样。⑤ 李扬以三山五园周边的村落与八旗驻防遗存为例，探讨了新型城镇化背景下的历史文化景区的整体保护问题。⑥

工业遗产，是指工业活动中留下来的具有历史、技术、社会、建筑或科学价值的物质和非物质工业文化遗迹，是近年来越来越受到关注的遗产类型，在工业遗址基础上建立起来的北京798艺术区即为其中典型代表之一。刘明亮认为798艺术区的发生和发展，是不同层次力量、不同利益方不断博弈的结果，是市场语境下的不断解构和构建过程，其变迁和所遇困境集中体现了中国社会转型和文化转型时期当代艺术及其艺术群落的整体面貌和艺术生态。⑦ 林芳璐从当下进驻在798艺术区的画廊、艺术家工作室、艺术衍生品商店到休闲娱乐场所入手，选择了几十个不同类型的聚焦点，介绍了它们的历史和现状，揭示了798艺术区艺术文化活力的鲜活面貌。⑧

---

① 时少华、黄凤清：《北京传统村落民俗旅游资源利用与保护研究——以北京门头沟区为例》，《武汉商学院学报》2015年第2期。

② 张广林、袁树森、安全山：《新型城镇化形势下地方文化保护与传承——以京西幡会及太平鼓等"非遗"项目为例》；侯秀丽、刘德全：《延续京西文脉 留住家园乡情——试论新型城镇化与门头沟古村落的保护利用》，均载张宝秀主编《北京学研究2014》，中国社会科学出版社2015年版。

③ 杜姗姗、张景秋、蔡建明：《传统村落发展对新型城镇化下乡村规划的启迪》，载张宝秀主编《北京学研究2014》，中国社会科学出版社2015年版。

④ 陈远笛、戴林琳：《非物质文化遗产视角下的传统村落保护——以北京郊区琉璃渠村为例》，《中外建筑》2015年第12期。

⑤ 张大玉：《传统村落风貌特色的保护传承与再生研究——以北京密云古北水镇民宿为例》，《小城镇建设》2015年第1期。

⑥ 李扬：《新型城镇化与历史文化景区的整体保护——以北京三山五园地区为例》，载张宝秀主编《北京学研究2014》，中国社会科学出版社2015年版。

⑦ 刘明亮：《北京798艺术区：市场化语境下的田野考察与追踪》，中国文联出版社2015年版。

⑧ 林芳璐：《北京现代派798》，旅游教育出版社2015年版。

李剑波分析了798艺术区的诞生和发展,认为798艺术区是工业废墟中诞生的神话,是最具观赏价值的工业遗存,体现了中国改革开放的成果,同时指出,798艺术区开辟的利用闲置厂房打造文化创意产业区的工业遗存保护利用模式成为当前最为认可的基本形式,并将以其独创性、新颖性、别致性和唯一性发展成北京旅游业的高端市场,成为创意文化产业园发展的典范。[1]

(四) 北京非物质文化遗产研究

北京非物质文化遗产的保护行动是国家非物质文化遗产保护行动的重要组成部分。实践层面保护行动的开展有力地推进了学术层面的研究。由北京美术摄影出版社出版的"非物质文化遗产丛书"2015年继续推出新作,其中崔维克的《北京琴书》系统阐述了北京琴书的历史渊源、艺术元素、艺术特色、文化艺术价值、创新与传承等,并对北京琴书传承人、传承谱系、传承特点、优秀代表作品及其现状和未来进行了较为全面的展示。梁彦的《北京评书》详细介绍了北京评书产生的历史、艺术特征、笔法技巧、结构程式、表演手段、行话术语、传承流变以及代表性传承人的艺术风格。张艺军的《北京杠箱》则对北京杠箱的起源、道具、人物、服装、表演艺术特色以及传承体系、传承现状和未来发展进行了详细介绍。李俊玲的《北京宫灯》《北京刻瓷》,张彦的《北京砖雕》,杜昕的《北京琉璃烧制》分别对北京宫灯、北京刻瓷、北京砖雕、北京琉璃烧制的源起发展、制作、品类、艺术风格、文化特征、传承现状、发展前景、传承人以及精美作品进行了系统阐释和展示。[2]

此外,赵佳的《"京"雕细琢:北京宫灯传统手工艺传承保护与创新发展研究》亦对北京宫灯的历史发展与地域特色、传统工艺与艺术价值、文化内涵与人文精神,以及北京宫灯传统手工艺传承保护与创新发展的方式等进行了研究。[3] 张青仁的《幡鼓齐动进香来:老北京的香会》在对香会进

---

[1] 李剑波:《"798"——从工业遗存到时尚艺术区》,载北京史研究会编《北京史与北京生态文明研究》,经济科学出版社2015年版。
[2] 崔维克:《北京琴书》;梁彦:《北京评书》;张艺军:《北京杠箱》;李俊玲:《北京宫灯》;李俊玲:《北京刻瓷》;张彦:《北京砖雕》;杜昕:《北京琉璃烧制》,北京美术摄影出版社2015年版。
[3] 赵佳:《"京"雕细琢:北京宫灯传统手工艺传承保护与创新发展研究》,知识产权出版社2015年版。

行溯源的基础上,对北京香会的分化、香会的组织、仪式,朝顶进香的规矩礼节以及当代香会等进行了深入的研究。① 张旗的《北京民间美术》收集了大量北京民间美术的一手资料,归纳了北京民间美术典型类型的风格特征和造型规律,分析了北京民间美术典型类型的历史与现状,并就其未来保护与发展提出了一些有意义的思考。②

何昕、陈四光主编的《北京非物质文化遗产巡礼》以北京市非物质文化遗产的项目简介、艺术特征、传承发展为主要内容,分十类收录了北京地区第一、二、三批 108 项国家级和 128 项北京市级非物质文化遗产,从起源、传承发展、基本内容、文化价值等方面对北京"非遗"项目进行了介绍,并穿插"非遗"小知识和小故事,附录详细的北京"非遗"名录。③ 此外,毕传龙的论文以北京珐琅行业能人张同禄为个案,结合行内其他行业能人的口述史资料,从艺人、商人、传承人三种社会角色的角度,对其生存现状以及珐琅手工技术传承特点、行业能人知识结构与社会资本进行分析,并认为从社会角色分析社会资本,应是研究手工行业知识传承的一条有效路径。④ 苗大雷在回顾并反思妙峰山香会组织研究和考察北京 32 档香会的基础上,从时空、传承人和社会结构三方面分析香会的价值追求、传承状况、社会关系及交往,认为妙峰山香会虽处于持续发展变化中,但始终与传承人的日常生活形影相随。⑤ 崔中梅、陈丹侧重北京民歌研究,在充分肯定其价值的基础上,分析了北京民歌目前的缺失和未来的传承问题。⑥ 毕海、陈晖则侧重北京童谣研究,认为北京童谣蕴含了民族文化的精髓,记录了北京的历史变迁,承载着深厚的民俗文化内涵,具有突出的文学审美价值和文化教育意义,将北京童谣作为文化教育资源纳入教学资源系统,有助于探讨中华本土文化及地方特色文化对儿童进行精神教化的功能与价值、途径与成效。⑦ 郭风岚通过梳理北京儿化地名文化的发展历史,

---

① 张青仁:《幡鼓齐动进香来:老北京的香会》,中州古籍出版社 2015 年版。
② 张旗:《北京民间美术》,知识产权出版社 2015 年版。
③ 何昕、陈四光:《北京非物质文化遗产巡礼》,北京出版社 2015 年版。
④ 毕传龙:《艺人、商人、传承人:北京珐琅行业能人的知识结构与社会资本》,《文化遗产》2015 年第 3 期。
⑤ 苗大雷:《走进日常生活的妙峰山香会组织研究——基于北京 32 档香会调查的再考察》,《文化遗产》2015 年第 2 期。
⑥ 崔中梅、陈丹:《漫谈北京民歌艺术》,《大舞台》2015 年第 4 期。
⑦ 毕海、陈晖:《北京童谣的文化教育意义》,《北京社会科学》2015 年第 6 期。

指出其中蕴含着丰富的地域文化内容和人文气息，应该采取自觉传承与原态保存等路径进行保存，还提出研发有形加有声、地图加文字的北京地名文化知识库的构想。① 周爱华等认为餐饮老字号是北京老字号的重要组成部分，是北京的饮食品牌，更是重要的文化景观和城市名片，沿袭和继承了优秀的文化传统，具有鲜明的地域文化特征和历史痕迹，深化北京餐饮老字号系统研究，优化城市餐饮格局，有助于城市饮食文化的保护与传承。② 陈丽红则认为加强作为传承中华商业文明鲜活载体的北京老字号建设，对于推动北京文化遗产的保护与传承、创新发展首都特色文化具有特殊的功用。③

三　北京城市文化与城市形象研究

从个人经历或家庭生活史的角度回忆并记录北京城市文化，是形成北京城市文化方面著述的重要方式。2015年也有相关的成果问世，如赵新义的《西边的云彩：渐行渐远北京往事》、片儿白的《白门三代：一户老北京平民的百年家事》、张帆的《哈德门外：一个戏剧界老北京的叙说》、李维基的《我们的老北京：古稀土著的京华琐忆》、吴勇的《北京大院记忆》、肖长春的《北京大院的"熊"孩子》，以及吴芳思的《留学北京：我在二十世纪七十年代中国的经历》、宋勋千的《北京记忆：一个韩国家庭在中国的20年》④ 等，均是这样的作品。如果说这些成果主要用文字来编织，那么何大齐的《燕京往事：老北京民俗风情画集》，则主要是以图像的方式展示了

---

① 郭风岚：《论北京地名文化的保护——以儿化地名为例》，《中国文化研究》2015年第1期。
② 周爱华、张远索、付晓等：《北京城区餐饮老字号空间格局及其影响因素研究》，《世界地理研究》2015年第1期。
③ 陈丽红：《北京西城区老字号品牌在建设世界城市中的作用》，《广西经济管理干部学院学报》2015年第1期。
④ 赵新义：《西边的云彩：渐行渐远北京往事》，中国文史出版社2015年版；片儿白：《白门三代：一户老北京平民的百年家事》，哈尔滨出版社2015年版；张帆：《哈德门外：一个戏剧界老北京的叙说》，中国环境出版社2015年版；李维基：《我们的老北京：古稀土著的京华琐忆》，中国轻工业出版社2015年版；吴勇：《北京大院记忆》，学苑出版社2015年版；肖长春：《北京大院的"熊"孩子》，中国文史出版社2015年版；[英] 吴芳思：《留学北京：我在二十世纪七十年代中国的经历》，广西师范大学出版社2015年版；[韩] 宋勋千：《北京记忆：一个韩国家庭在中国的20年》，世界图书出版公司北京公司2015年版。

20世纪60年代以来的北京城市文化。①较之上述带有强烈个人情感色彩的记录和书写，刘一达的《北京老规矩》、梁欣立等的《北京古戏楼》、刘秋霖的《老北京的记忆》、侯洁等的《老北京的门墩：砖石小品》、李靖岩的《老北京的趣闻秘事》、墨非的《老北京的风味小吃与历史渊源》、朱天纯等的《中国古老文化寻踪：市井北京》和沙立功的《刻在大门上的家风：北京门联集粹》②，以及梓奕荣轩编著的《话说北京：老北京那些小吃》《话说北京：老北京那些坊间趣闻》《话说北京：老北京那些胡同儿》《话说北京：老北京那些玩意儿》③，则用一种较为客观的态度展示了北京城市文化或历史文化的多个方面。

朱佩芬、裴登峰主编的《北京文化形态研究》从北京艺术、北京文学、城市语言、区域文化四方面呈现了北京文化的具体样态。二者主编的另一部著述《北京文化传播策略研究》，对北京城市文化、城市形象及其传播问题进行了多方面的研究。④汪大昌的《北京方言与文化》揭示了方言与文化之间相辅相成的联系，体现方言与文化在历史变迁中的相互作用与影响。⑤

北京城市形象研究是近几年研究的一个热点。有学者从文学角度对此加以分析，如张鸿声分析近现代书刊中的北京记述，勾画出北京城市的帝都、家园、废都等城市形象。⑥沈庆利、刘岩重点关注台港作家的北京情怀，认为近一个世纪以来的众多台港暨海外华人作家表现出深厚的北京情怀，他们的书写塑造出一个丰富多棱的北京形象，这一北京形象因时空的距离而平添了不少神秘、梦幻、唯美的色彩，并与新旧北京的剧变构成了鲜明反差。同时指出北京是"中国"特性的集中体现与华夏文明的生动象

---

① 何大齐绘著：《燕京往事：老北京民俗风情画集》，知识产权出版社2015年版。
② 刘一达：《北京老规矩》，中华书局2015年版；梁欣立、任震：《北京古戏楼》，国家图书馆出版社2015年版；刘秋霖：《老北京的记忆》，百花文艺出版社2015年版；侯洁、刘阳：《老北京的门墩：砖石小品》，清华大学出版社2015年版；李靖岩：《老北京的趣闻秘事》，北京时代华文书局2015年版；墨非：《老北京的风味小吃与历史渊源》，中国华侨出版社2015年版；朱天纯、黄明哲：《中国古老文化寻踪：市井北京》，中国科学技术出版社2015年版；沙立功：《刻在大门上的家风：北京门联集粹》，北京出版社2015年版。
③ 以上诸书均由梓奕荣轩主编，中国铁道出版社2015年出版。
④ 朱佩芬、裴登峰主编：《北京文化形态研究》，中国社会科学出版社2015年版；朱佩芬、裴登峰主编：《北京文化传播策略研究》，中国社会科学出版社2015年版。
⑤ 汪大昌：《北京方言与文化》，中国国际广播出版社2015年版。
⑥ 张鸿声：《近现代书刊中的北京记述（1900—1949）》，《现代传播：中国传媒大学学报》2015年第5期。

征，而具有梦幻和唯美色彩的老北京形象已是全球华人建构"文化中国"的重要内容之一。①宋秋明、董琦琦分析20世纪80年代"文化寻根"热潮下京味小说对老北京文化记忆的书写与重构，解读北京城文化身份的转变，认为此时的北京印象是"文化北京"，而非六七十年代的"政治北京"，并指出20世纪80年代京味小说对于北京城市文化身份的型构是通过极度简化的"记忆素"实现的，而这些"记忆素"是为了应对"文革"结束后和北京城现代化过程中出现的城市与人的身份危机而作出的一种解答。②此外，董琦琦还通过分析邱华栋和铁凝两位作家笔下的北京城市书写，形象地概括出20世纪90年代的北京印象，认为邱华栋书写的北京是男性的、现代的和物欲的，而铁凝想象的北京则是女性的、传统的和仁义的，而且从不同维度展示了北京城市景观及北京人的精神处境。③

北京是许多来华外国人的居留之地，这些外国人都有自己的北京体验和北京印象，其中一些还对北京的方方面面进行书写和记述，从而留下大量资料。张鸿声关注近代外国书刊中的北京记述，指出其叙述视角既有乌托邦的东方想象，更有出自西方中心论的意识形态。④王升远以"北京体验"为中心，探究大正时期日本文化人的北京经历与涉华认知，分析其政治与文化心态，并阐述其北京体验具有的显著特点，认为此时期大部分日本来京文化人对其母国侵华缺乏自觉的反思与批判。⑤孙成旭以朝鲜使臣的圆明园经验为主，以乾隆四十七年和咸丰十年为时间节点，探讨此三段时间朝鲜士人心中圆明园印象的演变，分析圆明园由盛至衰的过程及其对朝鲜的影响。⑥

有学者从戏剧、影视剧等方面来展开北京城市形象研究。如何明敏以京味话剧中的北京城市改造为考察对象，透析北京的城市现代性问题，认为京味话剧的创作切实展示了当代北京的城市变迁，再现了平民视角中的

---

① 沈庆利、刘岩：《台港作家的北京情怀》，《世界华文文学论坛》2015年第2期。
② 宋秋明、董琦琦：《记忆素与北京城市文化身份——对1980年代京味小说的一种解读》，《北京工业大学学报》(社会科学版) 2015年第1期。
③ 董琦琦：《北京城市书写中的空间性别化研究》，《名作欣赏》2015年第6期。
④ 张鸿声：《外国书刊中的北京记述释要 (1900—1949)》，《现代出版》2015年第1期。
⑤ 王升远：《大正时期日本文化人的北京体验及其政治、文化心态》，《社会科学研究》2015年第3期。
⑥ 孙成旭：《"盛极又衰"的圆明园——以朝鲜使臣的圆明园经验为中心》，《清史研究》2015年第1期。

北京城市现代化道路。这些话剧参与了北京城市形象的建构和推广，也展现城市现代性的诸多问题。① 何明敏还采用文化研究的方法深度解读了近年上演的京味话剧，揭示其中"北京怀旧"的文化面貌，探讨怀旧对于现代认同危机的修复，认为京味话剧所展示的"北京怀旧"，也是出于文化消费的目的，不能从根本上修复现代人的认同危机。② 张婉婷关注中国电影对北京城市形象的建构，认为北京是中国形象的代表，中国电影中的北京形象通常表现为传统古都、现代迷城、世界新城相互交织的特殊文化想象，呈现出瑰丽而又奇特的姿态。③ 郑坚、岑阳对《奋斗》《我的青春谁做主》等作品进行分析，认为这些以北京为空间，以"青春""偶像""都市"等符号为特征的青春偶像剧，不仅成功塑造了新的北京青年群像，也充分展示了处于经济、政治、文化的发展与巨变之中的北京新形象，呈现出"新北京"在社会流动、阶层归属、性别意识和代际关系等方面的新特征。同时指出这样的作品在传递新北京信息，传播北京都市社会新变化、新形象方面具有突出价值。④

有学者重视对北京形象传播受众的研究。如赵永华、李璐主要研究英语受众，分析北京城市形象国际传播中受众的媒体选择，以及国际受众对北京城市形象的认知与评价，认为北京的城市形象在国际舆论中具有双重性：一方面，作为首都，北京在一定程度上代表着现代中国的国家形象，具有深厚的文化底蕴，同时政治形象的呈现最为显著；另一方面，由于生态环境恶化所引起的一系列问题，北京也频频成为国际舆论批评的焦点。同时，对于国际受众来说，北京的皇家建筑、京味饮食文化、民俗和戏曲文化等文化形象最受欢迎，因此需要妥善加以利用来构建其理想的国际城市形象。⑤ 曲茹、邵云研究了京外国留学生对北京城市形象的具体感知和综合评价，发现留学生对北京城市文化符号的理解与感知存在明显的局限性，

---

① 何明敏：《憧憬与惆怅：中国城市变迁的现代性悖论——以京味话剧中的北京城市改造为考察对象》，《四川大学学报》（哲学社会科学版）2015年第3期。
② 何明敏：《"北京怀旧"与认同危机：对近年"京味话剧"的深层解读》，《清华大学学报》（哲学社会科学版）2015年第1期。
③ 张婉婷：《中国电影对北京城市形象的建构》，《青年记者》2015年第11期。
④ 郑坚、岑阳：《赵宝刚青春偶像剧中的"新北京"形象研究》，《电影文学》2015年第5期。
⑤ 赵永华、李璐：《北京城市形象国际传播中受众的媒体选择与使用行为研究——基于英语受众的调查分析》，《对外传播》2015年第1期；赵永华、李璐：《国际受众对北京城市形象的认知与评价研究——基于英语受众的调查分析》，《对外传播》2015年第5期。

认为让留学生参与北京城市形象的建设有助于北京更好地实现"世界城市"的战略发展目标。①

四 首都北京全国文化中心建设研究

文化建设是提升国家软实力、塑造北京文化形象，使北京成为世界城市、全国文化中心、社会主义先进文化之都的必需。针对如何进行北京文化建设，学者们进行了积极的思考。李建盛主编的《北京蓝皮书：北京文化发展报告：2014—2015》，以2014年度北京文化发展战略、文化建设新进展和新动态为基本内容，从首都文化建设与文化发展战略、城市文化与公众文化服务、文化创意产业与文化经济、历史文化名城保护与首都文化传播四大出发，分析了2014年北京文化发展新进展、新成就和新动态，并针对当前存在的问题提出了具有建设性的对策和意见。②许德金等的《北京文化资本发展报告》重点考察北京的地域文化资源要素，从理论及现实两个层面对北京文化资本展开定性与量化研究，以揭示当前北京文化资本的积累及城市建设中具有的优势及存在的不足，并对北京未来的城市文化资本的积累与发展提出了意见与建议。③北京市文物保护协会主编的《北京古都历史文化讲座》第2辑汇集北京历史文化与文物保护的讲座文稿，以此两方面来普及文化知识，推介城市文化建设、文化遗产保护和文物保护利用等的策略思考，涵盖了北京历史文化知识和文物保护工作状况的方方面面，对北京城市文化建设具有重要借鉴意义。④

在较为宏观的层面，王颖撰文分析了北京作为国家文化中心的特殊性，介绍了国内外文化中心城市建设的经验，并探讨了北京建设国家文化中心的路径，包括创建和提升品牌的知名度、注重文化与其他产业的融合、加强人才队伍建设、发展文化创意产业等。⑤何芬则指出，与全球公认的文化

---

① 曲茹、邵云：《北京城市形象及文化符号的受众认知分析——以在京外国留学生为例》，《对外传播》2015年第4期。
② 李建盛主编：《北京蓝皮书：北京文化发展报告：2014—2015》，社会科学文献出版社2015年版。
③ 许德金等编著：《北京文化资本发展报告》，中国人民大学出版社2015年版。
④ 北京市文物保护协会主编：《北京古都历史文化讲座》第2辑，北京燕山出版社2015年版。
⑤ 王颖：《关于国家文化中心建设及发展的思考——以北京为例》，《行政与法》2015年第4期。

中心城市相比，北京在文化设施建设、文化产业发展等方面存在明显差距，建议北京积极巩固文化创意产业支柱地位，深化文化惠民工程与公共文化服务体系建设，并加强名城保护与文化交流合作。① 有不少学者重视北京市公共文化服务建设。如蒋淑媛在借鉴国外公共领域合理化论点的基础上，指出北京公共文化建设的大力投入与服务效能之间产生反差的主要原因在于尚未形成真正意义上的文化公共领域，并从多角度阐述构建北京现代公共文化服务体系的主要途径和理性选择。② 张祖群分析了北京农村公共文化服务的主要需求与现状，并就提升与完善提出策略与措施建议。③《北京民俗论丛》第3辑中收录的刘迪、王建涛、艾晶、曾阳等人的文章则落脚于博物馆研究，从博物馆的理论与实践两方面研究了提升博物馆公众影响力的策略，共享了遗址类博物馆在新形势下突破瓶颈、做好公众服务的思考，探索了"非遗"的博物馆保护与展现形式，并在北京民俗博物馆调研文化传承基地的基础上思考走出馆藏天地的困惑与思路。④

王琪延等阐述了北京建设世界文化中心城市的意义及必要性，分析了其在文化设施、国际文化交流、文化创新等方面存在的不足，并从文化的传承与创新、文化资源的保护和利用、文化服务网络的完善、文化交流的增强、文化人才队伍的打造、文化产业的发展等角度提出了具体建议，以期为有关部门制定北京文化发展战略提供参考。⑤ 刘珂欣论述了民族文化宣传教育与世界城市建设的关系，认为民族文化宣传教育是民族工作的一项重要内容，是民族教育中不可忽视的重要形式，也是民族文化教育的重要手段和途径。民族文化宣传教育在北京市世界城市建设中具有弘扬民族文化、打造民族品牌、协调民族关系、维护民族团结、构建和谐宜居城市、

---

① 何芬：《推进北京建设全国文化中心的思考》，《北京市经济管理干部学院学报》2015年第4期。
② 蒋淑媛：《北京现代公共文化服务体系构建研究》，《北京社会科学》2015年第1期。
③ 张祖群：《北京农村公共文化服务现状与建议》，《前线》2015年第4期。
④ 刘迪：《博物馆公众影响力提升策略研究》；王建涛：《走出馆藏天地的困惑与思路——基于北京民俗博物馆对文化传承基地调研的思考》；艾晶：《在博物馆展现"非遗"形式的探索——就讨论〈傩戏神韵——中国傩戏傩面具艺术展〉所引发的思考》；曾阳：《面对瓶颈的新思考——遗址类博物馆在新形势下如何做好公众服务》，均载北京民俗博物馆主编《北京民俗论丛》第3辑，学苑出版社2015年版。
⑤ 王琪延、王博：《将北京建设成为世界文化中心城市的建议》，《北京社会科学》2015年第4期。

整合社会精神资源、提升城市文化软实力的重要地位和作用。[①]

在具体研究方面，张勃讨论了当下北京新兴节庆的优化发展，认为当前对节庆论坛展会的规范和清理是政府对节庆发展的强制性干预，一定程度上对新兴节庆造成了冲击，但也为新兴节庆的转型提升、优化发展提供了重要契机。当前情境下，为了促进北京新兴节庆的优化发展，需要将北京节庆发展提高到文化建设、经济建设、社会建设和城市建设的高度加以认识，并使之品牌化、多元化和专业化。[②] 还有学者研究了现代公共文化服务体系的构建[③]，论述了节事活动与地方文化空间生产的关系[④]，这些研究进一步丰富完善了文化中心城市建设的理论内涵。吕小蓬调查分析在京留学生的北京文化认同，反思其中的经验与不足，并提出相应的建议，认为加强北京文化的国际推广是实施北京建设文化中心和国际交往中心发展战略的重要环节，也是促进北京城市文化建设、提高城市国际化水平的关键步骤。[⑤] 杨松、孟兰就创建优质城市公共阅读空间展开讨论，并充分肯定在公共文化服务方面的重要意义。[⑥] 孙静等以西安和北京为例探索地域文化在地铁站空间设计中的应用与体现，强调发挥地铁站域文化建设中的作用。[⑦]

李强认为北京建设学术之都具有深刻的理论和实践内涵，学术建设对北京的城市发展具有深远的积极影响。从历史与现实出发，认为北京的学术传统和精神是兼容并包，只有进一步以开放、包容、自信的心态促进学术交流和进步，进一步改革现有学术体制机制、理顺部属与市属高校之间的关系，充分利用北京的学术和智力资源为首都、国家发展提供智力支持，北京的发展乃至国家的发展才会在下一轮激烈的全球竞争中更上一个台阶，

[①] 刘珂欣：《试论民族文化宣传教育与北京世界城市建设的关系》，《民族教育研究》2015年第1期。

[②] 张勃：《当前情境下北京节庆活动的优化发展》，载张宝秀主编《北京学研究2014》，中国社会科学出版社2015年版。

[③] 蒋淑媛：《北京现代公共文化服务体系构建研究》，《北京社会科学》2015年第1期。

[④] 周尚意、吴莉萍、张瑞红：《浅析节事活动与地方文化空间生产的关系——以北京前门—大栅栏地区节事活动为例》，《地理研究》2015年第10期。

[⑤] 吕小蓬：《跨文化视野下的北京文化国际推广——在京留学生的北京文化认同调查》，《中华文化论坛》2015年第3期。

[⑥] 杨松、孟兰：《北京西城区：打造城市公共阅读空间的创新实践》，《国家图书馆学刊》2015年第4期。

[⑦] 孙静、蔺宝钢、杨铭：《地域文化在地铁站空间设计中的应用研究——以西安、北京为例》，《华中建筑》2015年第9期。

立于不败之地。①

随着北京雾霾天气的恶化，北京生态文化建设日益受到关注。邓乃平的《北京生态文化建设理论与实践》一书，内容包括生态文化与生态文明建设、北京生态文化基础禀赋、中外生态文化发展借鉴、北京生态文化建设总体思路、北京生态文化建设空间布局、北京生态文化建设重点任务等，是对北京生态文化建设的系统研究。②北京史研究会主编的《北京史与北京生态文明研究》一书收录吴文涛、朱祖希、李建平、杨文利和狄飞等人的相关文章，将现代化建设和生态文明建设相结合，从北京历史文化角度来看生态文明建设与文化传承，回顾水与北京城的历史，梳理永定河与北京城的密切关系，分析城市与水的互动和水的生态功能，探讨永定河的保护利用及其生态功能的恢复，并从生态文明角度提出建设美丽北京和美丽中国的思考与建议，阐述北京古树名木在古都历史、文化和生态等方面的地位与价值，诠释雁栖湖生态发展示范区的建设与前景，突出必须对大自然心存敬畏的经验教训。③

蔡登谷关注生态文化理论的知与行和北京生态演变的得与失，解读生态文化的内涵和载体，阐述历史上北京的森林、湿地和人口，通过对北京生态文化建设喜忧现状的分析，提出北京生态文化建设的战略思考。④吴斌指出，生态保护和建设应在京津冀协同发展与创新中占据重要位置，并用实际数据分析京津冀生态资源的本底情况，揭示京津冀生态空间格局存在的问题，就京津冀生态保护和北京生态文化体系建设提出应对思路与策略。⑤邹大林强调森林文化建设在北京生态建设、文化建设、城市建设中的重要作用，认为应推动北京森林文化从理论走向实践，建设繁荣的生态文化体系。⑥

---

① 李强、葛天任：《学术建设与北京城市发展——建设北京学术之都的涵义、举措与展望》，《北京社会科学》2015 年第 4 期。
② 邓乃平：《北京生态文化建设理论与实践》，中国林业出版社 2015 年版。
③ 北京史研究会主编：《北京史与北京生态文明研究》，经济科学出版社 2015 年版。
④ 蔡登谷：《北京森林与生态文化——北京生态文化体系建设的战略思考》，《绿化与生活》2015 年第 3 期。
⑤ 吴斌：《关于京津冀生态保护和建设的几点思考——北京生态文化体系建设的战略思考》，《绿化与生活》2015 年第 4 期。
⑥ 邹大林：《打造森林文化，丰富首都生态文明内涵——北京森林文化取得阶段性成果》，《绿化与生活》2015 年第 6 期。

文化产业方面的研究成果主要涉及北京文化产业的功能意义、空间分布、发展现状、发展模式、存在问题以及应对策略等。李庆本等的《文化创意产业:"北京模式"与"昆士兰模式"比较研究》,在界定文化创意产业"北京模式"和"昆士兰模式"的基础上,围绕文化创意产业聚集模式、发展模式、政策模式、人才培养模式等,对两种模式加以比较,并提出北京市文化创意产业的发展战略。① 李朝鲜、方燕等的《北京文化创意产业集群效应研究》则对北京文化创意产业集群发展实践、发展动力机制和规划、竞争力评价、集群效应等进行了系统研究。② 石美玉等的《非物质文化遗产旅游发展战略研究:以北京为例》则在厘清非物质文化遗产的利益相关者及其不同利益诉求的基础上,构建了非物质文化遗产旅游发展的利益协调机制,以及利益相关者视域下的非物质文化遗产旅游发展战略。③

论文方面,范玉刚结合文化创意城市理论与"创意北京"建设,深度剖析文化创意的概念及其理论设定,对全球语境下北京的文化创意产业发展和创意城市建设进行理论思考,认为其着力点应是创新教育模式、保护创意权益、科学规划城市空间布局,尊重创意培育的区位选择、文化指向和创新指向,营造创意氛围和社会环境,发展优势主导性行业,提高文化创意产业的质量和效益。④ 张丽峰、丁于思关注北京文化创意产业与经济增长关系,对北京文化创意产业及其内部行业、三产中其他行业与经济增长关联度、文化创意产业与三产中其他行业关联度进行了测算,指出文化创意产业对经济增长影响较大,但其内部发展不平衡。⑤ 吴俊运用产业关联理论分析北京创意产业的产业关联状况及其顺向和逆向波及效应,指出北京创意产业关联效应显著,对北京经济发展起到了重要的作用,认为应该进一步营造良好的产业发展环境,促进产业集聚、壮大,以使文化创意产业

---

① 李庆本、王曦、陈小龙:《文化创意产业:"北京模式"与"昆士兰模式"比较研究》,北京大学出版社2015年版。
② 李朝鲜、方燕、王擎(外)等:《北京文化创意产业集群效应研究》,经济科学出版社2015年版。
③ 石美玉等:《非物质文化遗产旅游发展战略研究:以北京为例》,中国旅游出版社2015年版。
④ 范玉刚:《文化创意城市的理论思考——兼及"创意北京"建设的若干建议》,《人文杂志》2015年第2期。
⑤ 张丽峰、丁于思:《北京文化创意产业与经济增长关系研究》,《科技管理研究》2015年第10期。

在促进首都经济发展转型升级中发挥更加突出的带动和推动作用。[1] 此外,还有多位学者对北京文化创意产业的发展现状、集聚区空间分布特征和旅游功能进行了多方位探索,并从文创园区的升级、文化产权交易所、文创产业著作权保护、文化创新与开源开放、创意文化都市建设、文化产业园旅游资源的开发利用、文创产业融合集聚和文创产业投融资体系等方面对北京文化创意产业健康发展的思路与策略进行了归纳总结。[2]

---

[1] 吴俊:《北京文化创意产业关联性实证分析》,《知识经济》2015年第12期。

[2] 汤宇军、王欣、张立莉:《北京文化创意产业集聚区的旅游功能发展研究》,《北京第二外国语学院学报》2015年第1期;郑美丽:《北京创意产业集聚区空间分布特征及发展模式研究》,《首都师范大学学报》(自然科学版)2015年第4期;冯霞:《北京文化创意产业发展现状、问题及对策研究》,《中国管理信息化》2015年第5期;马丁、品良纯、李菲等:《北京旅游创意文化产品消费情况调查报告》,《中国市场》2015年第52期;李洋:《北京:文创园区1.0版升级为5.0》,《科技智囊》2015年第12期;李道今:《北京距文化产权交易所一步之遥》,《投资北京》2015年第1期;王忻羽:《北京文化创意产业的著作权保护》,《中国市场》2015年第24期;倪光南、王东宾:《开源开放引领北京文化创新》,《北京观察》2015年第1期;王林生:《北京创意文化都市的空间特征与塑造》,《前线》2015年第1期;李飒:《文化产业园旅游资源的开发与利用——以北京为例》,《未来与发展》2015年第3期;杨培玉:《北京鸟巢文化旅游创意开发策略研究》,《北京城市学院学报》2015年第2期;武亚军:《提高影视文化创意产业"北京式集聚"模式的集聚效应》,《艺术教育》2015年第6期。

北京历史文化街区保护现状与对策研究

朱永杰[*]

"历史文化街区"概念的提出及其从制度上与历史文化名城和文物建筑保护制度的接轨，标志着我国历史文化名城保护体系得到进一步深化与完善。不同学科的研究者对历史文化街区的定义不尽相同，综合学界的观点，可以认为历史文化街区是具有一定规模的历史遗存和完整的历史风貌并且具有延续的社会结构和功能结构的城市街区。

一 北京历史文化街区保护现状

（一）北京历史文化街区概况

北京分三批公布了 43 片历史文化街区。其中 33 片在旧城区，面积约 2063 公顷，占旧城总面积的 33%。分布在旧城区皇城内的街区共 15 片，包括皇城整片区域，南、北长安街，西华门大街，南、北池子，东华门大街，景山东、西、前、后街，地安门内大街，文津街，五四大街，陟山门街等。主要为环绕故宫、景山、三海（现在的中南海和北海）、社稷坛（现在的中山公园）、太庙（现在的劳动人民文化宫）等街区，在明代和清代大多是皇家禁地。18 片分布在旧城区皇城外，包括西四北一条至八条，东四三条至八条，南、北锣鼓巷，什刹海，国子监，阜成门内大街，东交民巷，大栅

---

[*] 朱永杰（1976— ），男，地理学博士，北京联合大学北京学研究所副研究员，主要从事北京学、历史地理学方面的研究。

栏、东、西琉璃厂、张自忠路北、张自忠路南、法源寺、新太仓、东四南、南闹市口、鲜鱼口等街区。北京旧城内历史文化遗产很多分布在33片历史街区内。

通过对旧城内的历史文化街区的历史风貌、建筑特色、人文环境等进行综合分析，可以把这些街区大致划分为皇城保护街区、传统商业保护街区、传统胡同住宅保护街区、近代建筑保护街区、寺庙建筑保护街区以及风景名胜综合保护街区等几种类型。皇城保护区指明清北京皇城及周围地区，是旧皇城传统风貌的重要组成部分，街区内或街的两侧分布着一些著名的文物古迹和历史遗存，保留着大量的四合院住宅，成为故宫、中南海、北海、景山的重要"背景"。这些历史街区历史文化积淀深厚，文物建筑众多，总体以居住功能为主，部分传统居住街区中商业等功能逐渐渗透。皇城外旧城的历史街区分为居住功能为主的传统胡同住宅保护街区，包括西四头条至八条、东四三条至八条、北锣鼓巷地区、张自忠路南北地区、新太仓、东四南、南闹市口等；商业功能为主的历史街区，包括东、西琉璃厂等；商业和居住功能混合的保护街区，包括大栅栏、什刹海、南锣鼓巷、阜成门内大街、鲜鱼口等；居住功能为主的寺庙建筑相关保护街区，包括国子监地区、法源寺地区等。此外还有行政办公和居住为主的近代建筑保护区东交民巷。

就行政区域分布而言，皇城跨东西城区域，所以如果将皇城作为一个大的历史街区进行划分，则共19片，其中西城区8片半，东城区10片半。西城区包括皇城、什刹海、西四北一条至八条、阜成门内大街、南闹市口、东琉璃厂、西琉璃厂、大栅栏、法源寺等街区，东城区包括皇城、北锣鼓巷、张自忠路北、张自忠路南、新太仓、东四南、东四三条至八条、南锣鼓巷、国子监、东交民巷、鲜鱼口等街区。

根据第六次人口普查，旧城平房区现状常住人口大约55万人（不包括有户籍而不在此居住人口），其中历史文化街区常住人口约48万，人口密度大。估算历史街区平房及低层住宅总建筑规模为500万—600万平方米，根据东、西城最新统计，需要修缮的四类及以下危旧平房约107万平方米。历史街区房屋产权构成复杂，包括直管公房、单位自管、私房三类，直管公房约占50%，单位自管和私房约占50%。

另外，10片历史文化保护街区分布在旧城区以外的郊区，包括西郊清代皇家园林（颐和园至圆明园街区）、卢沟桥宛平城、石景山模式口、门头沟区三家店和爨底下村，延庆岔道城和榆林堡，密云古北口老城、遥桥峪堡和小口城堡，顺义焦庄户。按使用性质，郊区的历史文化保护街区大致可以分为三类。古村落类，包括三家店、模式口、爨底下、焦庄户；古城堡类，包括卢沟桥宛平城、遥桥峪城堡和小口城堡、榆林堡、岔道城、古北口；风景园林类，为西郊清代皇家园林。郊区历史文化保护街区的总占地面积约为2705公顷，其中重点保护区约298公顷，建设控制区总用地面积约为2408公顷。

（二）北京历史文化街区保护取得的成绩

第一，北京市不仅制定了历史街区相关规划，出台了修缮标准、图集、导则、规定、规范等文件，指导街区保护修缮和市政完善的实施，还对历史街区保护规划实施情况进行了规划评估。

第二，文化遗产保护工作取得一定成效。在规划、建设、文物以及文化等部门的工作推动下，北京旧城历史街区的文物数量不断增加，保护级别不断提升，文物修缮与腾退取得显著成绩，古都历史风貌得到了逐步改善和恢复。郊区历史街区文化遗产保护工作也取得了一定成效。

第三，历史街区居民生活环境得到改善。以房屋修缮、设施完善和街区环境提升为代表，北京历史街区的民生有了一定程度的改善。

第四，以人口疏解为核心，积极推进历史街区的试点项目建设。

二 北京历史文化街区保护存在的主要问题与原因分析

（一）主要问题

1. 规划方面的问题

目前很多规划有一个共同特点：针对性和可操作性不强。首先，许多规划制定的时间较长，不再符合当前街区发展的需要，过去规划的目标、方案等亟须调整以适应目前的发展。其次，许多规划往往缺乏人、房、户、业等方面的全面调研数据和实际情况分析，规划的原则性较强，规划目标不太符合实际，对实际工作的指导作用有限，可操作性不强。再次，许多规划属于过于宏观的总体规划，缺少针对历史街区文化资源、胡同脉络等历史风貌保护方面的专项规划。最后，规划之间的衔接不足，虽然有关历史街区的规划不少，但是市、区、街区之间的规划往往协调不够，而且规划目标和实际建设之间的协调也不足，力度有待加强。关于这一问题，郊区历史街区体现得较为突出，尤其是历史街区制定的保护规划和新村镇规划之间的衔接不足。

2. 管理方面的问题

目前关于历史街区的管理制度不太健全，缺乏有效的针对性强的制度保障。虽然目前北京关于历史街区的保护有一些相关的行政条例或者管理办法，但是专门的、系统的历史街区管理制度或者办法缺失，建设步伐较为滞后。

历史街区保护缺乏比较明确的主管部门，街区的管理体现了粗放的特点。北京历史文化街区的保护工作综合性较强，往往涉及经济社会方方面面，涉及名城委、规划、建设、文物、文化等众多部门。关于历史文化街区的行政管理主体方面，目前主管部门不太明确，街区保护的部门统筹力度不足，市区两级政府、相关主管部门的职责不太清晰，部门联动的工作机制亟须健全。

由于管理不力，精细化管理缺失，历史街区在人口、房屋、业态、环境等方面的管理面临着诸多的困境。目前许多街区不仅人口密度过大，房屋残破、乱租现象严重，而且胡同业态混乱，街区环境十分窘迫。

3. 建设造成的破坏

由于历史上的旧城改造工作缺乏长远考虑和合理统筹，大规模改造项目的实施导致北京旧城一些历史文化街区的风貌完整性遭到了巨大破坏。不同街区的保护与整治力度不同，导致了旧城历史街区的现存条件良莠不齐，存在的问题很多。郊区历史街区文化遗产遭受破坏的现象也是屡见不鲜，许多历史街区的风貌残缺不全。

旧城街区简单生硬地大拆大建现象仍然存在，破坏了街区历史文脉的延续性；街区内有许多新建或改建的建筑，在高度、体量、建筑形式和色彩方面对区域内的环境及视觉景观产生了不利影响；许多街区的文物建筑年久失修、损坏破败，亟待抢救和保护；另有许多文物长期由机关、学校、幼儿园、饭店、工厂、商场、单位宿舍和居民院使用，这些使用单位的行政隶属关系多元，分别隶属于中央、部队、市区各部门，有的一处文物同时由几个不同隶属关系的单位交叉分割使用，保护管理和搬迁占用单位的难度很大。而且作为北京文化的精髓，旧城许多街区的四合院和胡同问题最为突出。有的街区开发较早，投入的资金有保障，四合院和胡同得到了较好地保护和修缮，有的街区则由于多种制约因素的影响，大量四合院多年失修，十分破旧，乱建现象比较突出，胡同则交通拥堵，违章建筑较多，沿街房屋的使用性质逐渐由居住向商业用房发展。而且，旧城许多历史街区的市政设施落后，不堪重负。北京旧城历史街区内的市政设施一直未能跟上首都城市发展的平均水平，居民群众的居住生活条件窘迫，居住环境恶劣。许多胡同的排水系统没有雨污分流，供电供水管线的承载力存在很大不足，许多院落的水电表无法做到分户，天然气、热力管道等现代化基础设施的普及率也极低，大部分地区仍然存在电线乱搭乱建的现象，比较影响市容，安全隐患较多。这些都对历史街区的文化延续造成了不利影响，一定程度上破坏了古都的风貌。总之，目前北京许多历史街区的生态环境遭到了巨大破坏，景观价值和历史价值已大打折扣。

郊区历史街区由于建设带来的破坏也一定程度地存在着。长期以来，由于规划的缺失和重视程度不够，一些村镇发展方向模糊，历史资源整合不足，历史街区保护力度不够，在建设中出现了破坏现象。郊区历史街区文化遗产遭受破坏的现象屡见不鲜，导致许多历史街区的风貌残缺不全。有些历史街区除了零散的遗产外，大部分有形文化遗产已经消失，街区内大多为新建的当代建筑；有些街区遗产较多，但是年久失修的现象严重，大拆大建的现象仍然存在。例如焦庄户历史街区，红砖建筑过多，街区的风貌遭到了很大的破坏。遥桥峪历史街区，虽然古城墙较为完整，但是城堡内的建筑多为现代建筑，古建筑数量较少，且参差不齐，使得城堡的特色有限。

（二）原因分析

1. 法规与执法方面的原因

（1）专项法规缺失

首先，缺乏针对性强的历史文化街区保护法规。目前，北京市历史文化街区保护主要依据《中华人民共和国文物保护法》《历史文化名城名镇名村保护条例》《北京历史文化名城保护条例》等相关法律法规，但针对北京历史文化街区的保护缺乏操作性强的配套政策与法规细则来提供完善的法律保障和实施指导。《中华人民共和国文物保护法》规定历史文化街区保护规划应当由县级以上地方人民政府编制，同时应当纳入城市总体规划，严重破坏历史文化街区风貌的行为应当给予行政处分，对于历史文化街区的保护在法律条文方面的阐述内容较少，缺少具体的有力的法律保障措施。国务院《历史文化名城名镇名村保护条例》对于历史文化街区的概念界定不够清晰，对于历史文化街区内的建设控制要求缺乏指导性的依据，例如关于历史建筑分类保护的标准就不太明确。

《北京市历史文化名城保护条例》对于一些违法行为以及惩罚措施的界定不清晰，有些规定可操作性不强。而且北京市的法规早于国务院的政府规章公布，在法规概念、管理层级、审批程序等方面与国务院条例存在一定差异；历史文化保护区和历史文化街区，挂牌保护院落、优秀近现代建筑和有价值建筑、历史建筑等概念仍有待统一、明晰。国务院《历史文化名城名镇名村保护条例》和《北京市历史文化名城保护条例》分别要求公布历史建筑名单和具有保护价值的建筑名单，目前尚缺乏统一的认定标准和程序；仍须进一步深入研究完善历史建筑或者具有保护价值的建筑认定标准、修缮标准和程序，提出配套的保护措施和长效保护机制。特别是历史建筑的管理、历史文化街区内建筑高度、外观、形制、沿街立面等的精细化管理，仍需要形成专项法律法规予以规定。

（2）法律处罚力度不够

《文物保护法》规定了破坏历史文化名城、街区、村镇的布局、环境、历史风貌的法律责任：一是规定行政部门撤销其历史文化名城、街区、村镇称号，二是规定对负有责任的主管人员和其他直接责任人员依法给予行政处分。这种处罚力度明显不够，负有责任的主管人员和其他直接责任人员的法律责任没有被追究。《历史文化名城名镇名村保护条例》规定，城市、县人民政府因保护不力，导致已批准公布的历史文化名城、名镇、名村被列入濒危名单的，由上级人民政府通报批评；对直接负责的主管人员和其他直接责任人员，依法给予处分，处分的措施也很模糊，力度同样明显不够。《北京市历史文化名城保护条例》有些条文需要进一步修改完善，例如在法律责任部分缺乏针对单位和个人不同违法主体的明确处罚规定。

因此，关于历史街区的保护一方面需要对现有的法规进行调整，另一方面需要出台新的法规。目前北京历史文化街区的保护亟须诸如《历史街区保护法》《北京历史文化街区保护条例》《北京历史街区管理办法》等相关法律法规的保障。法国在1962年已经颁布了《历史街区保护法》，即《马尔罗法》，从法律层面规定将有价值的历史街区划定为"历史保护区"，制定保护和继续使用的规划，有效保护了许多历史文化街区。因此，国家如能制定《历史街区保护法》，对于中国历史街区的保护无疑具有积极的作用。就北京而言，如果能够重视并加快制定《北京历史文化街区保护条例》或《北京历史街区管理办法》，将有助于为首都历史街区的保护提供更好的法制保障。

（3）执法不严

目前关于历史街区的保护虽然有一些相关法律法规，但是往往执法不严。国家出台了《中华人民共和国文物保护法》《历史文化名城名镇名村保护条例》，北京也出台了《北京历史文化名城保护条例》《北京旧城历史文化街区房屋保护和修缮工作的若干规定》《北京旧城25片历史文化保护区保护规划》等法律法规和保护规划，但是在历史街区的保护中，有法不依、执法不严的情况不同程度地存在。一方面，相关的法律可操作性不是很强，缺乏有力的执法队伍，给执法工作带来一定的困难；另一方面，有关部门和执法人员对于历史街区历史文化内涵认识不足，重视不够，尤其是行政执法方面，责任心不强，这样就使得历史街区的保护工作未能落到实处。而且，由于多种利益的驱使，执法部门对于历史街区的监督工作不到位，忽视社会力量的监督作用，往往不能严格遵循合法性、合理性的原则保护当事人的合法权益，将破坏历史街区的主体绳之以法，切实做到有法可依，有法必依，违法必究。

2. 其他方面的原因

（1）建设项目审批不严格

城市建设对历史街区的破坏十分严重，主要是很多项目在审批时不严格导致的。一些建设项目规模过大，建筑高度方面没有合理的控制方案，容易对街区的文物、胡同、四合院等造成破坏，对首都的历史风貌造成很大负面影响。但是审批部门由于审批不严格，在没有进行必要公示的情况下批准了项目，最终导致首都历史风貌的完整性遭到了巨大的破坏。

（2）资金投入不足

历史街区的保护与更新在资金方面需求量巨大，目前的投入有限。北京市政府注册资本金的杠杆效应没有得到很好发挥，政府投入在历史街区保护的专项资金支持力度有待加大。此外，市区政府投入在历史街区房屋修缮、基础设施改造、文物保护等方面的资金使用较为分散，统筹集成度不高，显示度成果不多。由于政府和市场的关系尚未彻底理顺，缺少较好的社会资金引入机制，民间资本参与文保区建设的潜力亟待开发。总之，街区保护的融资渠道单一，缺乏在公平的竞争机制下建立的可持续的资金投入保障机制。

（3）人口疏解力度不大

历史街区的人口密度过大，居住条件十分拥挤，人口疏解效果不明显。由于人口疏解的政策不明确，资金和房屋安置未能形成有效的方式，目前历史街区的人口疏解力度普遍不足。虽然有一些历史街区开展了人口疏解试点项目，但是效果不太理想。

三　国内外历史文化街区保护经验借鉴

历史街区的保护经历了三次保护思潮。第一次保护思潮注意力集中在保护单体建筑上。第二次保护思潮保护范围扩大到历史建筑群、城市景观和建筑环境上。Burtenshaw对此评价为："除了视觉的、建筑的和历史的品质外，对地区功能特征以及对保护建筑有利的经济功能的考虑都作为了保护的重点。"到了第三次保护思潮时期，具有针对性的地方性保护政策的制定成为主角。与早期的保护政策关注遗产本身的历史特性相比，现在的保护政策更注重遗产的未来。

国内外关于城市历史街区保护方面的研究成果较多，或关于历史街区保护与更新理论方面的分析，或聚焦于历史街区保护实践和案例方面的研究，或两者结合进行探讨。国内外有一些关于历史街区的保护模式。国外的如社区参与保护历史街区的模式、旅游开发保护模式、商业复兴模式等。国内的历史街区保护模式主要包括上海"新天地"模式、上海多伦路街区模式、北京"菊儿胡同"模式、苏州"桐芳巷"模式、福州"三坊七巷"模式、北京"南池子"模式、北京"什刹海烟袋斜街"模式等。

国外对历史街区的保护与再开发理论建设和实践仍处于探索中，但随着认识和经验的积累，历史街区保护性更新与设计正在逐渐走向完善。以后在我国和北京的实践中，也可以因地制宜，综合其优点、借鉴其经验。

就我国而言，首先，要进一步明确保护与发展之间的关系，加强立法，严格管理。在《文物保护法》的基础上制定更详细、更有针对性的"历史街区保护条例"类法规，使历史街区保护形成一套完整的法律法规体系，使历史街区保护与管理有法可依，有章可循。其次，应该以人为本，强化每一个普通公民的历史街区保护意识，让每一位公民都参与历史街区的保护。国家不妨仿照欧美等国扩大"遗产日"的影响力，广泛宣传文化遗产保护的重要性，提高公民的遗产保护意识。同时，充分发挥民间社团的作用，让他们成为沟通政府与普通公民的桥梁。最后，历史街区的保护经费应列入财政计划的专项补贴，并多渠道争取资金，专门用作这些街区的保护与维修。就北京历史街区而言，为了实现世界城市的建设目标，也同样需要多方面努力，建设好文化内涵深厚的历史文化街区。从保护模式上来说，应该总结国外的经验，根据国家相关政策，平衡保护与发展之间的关系，根据历史街区的具体特点和实际情况，在小规模、渐进式、微循环有机更新模式的基础上采取多种不同的发展方法和路径，全面保护和更新文化街区历史风貌，同时还应做好法制、规划、管理以及资金等方面的保障工作。

就国内的发展启示而言，北京历史文化街区的保护也应该针对不同街区的实际情况采取不同的保护更新方法。对于居住和商业旅游混合型街区，应该针对发展现状和特点，适度借鉴成都"宽窄巷子"和福州"三坊七巷"的发展模式，在历史文化保护区保护发展过程中，采取历史文化街区保护与产业运营结合的发展模式，在保护地区建筑风貌和胡同脉络的基础上，形成"院落式情景消费街区"和"城市怀旧旅游的人文游憩中心"，打造"老北京底片，新都市客厅"。针对居住型历史文化街区，根据区域的胡同结构和居住区特点，可以借鉴"南池子"模式，鼓励"以院落为单位自我更新"的政策，这种小规模自我更新方式让百姓自己解决问题，简单易行，可操作性强，容易得到地区居民的支持，同时在一定程度上也保留了大量的地区原住人口。针对少量商业旅游型历史文化街区，可以以商业旅游复兴为先导，借鉴上海"田子坊"模式，采取自下而上的方式促进产业发展。例如琉璃厂文化创意园的现状和特点，可以借鉴上海"田子坊"模式，在不破坏历史风貌的前提下，吸纳更多的创意产业，自下而上走市场化的道路，提升区域的活力。针对少量比较破败的胡同区域，不能完全借鉴苏州"桐芳巷"模式进行大拆大建，科学的方式是在不破坏历史街区胡同脉络和历史风貌的前提下，土地进行部分出让，进行少量的建设开发。国内文保区发展的经验表明，北京历史文化街区的发展应该由单一保护发展方式拓展到综合保护发展的模式方面。

总之，由于北京的历史街区应该根据实际情况采取多种发展模式和路径。区域的发展不能完全照搬照套国内外某种或者某些发展模式，应该根据文保区不同片区的特点有针对性地汲取一些有效模式和经验，逐步形成一套由行政管理体系、资金保障体系、监督体系、公众参与的社会化体系组成的综合发展体系和多样化发展模式。

四　北京历史文化街区保护对策建议

（一）保护模式选择

目前关于北京历史文化街区的保护主要采取三种方法。第一，保留街区原貌。这是采用文物建筑保护方法进行保护的一种方式，遵循的是"修旧如旧"原则。第二，保护整治为主，适当更新改造。这是一些历史街区保护中所采用的一种方式，基本保留原有的街区格局和原有建筑物，保持其建造之初的原貌或大致按原貌来修复，但建筑物的内部可以适当更新，市政基础设施也应逐步更新改造。第三，更新改造为主，保护整治为辅。适合于范围较大，且街区内部文物建筑较少或街区形态已遭受严重破坏的历史街区，是为了在传统与现代的两类建筑形象之间寻求一种过渡。

北京历史街区的保护方法和模式多种多样，其中最为重要的是根据国家相关政策，采取小规模、渐进式、微循环的保护模式对历史街区的文物建筑、胡同肌理、民居四合院以及非物质文化遗产进行有机保护更新。只有通过这样的模式才能更好地保护历史街区各个时期的丰富多样历史信息，保留街区良好的邻里关系和社会生活氛围。

与"大拆大建"的大规模改造方式相比较，小规模、渐进式、微循环保护更新方式在改造的目的、改造的主体、资金筹措、改造的方式等方面有着较大的区别。这种方式有利于保护北京历史街区的历史文化环境，有利于居民对改造的积极参与，有利于减轻改造带给政府的经济负担，化解和减少社会矛盾。小规模渐进式微循环的改造方式不仅可以对历史街区传统建筑本身进行保护和更新，同时这种方式也是对历史街区文化意义的一种保护和更新。

宏观角度而言，北京旧城历史文化街区根据主要功能可以分为三大类：居住型历史文化街区、商业旅游型历史文化街区和居住和商业旅游混合型历史文化街区。居住型文化街区主要包括皇城、国子监、法源寺、西四头条至八条、东四三条至八条、北锣鼓巷、张自忠路南北、新太仓、东四南、南闹市口等，其中皇城、国子监地区、法源寺地区属于包含突出文化遗产资源的街区。商业旅游型历史文化街区主要包括东、西琉璃厂两处。居住和商业旅游混合型历史文化街区则包括大栅栏、什刹海、南锣鼓巷、阜成门内大街、鲜鱼口等。此外还有行政办公和居住为主的近代建筑保护区东交民巷，情况较为特殊。郊区的历史街区根据主要功能可以分为两大类：居住型历史文化街区、居住和商业旅游混合型历史文化街区。三家店、模式口、榆林堡、岔道城等历史街区以居住功能为主，商业或旅游产业发展不足；西郊清代皇家园林、爨底下、焦庄户、卢沟桥宛平城、遥桥峪和小口城堡、古北口等历史街区则属于居住和商业旅游混合型历史文化街区，其中西郊清代皇家园林和爨底下的商业和旅游业发展势头较好。

分析北京的历史文化街区在具体保护模式选择上主要包括三种，居住型历史街区应该主要采取社区引导有机更新模式；商业旅游型历史街区采取文化产业引导模式；混合型历史街区则应该采取社区引导模式和文化产业引导模式相结合的方式。

1. 社区引导模式

即以院落为单位，以社区为基础，有机保护更新历史文化街区的方式。历史街区中，尤其是居住型历史街区中，存在着大量的传统民居院落，构成了相对稳定的邻里关系和社区。因此，社区在历史街区中是非常重要的中观层面的社会单位，通过对社区人口、居民的生活和居住结构、用地、房屋质量、基础设施进行详细普查，明确历史街区的特性，在保持传统街巷尺度和建筑形态结构的前提下保护更新历史街区十分重要。

社区引导有机保护更新模式具有一些典型的特征。注重人的尺度和人的需要，关注居民和社区参与保护更新过程的重要性；重视保护人文环境，关注人与环境的平衡关系；反对简单地推倒重建，强调从大规模的激进式改造转向小规模的、渐进式的、以改善社区环境为主要目标的综合整治。总之，这种模式在街区设计方面从单纯的物质环境改造，转向社会、经济发展与物质环境改善相结合，强调可持续发展。

北京的居住型或混合型历史街区应该采取社区引导有机保护更新模式。以风貌保护和人居环境改善为出发点，在保护好文化遗产和传统民居的同时，注重改善居住环境。对于历史街区内的各类建筑，在以社区引导方式进行保护时应分别提出修缮与保养、整修与改善、更新与改造的原则，以便采取不同措施分类指导。在人居环境改善方面应该立足于改善居住的设施条件。而且，采取社区引导模式保护历史街区目前有两个重要环节的工作需要抓好，首先是将街区保护规划与社区规划有机结合起来，其次必须建立社区公众参与机制。

通过西四北头条至八条、北池子、法源寺、南锣鼓巷、什刹海等历史文化街区案例分析，采用社区引导模式有机保护更新居住型和混合型街区具有必要性和迫切性。针对这些街区而言，当前需要做好社区规划的工作，适度调整街区的社区结构；重视社区公共系统的修复和再造，以改善居民生活环境，恢复社区信心。总之，应该借助社区的沟通、监督作用，提高街区居民的参与积极性，深入调研历史街区的现状问题，在院落保护的基础上推动街区科学规划的制定和实施，进而实现对街区历史建筑、胡同脉络的合理保护和街区环境的真正改善。

2. 文化产业引导模式

文化产业引导模式是指通过文化产业的带动促进街区保护更新的一种模式，是"城市再生"的主要路径之一。文化产业引导保护更新模式主要指的是利用历史街区的遗产资源，发展文化产业，促进街区的更好保护与更新。目前历史街区文化产业发展的主要路径是，在商业的推动下发展文化旅游、文化创意等产业。

案例分析方面，东西琉璃厂应以塑造多种文化产业集聚区为目标。街区的未来发展应该以文物保护为布局前提，以胡同肌理为布局依据，以传承发展为布局方向，以体系完善为布局目的，多重空间相济布局，将琉璃厂产业空间规划为三个产业区、两个拓展区、三个主题中心、两个特色街、十七个重要的产业节点。南锣鼓巷则需合理打造商业推动下的文创旅游区。目前应该在规范商店、提升地区商业业态的基础上，借助商业的优势，按照"骨干—支脉—活力细胞"的街区总体空间结构，进行旅游产品空间组织。旅游规划中应致力于两大核心旅游产品的引导与设计，即

"南锣鼓巷创意文化长廊"及"南锣鼓巷胡同民居风情体验区"。什刹海应该进一步完善商业助力下的文化旅游产业区。什刹海地区适宜全面建设以京味文化为内涵,以湖光山色为背景的历史古迹、民俗文化旅游区。当前亟须借助商业方面的推动力,打造合理的旅游项目和产品,全面提升旅游环境。

3. 社区引导和文化产业引导相结合的模式

北京的混合型历史文化街区应该采取社区引导和文化产业引导相结合的模式,除了上述南锣鼓巷和什刹海案例外,其他该类街区也应该采取这样的模式。就历史街区与社区引导结合的产业类型而言,文化旅游产业占据主体。

社区引导和文化旅游产业引导相结合,符合当前流行的社区旅游增权理论。北京历史街区的保护更新中为了更好地实现社区引导和文化旅游产业引导模式的合理结合,需要切实完成"社区旅游增权"整体系统工程。从政治角度看,政府部门应鼓励社区居民积极参与街区旅游的规划、开发和经营,提供给居民相应的渠道参与其中,如选拔社区居民代表或建立相应的社区居民组织参与决策,及时报送信息等。从经济和社会角度,应设计相应的制度,使社区居民、政府、开发商、旅行者形成相关的利益共同体,或拥有相同的价值观:既保证经济利益的增长,又能形成合力,自觉维护街区的环境;既保证旅游收益的总体增长,又能保障居民从旅游开发中获益。从心理角度看,则可通过培训等方式,增强社区居民的责任感,荣誉感和权利意识。

爨底下案例说明,一方面需要保护村落村舍布局、建筑风貌、文化空间的原真性,另一方面应该在镇政府和村委会的引导下,以地方社区为主导,实行小规模、全民参与、有控制的遗产旅游产业发展方式。利益相关者主导的遗产旅游模式,可以有效防止大规模开发带来的消极效应,从而真正实现"社区旅游增权"。该案例进一步印证,混合型历史街区应该借助社区特点及其旅游资源优势,合理采用社区引导和旅游文化产业发展相结合的模式。

总之,北京历史文化街区主要保护模式方面主要包括小规模、渐进式、微循环和社区引导、文化产业引导等,这些模式虽然较为宏观,但是目前而言比较适合北京历史文化街区保护与更新的需要。北京历史街区在保护模式的选择上不能生搬硬套某些保护模式，应该在借鉴国内外成功经验的基础上，在历史街区现有保护方法或模式的基础上提炼出和实行最适合的综合保护路径和模式。

（二）具体保护对策建议

1. 加强专项立法

建议尽快研究出台《北京市历史文化街区保护条例》。条例中应该包括以下内容：遵循一定的保护原则；成立历史文化街区保护主管部门和专家委员会；提供经费保障；明确保护名录；突出保护历史建筑；明确法律责任；强化执法。

2. 加大保护力度

必须严禁破坏街区风貌的工程项目；在科学规划的基础上改善历史街区的市政设施状况；在疏解人口的基础上加强人口的管理，尤其要加大对流动人口的管理力度；精确绘制胡同四合院的地理位置、空间结构以及形态样式图，并进行合理编号；合理修缮四合院，四合院的保护建设工程必须履行严格的审批程序。

3. 制订科学规划

应该根据北京古都风貌的总体特征，结合历史街区特点与实际，在对街区进行系统调研和问题梳理的基础上，对街区功能定位、空间格局、土地利用、文化资源、交通市政、人口密度等进行认真研究，根据需要或者对已有的规划做进一步深化、细化、调整，或者制订新的更加科学的规划，提出风貌保护控制的指导性意见，形成区域中长期发展的实施纲要。

4. 提高管理水平

以北京历史文化名城保护委员会为核心，提高历史文化名城保护工作的统筹层次，形成市区两级相对统一的名城保护工作的管理机制，强力推进历史文化名城保护工作的顺利实施；强化政府机构之间的协同作用，加大对历史街区文化的舆论宣传和普及力度；形成制度化的专家论证和公众参与机制；做好其他具体工作，如科学实行网格化管理。

北京传统村落保护现状与对策研究[*]

张 勃[**]

传统村落是宝贵的文化遗产，蕴含着深厚的历史文化信息，传承着中华民族的历史记忆、生产生活智慧、文化艺术结晶和地域特色，寄托着人们的乡愁，是见证中华民族历史发展的载体，具有重要的生活价值、历史价值、科学价值和艺术价值。然而，随着社会工业化、城镇化的快速发展，传统村落的面貌急剧变化，衰落、消失的现象日益加剧。加强传统村落保护、维系和传承民族根性文化，已经迫在眉睫。对于传统村落的保护体现着人们的文化自觉和文明高度，具有重要的历史意义和现实意义。

进入 21 世纪以来，我国加强了传统村落保护的力度。2002 年，《中华人民共和国文物保护法》开始将历史文化村镇保护纳入法制轨道，2003 年我国公布了首批中国历史文化名村，迄今已公布 7 批共 337 个中国历史文化名村。2012 年 4 月 16 日住房城乡建设部、文化部、国家文物局、财政部联合发布了《关于开展传统村落调查的通知》（建村〔2012〕58 号），标志着传统村落保护被正式提到了政府的工作日程。此后，住房城乡建设部、文化部等部门多次联合发布专门针对传统村落保护的文件，并分别于 2012 年 12 月、2013 年 8 月公布了两批列入中国传统村落名录的村落名单共 1561 个（建村〔2012〕189 号、建村〔2013〕124 号）。2014 年，国家加大了对传

---

[*] 本章系北京学研究基地项目"门头沟传统村落民俗文化传承模式创新研究"（BJXJD－KT2015－TS06）的阶段性成果。本章采用了《关于加强北京市传统村落保护的调研报告》的部分成果。该调研报告系北京学研究基地与北京市政协文史和学习委员会、民革北京市委、民盟北京市委、民进北京市委、农工党北京市委、致公党北京市委等单位合作完成，张勃为主要执笔人。

[**] 张勃（1972— ），女，历史学博士，北京联合大学北京学研究所研究员，主要从事北京学、民俗学研究。

统村落保护工作的力度：住房城乡建设部、文化和旅游部（原文化部）、国家文物局、财政部等部门出台了《关于切实加强中国传统村落保护的指导意见》（建村〔2014〕61号）和《关于做好中国传统村落保护项目实施工作的意见》（建村〔2014〕135号），对传统村落保护工作提出了明确的要求；部署了传统村落的补充调查工作；制定了传统村落保护档案的制作要求、保护与发展规划要求，编辑刊行了第一、二批传统村落名录图册；开展全国性的传统村落保护发展工作培训；并经规划评审、实地核查等程序后确定了列入中央财政支持的两批传统村落名录共600个，研究、布置了近几年传统村落保护发展要做好的基础性工作等。而第三批中国传统村落名单也已于2014年11月正式公布（建村〔2014〕168号），新增中国传统村落994个。2015年，又有491个传统村落被纳入中央财政支持范围，而第四批中国传统村落的申报评审工作也已经开始。伴随着国家层面传统村落保护工作的迅速展开，中国大地上正在兴起保护传统村落的热潮，而"传统村落"也取代"古村落"成为一个拥有特定内涵的专有名词，即指"拥有物质形态和非物质形态文化遗产，具有较高的历史、文化、科学、艺术、社会、经济价值的村落"。

北京具有3000年的建城史，800余年的建都史，现存传统村落多形成于明清时期，历史悠久，文化积淀深厚，保存了明清以来不同时期的文化遗迹，拥有大量富有特色的传统民居以及文物古迹、古树名木、非物质文化遗产等，是北京历史文化名城的重要组成部分。加强传统村落保护，不仅事关古都历史风貌的保护和历史文脉的延续，也是保护文化多样性、建设文化之都、繁荣首都文化、促进民生幸福的重要保证。当前，国家正在积极推动传统村落保护工作，北京加强传统村落保护，留住我们的精神家园，也是贯彻中央相关政策精神的必然要求。作为国家首都，北京有必要增强传统村落保护的使命感和责任意识，并凭借扎实和卓有成效的工作在全国传统村落保护中起到引领和表率作用。

一　北京传统村落保护现状

（一）北京传统村落概况

按照国家住房城乡建设部、文化部、文物局、财政部联合下发的《关于开展传统村落调查的通知》(建村〔2012〕58号)要求,传统村落至少要具备传统建筑风貌完整、村落和格局保持传统特色、非物质文化遗产活态传承三个条件之一,方能列为调查对象。根据传统村落认定的基本条件,全市进行了认真的调查,依照《传统村落评价认定指标体系(试行)》(建村〔2012〕125号)进行审核,确定52个村落为国家级传统村落建议名单,见表1。

表1　　　　　　　　　北京市国家级传统村落建议名单

所在区县	数量(个)	村落名称
门头沟区	14	斋堂镇马栏村、灵水村、黄岭西村、川底下村、沿河城村、西胡林村、龙泉镇琉璃渠村、三家店村、清水镇张家庄村、燕家台村、雁翅镇碣石村、苇子水村、王平镇东石古岩村、大台办事处千军台村
密云区	10	巨各庄镇蔡家洼村、古北口镇潮关村、河西村、古北口村、新城子镇吉家营村、花园村、曹家路村、冯家峪镇上峪村、不老屯镇燕落村、太师屯镇龙潭村
昌平区	7	流村镇长峪城村、漆园村、白羊城村、十三陵镇德陵村、康陵村、茂陵村,小汤山镇后牛坊村
房山区	5	史家营乡柳林水村、佛子庄乡黑龙关村、大石窝镇石窝村、南窖乡水峪村、南窖村
丰台区	3	王佐镇怪村、王佐镇米粮屯村、南苑乡西铁营村
怀柔区	3	琉璃庙镇杨树底下、杨宋镇年丰庄村、九渡河镇鹞子峪村
海淀区	2	上庄镇李家坟村、苏家坨镇车耳营村
平谷区	2	刘家店镇北吉山村、山东庄镇山东庄村
延庆县	2	张山营镇东门营村、康庄镇榆林堡村
通州区	1	漷县镇张庄村
顺义区	1	龙湾屯镇焦庄户村
大兴区	1	长子营镇白庙村
朝阳区	1	高碑店乡高碑店村
合计	52	—

这些传统村落分布在13个区县，其中传统建筑风貌保存较为完整的有12个，传统建筑保存较好、村落格局保持传统特色的有20个，非物质文化遗产传承较好的有11个。传统建筑保存较好，同时村内还有传承较好的非物质文化遗产6个。既有保存良好的传统建筑和传统村落格局，同时还有传承良好的非物质文化遗产的村落3个。

（二）开展的主要工作

早在2002年北京市即以街区形式开始对传统村落进行保护。北京市"第二批历史文化街区"中郊区10片，其中7片为传统村落，即模式口、三家店、焦庄户、爨底下、岔道城、榆林堡、遥桥峪和小口。2003年以来，北京市又积极参与由建设部和国家文物局共同组织评选的中国历史文化名村申报工作，迄今已有门头沟区斋堂镇爨底下村、灵水村，门头沟区龙泉镇琉璃渠村，顺义区龙湾屯镇焦庄户村以及房山区南窖乡水峪村等5个村落入选中国历史文化名村。2012年以来，按照住房城乡建设部、文化部、财政部、国家文物局等部门关于保护传统村落的总体部署，开展了系列保护工作。

一是积极申报中国传统村落，目前已有16个村落列入中国传统村落名录，见表2。其中琉璃渠村、三家店村、爨底下村、水峪村和焦庄户村被列入2014年第一批中央财政支持范围，长峪城村、吉家营村被列入2014年第二批中央财政支持范围，千军台村、苇子水村、黄岭西村、灵水村、岔道村被列入2015年中央财政支持范围。

表2　　　　　　　　北京市入选国家级传统村落名单

批次	数量（个）	公布时间	村落名称
第一批	9	2012年12月	房山区南窖乡水峪村、门头沟区龙泉镇琉璃渠村、门头沟区龙泉镇三家店村、门头沟区斋堂镇爨底下村、门头沟区斋堂镇黄岭西村、门头沟区斋堂镇灵水村、门头沟区雁翅镇苇子水村、顺义区龙湾屯镇焦庄户村、延庆县八达岭镇岔道村
第二批	4	2013年8月	门头沟区大台街道千军台村、门头沟区斋堂镇马栏村、昌平区流村镇长峪城村、密云区新城子镇吉家营

续表

批次	数量（个）	公布时间	村落名称
第三批	3	2014年11月	门头沟区雁翅镇碣石村、门头沟区斋堂镇沿河城村、密云区古北口镇古北口村
合计	16	—	—

二是开展传统村落调查、认定和建档工作，对列入中国传统村落建议名单的52个村落，逐一填写了《传统村落调查登记表》；对列入中国传统村落名录的村落，以文字、图纸和照片等多种形式建立了村落档案。

三是编制《北京市传统村落保护发展规划设计指南》，为传统村落规划编制的规范化提供了技术参考。

四是成立了北京市住房城乡建设委传统民居（传统村落）保护专家委员会，负责提供传统民居保护决策咨询，提出传统民居保护政策建议，进行传统民居保护技术研究和技术指导，参与传统民居的调查、记录和整理，参加分类谱系和建造技术的编写及审定等技术工作。同时，在北京市房地产科学技术研究所设立专家委员会工作组，承担专家委员会开展各项工作的组织协调任务。

五是加强了文化遗产保护。2000年到2012年年底，结合"3.3"亿市级以上文物保护单位抢险修缮计划、"人文奥运"文物保护计划、北京市中长期文物保护修缮利用规划、文物及历史文化保护区专项资金项目等，陆续投入专项经费超过1.4亿元，对传统村落中的文物保护单位进行了抢险修缮。2012年起北京市文保资金激增至每年10亿元，其中很大部分用于北京传统村落的保护和修缮。

六是以农村饮水安全、道路硬化、能源清洁、环境美化、防灾减灾、信息畅通为重点，加强了基础设施改造，使传统村落的居住环境条件得到较大改善。

七是将传统村落保护作为全市美丽乡村建设的重要组成部分，北京市颁布的《提升农村人居环境推进美丽乡村建设的实施意见（2014—2020年）》中，明确提出保护传承农村历史文化："按照以人为本、保护为先、发展为重的原则，支持传统村落编制保护和发展规划。在编制村庄规划时，要充分考虑传统村落中古民居的价值，探索古民居保护与改善农村居民生活条件的有效实现形式，优化村庄公共空间环境。加强郊区各级文物保护单位、不可移动文物的修缮和地下文物的保护以及传统建筑（含古民居）、井泉沟渠、古树名木等乡村历史文化传承要素的修复和整治，挖掘整理农村非物质文化遗产，保护和利用好农村历史文脉和现有自然景观。处理好传统村落保护与发展的关系，对于郊区农村文物保护项目的修复修缮，区县政府可积极申报，纳入市级文物和历史文化保护专项资金支持范围。"这不仅加强了传统村落保护的力度，而且扩大了对传统村落保护工作的宣传。

二 北京传统村落保护存在的主要问题与其原因分析

上述工作为加强北京市传统村落保护奠定了基础，创造了条件。但是总体上看，北京市传统村落的保护现状与历史文化名城的称号，与北京发挥全国文化中心示范作用的要求相比，还有很大差距，保护工作尚处在起步阶段，面临的形势十分严峻，仍存在着诸多问题。

（一）主要问题

1. 传统村落存量稀少，衰败迹象明显，保护质量不高

目前，北京市共有行政村 3938 个，经过普查符合或基本符合国家关于传统村落认定条件的村落仅有 52 个，占全市村落总数的 1.3%。而列入中国传统村落名录的村落仅有 16 个，占全市村落总数的 0.4%。除个别村落依靠旅游业得到发展以外，多数村落的保护现状堪忧，衰败迹象十分明显，许多传统民居无人居住，年久失修，杂草丛生，外观残破，倾圮倒塌者亦有之。村落中原有的一些公共空间，如寺庙等，也破损严重。

2. 人口流失，村落出现空心化、老龄化

近年来，由于传统生产方式和生活方式的变革，城乡二元体制的松动，社会流动的加快，传统村落中的人口尤其是青壮年劳力不断"外流"，造成常住人口大量减少，出现"人走房空"现象，并由人口空心化逐渐演化为人口、土地、产业和基础设施整体空心化。以传统村落最多的门头沟区为例，列入中国传统村落建议名单的 14 个村落中有 4 个村落外出务工人员超

过了户籍人口数的四分之一，其中黄岭西村外出务工人员数超过了50%。房山区水峪村古民居院落的空置率高达95%。与此同时，一些村落青壮年劳动力流向城市工作，造成人口在年龄结构上的不合理分布，老龄化问题十分严重，部分村落超过60岁的人员已经接近户籍人口的20%，个别村落60岁以上人员已经超过60%。

3. 设施落后，居民生活条件差

传统村落大多位于偏远山区，经济发展相对薄弱，现有资源难以满足本地居民日益增长的物质生活和精神生活需要。医疗、文化、教育、交通等公共服务设施比较落后。从收集到的31个村落的资料看，有20个村落没有学校（包括幼儿园、小学、中学、技校和高等院校），有20个村落没有医院，有5个村落尚未开通公交线路，有1个村落还未实现自来水入户，有17个村落没有垃圾和污水处理设施，有9个村落没有改造电网。

4. 大拆大建现象普遍，建筑风貌损坏严重

近十年，伴随工业化、城镇化建设，一些传统村落大规模拆除具有历史文化和地方特色价值的院落、建筑，而代之以新的住宅建筑。从收集到的22个村落的数据看，有8个村落近十年拆除和新建的房屋超过十年前房屋总数的20%，个别村甚至超过了50%。许多新建筑在高度、体量、建筑形式和色彩方面都与传统形式不相协调，一些传统村落修缮时没有考虑传统建筑外立面的特点，直接对墙面进行粉刷，有的为传统建筑加装铝合金门窗，这些都严重破坏了传统村落的整体风貌。

5. 村落文化传统断裂，非物质文化遗产传承无力

村民对村落及其文化传统缺乏认同、自信和热爱，仁、义、礼、智、信等传统美德受到破坏，一些原本与村民生活密切相关、世代相承的非物质文化遗产项目面临着人死艺亡的生存困境。

6. 过度商业开发和利用

一些地方重开发利用，轻保护管理，忽视传统村落的文化、历史、科学、社会、生态价值，而偏重其经济价值，对传统村落价值的认识只停留在旅游开发上，简单采取商业化模式运作，将传统村落变成赚钱的新路，有的甚至将传统村落整体转让承包，或将经营权转卖给旅游公司开发经营。

7. 基础薄弱，管理数据缺乏

尽管一些传统村落，尤其是列入中国传统村落名录的村落完成了传统

资源档案收集整理制作或初步建立了村落保护档案，但多数村落仅限于常住人口的档案管理，相当一部分村落对历史文化遗存和房屋使用状况没有档案管理，仅有少数村落在整理档案时实现了电子存档。

8. 人才匮乏，专业力量不足

虽然 2014 年 4 月北京市农委专门组织全市传统村落培训班，请国家及本市的专家对区县相关部门负责人、有关乡镇主管领导、52 个村党支部书记（村主任）就传统资源价值、传统村落保护档案制作、规划编制及传统村落保护发展案例分析、文物保护相关问题、传统村落产业发展策略等内容做了专题讲座及现场教学，一些区县也进行了培训，但从总体看，北京市尚缺少一支既懂得传统村落保护又懂得传统村落合理利用的专业人才队伍，也缺少传统村落保护所需人才的培养机制和吸引人才的有效措施。研究、保护、管理和运营等方面专业人才的不足，制约着传统村落保护的效果和质量。

（二）原因分析

1. 认识不到位，保护意识不强，传统村落居民作用发挥不足

一方面，各级政府对传统村落的价值缺乏应有的认识，将传统村落等同于落后贫穷，视其为新农村建设和推进城镇化进程中的改造对象，忽视了传统村落的整体保护。这直接导致城镇化过程中大拆大建对文化遗存和历史风貌的破坏。另一方面，城乡生活条件的差异，导致村落居民迫切希望通过开发建设改善生活环境。他们普遍对村落保护工作的重要性认识不足，忽视对村落文化传统及其承载的历史记忆的传承，缺乏传统村落保护意识，难以投入于传统村落保护工作，发挥理应发挥的主体作用。

2. 法律保障不足

目前，北京市传统村落保护主要法律依据是《北京历史文化名城保护条例》和国务院《历史文化名城名镇名村保护条例》。但是《北京历史文化名城保护条例》的重点是旧城，虽然规定"具有特定历史时期传统风貌或者民族地方特色"的村落可以认定为历史文化街区并加以保护，但目前只有为数不多的几个村落被划为历史文化街区。而《历史文化名城名镇名村保护条例》的保护范围是中国历史文化名村，因此，北京市其他传统村落保护尚无法律可依。而且传统村落中的众多文化遗存，只有列为各级文物

的才受《文物保护法》保护，这意味着众多民居和散落在传统村落中的文化遗迹没有法律保障。

3. 规划跟不上

北京市虽然编制了《北京市传统村落保护发展规划设计指南》，但还没有正式下发。目前已经列入中国传统村落建议名单的 52 个村落仅有 9 个制定了保护规划，其余 43 个村落还没有形成保护的具体规范。这直接导致村落保护仍处于自发状态，对文化遗产调查不明、文化内涵挖掘不够、文化资源利用不足，甚至出现了建设性破坏的现象。

4. 保护机制不健全

一是开展保护工作的配套政策尚未建立。如何正确处理传统村落保护与促进农村发展、改善农民生活之间的关系，仍需进一步研究解决。二是保护工作缺乏专业化指导。目前专业力量介入少，发挥作用有限，制约了传统村落的保护水平。三是开展保护工作的财政支持机制尚未建立。虽然目前由农委牵头开展工作，但是没有开展工作的配套资金，工作很难实质推动。

5. 资金投入少

传统村落保护是一项系统工程，涉及基础设施改造、居民生活条件改善、文化遗产保护和传承等多个方面，需要大量资金的持续支持，但目前既没有专项资金给予保障，也没有建立社会资金引入保障机制，因而资金缺口较大。2014 年北京市积极争取中央财政支持，获得 2400 万元支持资金，其中环保专项资金 750 万元，农村综合改革资金 750 万元用于第一批列入中央财政支持的 5 个传统村落保护，文物保护资金 900 余万元专门用于全国重点文物保护单位爨底下村的文物保护。市财政投入 118 万元，用于支持传统村落档案制作和规划编制等。其他用于传统村落保护的资金主要来源于对现有村级公益事业建设一事一议财政奖补、美丽乡村建设资金、沟域经济发展资金、农宅抗震节能改造补助资金、文物保护资金、文化发展资金等各类专项资金的统筹利用。从资金投入情况看，北京市对传统村落保护工作的重视程度，与保护传统村落的重要意义，与中央文件精神提出的要求相比还有很大差距。

三 传统村落保护的基本思路与理念

(一) 基本思路

当前中国大地上迅速兴起的传统村落保护工作，是由政府主导的，以挽救迅速衰落的传统村落为目的的大型行动。这一行动的迅速兴起，与传统村落的危机及其价值的新发现有关，也与人们对中国城市化道路的深刻反思有关，同时也是有识之士的努力推动和官方介入的结果。关于如何保护传统村落，学者们仁者见仁，智者见智，而《住房城乡建设部 文化部 国家文物局 财政部关于切实加强中国传统村落保护的指导意见》中也已在传统村落保护的指导思想、基本原则、主要目标、主要任务、基本要求、保护措施、组织领导和监督管理，以及中央补助资金申请、核定与拨付等方面作出了明确的规定。从目前的实际保护工作来看，主要有三种基本思路。

1. 与旅游开发相结合的保护思路

近年来我国旅游业发展迅速，依托农村区域的自然环境、优美景观、建筑和文化等资源而开展的乡村旅游亦蓬勃兴盛，并成为国家进行农业现代化建设的重要方式。比如中共中央、国务院 2015 年 2 月 1 日印发的中央一号文件《关于加大改革创新力度加快农业现代化建设的若干意见》中就明确提出，要"积极开发农业多种功能，挖掘乡村生态休闲、旅游观光、文化教育价值。扶持建设一批具有历史、地域、民族特点的特色景观旅游村镇，打造形式多样、特色鲜明的乡村旅游休闲产品。加大对乡村旅游休闲基础设施建设的投入，增强线上线下营销能力，提高管理水平和服务质量"。乡村旅游有着广阔的发展前景，传统村落往往以其特有的自然和人文风貌成为地方政府和旅游开发商眼中的重要资源，而实际上许多传统村落也已经被打造为重要的乡村旅游目的地。与旅游开发相结合，通过旅游开发保护传统村落是当前保护传统村落的基本思路之一。有些人更是极端地认为，只有通过旅游开发，才能保护传统村落。

2. 与新农村建设相结合的保护思路

2005 年 10 月，中共十六届五中全会通过《中共中央关于制定国民经济和社会发展第十一个五年规划的建设》，提出要按照"生产发展、生活宽裕、乡风文明、村容整洁、管理民主"的要求,扎实稳步地推进社会主义新农村建设,由此,新农村建设成为一项重要国策。2007年,中共十七大进一步提出"要统筹城乡发展,推进社会主义新农村建设",把农村建设纳入了国家建设的全局。2012年,中共十八大报告更是明确提出"要努力建设美丽中国,实现中华民族永续发展",首次提出"美丽中国"的理念,随即出台的2013年中央一号文件,依据美丽中国的理念提出了要建设"美丽乡村"的奋斗目标,新农村建设以"美丽乡村"建设的提法首次在国家层面明确提出。新农村建设（美丽乡村建设）是一项系统的工程,有着大量的政策支持和资金支持,将传统村落保护与新农村建设（美丽乡村建设）结合起来,通过新农村建设,尤其是美丽乡村建设促进传统村落保护,是传统村落保护的又一基本思路。

3. 重在物质文化遗产的保护思路

传统村落保护始于对民居、建筑的保护,而保护传统村落中的物质文化遗产,尤其是民居和文物价值的古建筑,也成为传统村落保护的基本思路之一。将较多资金投入传统民居与古建筑的维护与修缮,是当前传统村落保护的突出特点。

上述三种思路对于传统村落保护而言,都有积极意义,但也都存在明显的缺陷。

就第一种思路而言,首先,并非所有的传统村落都具备发展成为乡村旅游目的地的条件,因此发展旅游并不能解决所有传统村落的保护问题。其次,旅游开发以将传统村落打造成为旅游目的地为目的,而非以保护为目的,因此难免出现重开发、轻保护的现象,传统村落在开发中不仅未被保护反而遭受巨大伤害的例子在现实中屡见不鲜,传统村落的面貌在开发改造中变得已然今非昔比,其文化传统更是严重变形,甚至发生断裂,没有真正实现保护传统村落的目的。最后,旅游开发往往是多主体的介入,不少传统村落的原住民在其中处于弱势地位,没有话语权和决策权,难以主张自己的权利,为了追求更高的经济利益,不少旅游开发商甚至赶走原住民,这同样与传统村落保护的宗旨相违背。

就第二种思路而言,新农村建设（美丽乡村建设）的重点在建设,而非保护;建设的基调是"更新",保护的基调是"守旧",将旧农村推倒重建、统一规划在许多地方是建设新农村的重要途径,这种建设往往斩断了传统村落的根脉，同样不是真正的保护。

就第三种思路而言，对传统村落中物质文化遗产的保护是传统村落保护的重要组成部分，本无可厚非，只是这一思路在很大程度上忽略了对非物质文化遗产一面的关注。文化传统和生活方式是传统村落的灵魂，如果不能有效对其加以保护，建筑即使留下了，也已没有了活力和精气神。

(二) 核心理念

理念决定思路，思路决定出路。真正的传统村落保护行动应该在汲取上述三种思路优势的基础上加以超越，并树立更加科学的核心理念。

1. 当前保护传统村落具有正当性

作为一种基本生活空间，村落总是为它的主人所珍视，其存在正当性在中国传统社会从来没有受到质疑。但近几十年来，伴随城市地位的提升，城市化、现代化的快速推进以及城乡二元体制下市民与农民权益方面的不公平分配，城市日渐成为人们心目中的文明之地，村落则沦落为人们心目中的落后之所，成为被改造、被抛弃的对象。人们想当然地以为现代化就是用城市取代乡村。与此同时，城市人鄙视农村、鄙视农业、鄙视农民成为普遍现象；而农村人也产生了严重的文化自卑心理，认为村落没有前途。离开村落，是许多农民的迫切愿望和实际行动。而这，正是村落近年来迅速衰落的重要原因。如今要保护传统村落，首先就要深刻认识到当前保护传统村落的正当性，使全社会尤其是村民形成对传统村落的珍视态度和发展信心。只有这样，才能形成全社会保护传统村落的文化自觉。

而要真正实现这一点，就需要重新认识城市化，重估城市、村落和传统村落的价值及其对人类社会的意义。应认识到，虽然城市化必然让一些人离开乡土，但并不意味着村落没有未来，其实乡村与城市一样，都是人类文明的重要成果和人群居住地，未来仍然有许多人会生活于村落，村落也许比城市更适合人类诗意地栖居。而传统村落作为传承久远的文化创造更具有多重价值，它是居民"自足的生活空间"，具有重要的生活价值；它是文明存在的一种方式，传承着不同地方、不同族群的历史记忆，是中华文明代代延续的根基；它是现代乡愁的消解地，是城市人的精神家园；此外，传统村落还具有重要的艺术、科学、历史、文化等多种价值。无论是从传承优秀中华文明的角度，还是从维护文化多样性的角度来看，它们都值得倍加珍视。

2. 以保护为立足点，以尽可能保持传统村落的本真性和可持续性为目的

保护既不是建设，也不是开发，保护就是保护。传统村落保护的目的在于当传统村落面临生存危机的时候采取恰当的措施挽救、维持其生命力，使其继续存活下去，并尽量在不可避免的社会变迁中保持其文化传统和文化特性，其特点是"守旧"。尽管传统村落保护与旅游开发、新农村建设有相当密切的关系，但绝不能等同，传统村落保护必须以保护为立足点，以尽可能保持传统村落的本真性和可持续性为目的。

3. 整体保护

传统村落是物质文化遗产和非物质文化遗产的有机结合，传统村落保护不仅要保护有形的建筑，还要尊重传统选址格局及与周边景观环境的依存关系，同时也要保护无形的文化传统和历史记忆。

我国传统村落的选址、乡土建筑与居住环境的营造，一般都因地制宜，择吉而设，布置合理，尺度适宜，风貌独特，格局多样，往往根据独特的空间形态，创造出合理的建筑形式和空间布局，而这既是传统村落的外显标志，也是传统村落的特色所在。但由于自然损坏、年久失修、商业开发等因素的影响，许多传统村落的整体空间形态、村落肌理、建筑、院落等都严重受损，保护传统村落，应该立足本村落的风貌历史和风貌现状进行修复，注重村落空间的完整性，保持建筑、村落以及周边环境的整体空间形态和内在关系，严格限制核心保护区的重建、扩建、室外装修，严格限定建设控制区改造区域、拆迁范围、建筑风格、高度、密度、色彩等控制指标，严格保存传统村落的原有肌理。当然，修复并不意味着完全的"修旧如旧"，而应将其与"改善基础设施和公共环境"结合起来进行，使传统村落保持外观原貌的同时引入现代化成果，从而变得更加宜居。

由于村落生存环境以及村落自身在当代发生了巨变，村落中的文化传统和历史记忆也变得支离破碎，一些原本与村民生活密切相关、世代相承的非物质文化遗产项目面临着人死艺亡的生存困境。然而，村落的文化传统和历史记忆乃是村落的灵魂，是一个传统村落能够持续发展下去的精神动力。保护传统村落，需要尽量保持其文化传统和历史记忆，而这一点正是当前传统村落保护工作中特别缺乏、需要格外重视的地方。

4. 注重村民参与与村民利益

传统村落保护必须注重村民参与和村民利益。首先，传统村落是其村民的文化创造和生活空间，村民是传统村落的主人，是传统村落保护工作最直接和最重要的利益相关者，对于村落保护与发展有参与和主张的权利。其次，传统村落保护是对物质文化遗产和非物质文化遗产的整体保护，而村民是非物质文化遗产的载体，如果村民不参与保护行动，非物质文化遗产就会因载体的缺失而消亡，传统村落的整体保护就是一句空谈。最后，注重村民参与和村民利益，有助于村民加深对传统村落价值和意义的认识，形成保护传统村落的文化自觉意识，行使话语权，表达利益诉求，提升参与传统村落保护的行动能力，对传统村落的可持续发展产生积极而深远的影响。而事实也证明，那些基于社区参与、重视村民利益的传统村落保护往往能走向和谐发展之路。

四 加强北京传统村落保护对策建议

传统村落保护行动，不仅考量着一个地方的经济能力，也考量着一个地方的文化眼光和创新能力。当前北京市应该直面问题，秉持正确的理念，从如下若干方面加强传统村落的保护工作。

（一）加大宣传力度，提高思想认识

可从以下方面入手。第一，将包括传统村落历史文化价值在内的古都历史文化知识纳入市级党校培训内容，使北京市各级领导都能了解传统村落的价值和保护传统村落的重要意义，从思想认识上重视传统村落保护工作。第二，通过开展主题宣教活动、印刷宣传册等多种形式，在农村开展传统村落历史文化价值和保护意义的宣讲。第三，充分发挥报纸、广播、电视等传统媒体的导向作用，积极运用网络平台、移动触屏、数字传媒等新兴媒体，广泛开展社会宣教，增强全社会对传统村落文化与自然遗产的保护意识和责任感，营造全社会重视传统村落保护的良好氛围。

（二）加强法治建设

尽快研究出台《北京市传统村落保护条例》，明确北京市传统村落的概

念、价值、范围、保护方法、主要任务、基本要求、资金来源、保护程序、各方职责、罚则等，形成完整的传统村落法律保护框架，使传统村落的保护有法可依。

（三）科学制订规划

这既包括将传统村落保护纳入《北京城市总体规划》《北京历史文化名城保护规划》，从而构建适宜的传统村落保护法规、政策以及经济、技术环境；也包括以"完整保护、真实保护、延续保护"的原则，在深入研究传统村落分布状况、特点价值、空间格局、土地利用、文化资源以及居民生产方式、生活方式等的基础之上，结合村落自身特色，因村制宜，科学编制每个传统村落的保护规划。同时出台《北京市传统民居建筑修缮规范标准与保护技术导则》，加强民居保护，提高村落保护规划实施的可操作性。

（四）健全保护机制，注重过程管理

传统村落保护是一项以政府为主导、村民为主体、专家指导、社会参与的公共政策过程。为了更好地发挥政府的主导作用，需要明确市区两级政府主管部门，在此基础上，形成一主多辅、协同配合的部门联动机制。要充分尊重村民的利益诉求，激发他们的保护热情，形成在保护工作中发挥主体作用的自觉和能力。借助专家力量，组建由文保专家、民俗学者、社会学者、人类学者、历史学者等构成的专家队伍，对传统村落发展历史、文化传统、生产方式、生活方式、风俗民情、非物质文化遗产、建筑风貌、生态环境，与周边关系等进行系统梳理和研究，对保护工作的全过程进行专业化指导。同时积极鼓励社会力量的参与。

在过程管理方面，首先，要完善名录体系，实行挂牌保护。尽快启动市级传统村落评定工作，制定市级传统村落评定指标体系，设立北京市传统村落名录。继续开展补充调查，系统清理传统村落遗产，建立北京市传统村落档案和传统村落信息管理数据库，高标准做好传统村落保护的价值评估工作，并在研究建立价值体系、评估标准的基础上，对传统村落进行甄别、分类，尽快将具有重要价值的村落列入北京市传统村落名录，并进行统一编号，设置专门的保护标志，实行挂牌保护。其次，建立村落保护预警和退出机制，对列入名录的传统村落实行动态管理，如果传统村落受

到严重破坏，可从名录中予以除名，并公开通报，追究责任。最后，奖惩分明，对传统村落保护的优秀项目和做出突出贡献的单位、个人，政府要给予奖励。

（五）加大资金投入，建立北京市传统村落保护资金申报制度

一方面，将传统村落保护资金纳入年度财政预算，每年根据预算拨付资金，专门用于传统村落的保护。另一方面，多渠道筹集传统村落保护资金。通过建立和实施北京市传统村落保护资金申报制度，保证资金真正用于传统村落的保护。此外，还要利用好其他可以利用的资金，整治和完善村内道路、供水、垃圾和污水治理等基础设施，完善消防、防灾避险等必要的安全设施，整治文化遗产周边、公共场地、河塘沟渠等公共环境，使村民的生活质量得到切实提升。

投入巨大力量挽救传统村落于式微，考量的不仅是一个国家的经济实力，同时也是一个国家的文化眼光。在我国，从国家层面重视和开展传统村落保护的工作刚刚启程，在树立正确的传统村落保护理念以及方法选择方面，仍需要做大量工作。北京作为首都，理当有更多作为。

京津冀历史文化村镇保护现状与对策研究

苑焕乔[*]

历史文化村镇，是指保存文物特别丰富且具有重大历史价值或纪念意义的、能较完整地反映一些历史时期传统风貌和地方民族特色的村和镇。[①]它不仅包括有形的传统建筑等物质文化遗产，而且还包括蕴含丰富精神价值的民俗、传统技艺等非物质文化遗产，是中国优秀传统文化的重要载体。京津冀地区，是我国燕赵文化的发祥地，历史上是中原农耕文明与北方草原文明冲突与融合的地带，也是近代中国人民抵抗外敌入侵的主战场，其历史文化村镇遗产资源非常丰富。自2003年第一批国家级历史文化名镇（村）揭晓以来，我国共公布了6批528个历史文化名镇名村。其中，北京市有1个名镇、5个名村，天津市有1个名镇、1个名村，河北省有8个名镇、12个名村入选中国历史文化村镇名录。在京津冀协同发展背景下，借鉴国内外历史村镇保护理论和经验，针对京津冀历史村镇保护现存问题，提出针对性对策建议，具有重要的现实意义。

一 京津冀历史文化村镇保护现状

京津冀历史文化村镇，不仅拥有众多的文物古迹、传统建筑等物质文化遗产，而且还有内涵丰富的非物质文化遗产，它们是中华传统文化的精

---

[*] 苑焕乔（1971— ），女，历史学硕士，北京联合大学北京学研究所助理研究员，主要从事历史学和北京文化遗产研究。

① 苑焕乔：《京津冀历史文化村镇协调发展研究》，《河北学刊》2015年第5期。

华和我们民族的精神家园。近年，京津冀三地在历史文化村镇保护方面，都做了大量工作。

（一）京津冀历史文化村镇概况

京津冀历史文化村镇，是燕赵大地在长期历史发展中形成的文化遗产资源。中华人民共和国成立初期，北京市行政区划不断调整，被列入中国历史文化村镇名录的有1个名镇5个名村，其所在的门头沟、顺义、房山和密云4区县，均为1952—1958年间从河北省划入北京市行政区。另外，因历史上漕运而兴起的天津市，清末为直隶总督的驻地，近代曾为河北省的省会，直到1967年才最后确定为中央直辖市，历史上天津市与河北的关系密不可分，现今天津市的1个名镇和1个名村也是在燕赵大地历史发展进程中形成的。因此说，京津冀历史文化村镇地域一体。

京津冀历史文化村镇，文化同源。从京津冀三地国家级历史文化10名镇18名村的成因看，多位于华北平原通往东北、西北和内蒙古高原的交通要道上，或位于水运枢纽，由于建驿站、发展商贸等，成为影响全国或区域的客货物流集散地，如：北京爨底下，天津杨柳青镇，河北的天长镇、代王城镇和鸡鸣驿村等；在太行山和燕山山区，百姓就地取材建造的具有地域特色的石建筑村落，如：天津西井屿村、河北于家村；历史上由于军事防御而设立的古堡、古寨，如：北京爨底下，河北暖泉镇、偏城村、北方城村、王硇村等；历史上发生过抗击外敌入侵或因革命军事驻地而闻名于世，如：北京古北口镇和焦庄户村，天津杨柳青镇，河北冉庄、偏城村、冶陶村和花驼村等；等等。因此，京津冀三地历史文化村镇地域一体，文化同脉，历史渊源深厚，其历史村镇文化，可以说同属燕赵文化。

京津冀三地历史文化村镇，既有保存良好的文物古迹和传统民居等物质文化遗产，也有极具地域特色的传统技艺、民风民俗，以及红色革命历史等非物质文化遗产资源。根据形成历史、人文及其功能结构等要素看，三地历史文化村镇类型相近，均有屯堡文化型、商贸交通型、建筑遗产型、民俗文化型、抗战遗址文化型等，它们具有历史、文化、科学、军事、教育和艺术欣赏等多重价值，更是承载城市居民乡愁的载体。同时，京津冀历史文化村镇，由于它们是在不同历史时期和不同自然、社会条件下形成的，往往一名镇（名村）同时具有几种类型特点，因此说，有些名镇名村属于混合类型村镇，见表1。

表1　京津冀国家级历史文化名镇（村）类型及特点①

村镇类型	主要特点	村镇名称
屯堡文化型	由于历史上驻守城池、关隘的军士，"战时为兵、平时为民"的长期耕战生活而形成的村落，以及百姓安全防卫所建的古堡民居镇和村等	北京市古北口镇、爨底下村；河北省代王城镇、暖泉镇等
商贸交通型	指历史上曾以商贸交通作为主要职能，并对当地经济发展产生过重要影响的镇和村	北京市古北口镇、爨底下村、琉璃渠村、水峪村；天津市杨柳青镇；河北省天长镇、代王城镇、鸡鸣驿村等
建筑遗产型	典型运用我国传统聚落选址和规划布局理念，已形成一定规模并较完整保留一个或几个历史时期传统建筑群的镇和村	北京市爨底下村、水峪村；天津市杨柳青镇、西井峪村；河北省暖泉镇、大社镇、天长镇、固新镇、伯延镇、代王城镇、鸡鸣驿村、于家村、英谈村、偏城村、北方城村、大梁江村、王硇村、上苏庄村、花驼村、小龙窝村、开阳村等
民俗文化型	具有丰富地域民俗文化、传统技艺等的镇、村	北京市灵水村、琉璃渠村、水峪村；天津市杨柳青镇、西井峪村；河北省暖泉镇、广府镇、冶陶镇、上苏庄村等
抗战遗址文化型	指历史上发生过抗击日军侵略的战争或者曾为革命军事驻地而闻名的镇、村	北京市古北口镇、焦庄户村；天津市杨柳青镇；河北省冶陶镇、伯延镇、冉庄村、偏城村、王硇村、花驼村等

（二）京津冀历史文化村镇保护工作进展

1. 开展调查和建档工作

京津冀三地都对历史文化村镇开展资源普查工作，对村镇选址、传统建筑及格局、非物质文化遗产、周围环境、保护发展等方面进行调查和资料整理，以文字、图纸和照片等形式记录建档，为历史村镇中重要文物公布，为各级文物保护单位和申报各级历史文化名镇名村提供依据，更为制

---

① 苑焕乔：《京津冀历史文化村镇协调发展研究》，《河北学刊》2015年第5期。

定保护规划提供依据。

2. 编制保护规划

为了正确处理保护与发展的关系，河北省和天津市规划部门编制历史文化村镇保护规划，先后公布了《河北省历史文化街区、名镇、名村基础设施完善及环境整治技术导则（试行）》和《天津市历史文化名城名镇名村保护规划》。2012 年 11 月 24 日，河北省住房和城乡建设厅发布的《河北省历史文化街区、名镇、名村基础设施完善及环境整治技术导则（试行）》，指出历史文化村镇基础设施完善及环境整治，要密切结合当地实际，根据各地经济社会发展水平，实事求是，量力而行；同时要处理好近期建设与远期发展、历史文化保护与基础设施建设的关系，统一规划，分步实施。2013 年 11 月 13 日，天津市规划部门发布《天津市历史文化名城名镇名村保护规划》，提出历史文化名镇、名村保护，要结合各自需要保护的主要内容，建立相应的保护体系和保护措施。另外，虽然北京市对历史文化村镇没有发布专门保护规划，但每个历史文化村镇都有自己具体保护规划。

3. 文物古迹、民居建筑等得到修缮保护，民生得到改善

随着乡村休闲产业发展，京津冀三地历史文化村镇幽静的自然环境、独具特色的传统建筑以及丰富多彩的民俗文化等，成为游客探幽访古、消闲度假的重要选择。京津冀历史文化村镇，多位于三地交界的太行山和燕山山区，经济相对落后，历史文化村镇保护及乡村休闲产业，带动了历史文化村镇基础设施的完善、自然生态环境的修复，以及传统技艺、民风民俗等的传承保护，通过激活历史村镇传统文化的现代价值，改善了当地农民生存生活环境，促进乡村经济增长，提高了农民收入和幸福指数。

二 京津冀历史文化村镇保护存在的主要问题

近年来，京津冀通过保护利用历史文化村镇遗产资源，发展文化休闲旅游，增加了农民收入、改善了民生，促进了当地社会经济发展，但历史文化村镇保护仍存在许多亟待解决的问题。

（一）历史文化村镇传统建筑及其整体风貌保护堪忧

京津冀历史文化村镇，多位于交通不发达、经济发展相对落后的太行

山和燕山山区，许多村民因常年外出打工或者无力翻建新房，才使这些存在几百年的传统民居建筑得以保留。但改革开放以来，由于城市化进程的加快以及富裕起来的农民对城市现代生活的向往，历史文化村镇"拆旧建新"现象非常普遍，许多真正有价值的传统民居建筑被拆或被改造，并使用现代建筑材料去翻新或装饰，翻新建筑在高度、建材、色彩和建筑形式等方面都与传统建筑风格不相协调，严重破坏了历史村镇的整体格局和风貌。因此，京津冀三地存在历史文化村镇传统建筑及其村镇风貌遭受严重破坏的现象。同时，为适应现代车辆出行，对历史文化村镇传统街道、胡同的改造等，都使其空间格局和整体风貌的保护传承受到严重影响。

近年，京津冀历史文化村镇文化休闲旅游发展迅猛，许多名镇名村在周末和"五一""十一"黄金周，前去休闲观光的游客爆满，不仅解决了许多农民的就业问题，促进了农民增收，也拉动了当地社会经济发展。因此，一些历史文化名镇名村的农家乐，为提升接待能力，增加住房面积及在街巷建灶台等建设性破坏现象已出现。例如：北京爨底下村一些农家乐，为提升接待能力，在传统院落增建房子和在街巷建小灶台等，使传统村落整体面貌受到一定程度影响。同样，天津市的杨柳青古镇，因为民居建筑多为个人私产房，古镇历史建筑被私搭乱建现象严重。

同时，随着中国历史文化村镇名录的揭晓，京津冀历史文化村镇文物建筑、传统民居等的保护受到社会的重视，但当前无论是其文物古迹还是民居建筑的修缮，普遍缺乏传统建筑专业人士的指导和监督，保护性修复破坏问题突出。如：北京的历史文化名村——爨底下村，一家媒体报出的航拍图显示有了彩钢房；河北省历史文化名镇——天长镇，在修缮明伦堂文物建筑时后墙被贴上了瓷砖，[①] 这都无形中对历史文化名镇名村造成人文破坏。

（二）许多传统建筑技艺和民风民俗等非物质文化遗产濒临消亡

由于城市化和现代化发展，历史文化村镇的许多中青年人进城务工，农村传统生产和娱乐方式都发生了变化，许多民风民俗濒临消亡，传统建筑技艺面对现代建筑营建方式的巨大冲击更是几近失传。同时，由于掌握

---

① 李云虎、刘秉良：《古村镇历史建筑保护的问题与对策——以井陉县天长镇为例》，《全国商情》2013年第1期。

村镇建筑技艺、民俗文化等的老艺人的自然衰亡,使历史文化村镇无形文化遗产传承后继无人。

在京津冀历史文化村镇保护过程中,传统建筑技艺的传承问题尤为突出。过去,村镇居民修缮传统民居,从本村本镇就可以找到工匠,而现在不但工匠难寻,即使找到也多为银发老人,组织修建老房子多力不从心。近年,参加北京市政协组织"北京市古村镇、传统村落情况调研"获悉,北京历史文化村镇传统建筑的修缮保护,在北京郊区很难找到工匠,多依靠河北省的工匠来修缮维护了。同时,天津市郊历史村镇的修缮也常请河北省的建筑工程队。

三 国内外历史文化村镇保护理念与实践

(一)国外历史文化村镇保护理念与实践

历史文化村镇,在国外被称为历史小城镇和古村落。早在20世纪初,欧洲一些国家便开始保护历史小城镇和古村落。因此,国外在此领域的许多保护理论及其经验,成为北京保护历史文化村镇的重要借鉴和参考。

1. 国外历史文化村镇保护理念

随着社会的发展及保护认识的深入,国外许多国家意识到对历史小城镇和古村落的保护,不仅要对其单体文物建筑实施保护,而且还应扩大到对文物建筑周边环境,乃至对历史村镇整体和特色等的保护。

从19世纪中期到20世纪中期,一些国家通过立法,将历史小城镇和古村落保护从对单体文物遗址扩大到对其周围区域。20世纪60年代,欧洲对于传统建筑遗产的保护,开始由文物古迹转向对私人住宅建筑、乡土建筑、工业建筑、城市肌理和人居环境的保护。1964年"第二届历史古迹建筑师及技师国际会议"通过了《国际古迹保护与修复宪章》(简称《威尼斯宪章》),明确历史古迹保护不仅包括单体建筑物,而且包括能见证一种独特文明、一种有意义的发展或一个历史事件的城市或乡村环境,进而使保护对象从单体文物建筑扩大到对小城镇、古村落整体环境的保护。[①]

1975年,国际古迹遗址理事会通过了《关于保护历史小城镇的决议》,

---

① 赵勇:《建立历史文化村镇保护制度的思考》,《城乡建设》2004年第6期。

正式提出了保护历史小城镇的概念。此后，国际社会对历史小城镇和古村落保护认识和实践不断深入。2005年，国际古迹遗址理事会首次在中国召开，会议上提出了著名的《西安宣言》，其将文物环境对于遗产和古迹的重要性提升到一个新的高度，同时提出了对历史环境深入的认识，进一步提出了解决问题和实施的对策、途径和方法。并首次将文物保护提升到精神层面境界，即"文化保护"阶段。因此，它具有较高的指导性和实践意义。

2. 国外历史文化村镇保护实践

20世纪中叶，随着国际上文化遗产保护相关宪章、宣言等的出台，将历史文化村镇从纳入保护对象，到对其周围环境、修缮材料和工艺以及特色的保护实践历程。

（1）将历史文化村镇及其周围环境纳入保护范围

法国于1930年出台的《风景名胜地保护法》，将天然纪念物和富有艺术、历史、科学、传奇及画境特色的地点列为保护对象，同时将小城镇和古村落列入与自然保护区、风景区并列的保护对象。这是国际上首次以法律形式，将村镇保护纳入保护对象。1964年，《威尼斯宪章》首次将乡村环境纳入保护范围，由文物保护扩大到对其城市或乡村环境的保护。

（2）注重地方材料、传统工艺的使用及法律手段的实践

随着对历史小城镇和古村落保护认识和实践的不断深入，1982年国际古迹遗址理事会通过了《关于小聚落再生的Tlaxcala宣言》，认为乡村聚落和小城镇的建筑遗产及环境是不可再生的资源，建议小聚落保护要注重地方材料和传统工艺的使用。[1] 1987年，国际古迹遗址理事会又通过了《华盛顿宪章》，通过对多年来各国小城镇和古村落保护实践总结，认为历史城镇的保护工作是城镇经济社会发展政策及其城市规划的组成部分，要用法律、行政和财政等多种措施、手段来保证规划的实施。

在注重使用地方材料、传统工艺，并强调加强措施、手段保证规划实施，保护乡村聚落和小城镇方面，日本、美国对村镇历史建筑的保护工作值得借鉴。日本对村镇历史建筑的保护，有一种特殊保护方式，即每次修复或重建都使用相同材料，同时还保留了一批世代传承并传授古代建筑技术的工匠，以使历史建筑获得原真性保护。另外，美国在历史小城镇保护

---

[1] 王宝刚：《国外小城镇建设经验探讨》，《规划师》2003年第11期。

方面有健全的法律和完善的规章制度，当地居民即使改建自己的住房，也必须按照法律和规章，否则会受到指控。

（3）重视对小城镇建筑群和古村落特色的保护

1999年，国际古迹遗址理事会通过《关于乡土建筑遗产的宪章》，指出乡土建筑、建筑群和村落的保护，应尊重文化价值和传统特色，其乡土性的保护则要通过维持和保存有典型特征的建筑群、村落来实现。在此国际保护环境下，美国、法国、英国和日本等国家，制定了乡村建筑遗产保护制度，划定"传统建筑群保护地区"，开展一系列保护实践活动，取得显著成效。

重视特色、追求个性，是美国城镇建设的特点，无论走到哪里，都可以看到不同风貌和独具特色的小城镇，其民居建筑多以一二层为主，形式多样、色彩丰富，并且十分重视旧建筑物的保护和维修，在维修传统建筑物时，不仅保留传统外观，而且还注意保留传统的室内装饰。

（二）国内历史文化村镇保护历程

我国历史文化村镇保护，相比国外要晚，从起步到保护工作的全面开展，大致经历了三个阶段。

1. 20世纪80年代

80年代改革开放之初的中国，一些专家学者意识到古村镇是珍贵文化遗产，开始调研并编制保护规划。20世纪80年代的著名规划领域学者，如同济大学阮仪三教授主持开展了江南水乡古镇的调研和保护规划编制，他是较早进行历史文化村镇保护研究工作的学者。1986年，国务院在公布第二批国家历史文化名城时提出"对文物古迹比较集中，或能较完整地体现出某一历史时期传统风貌和民族地方特色的……小镇、村落等予以保护"，中国拉开了古村镇保护的序幕。从此，一些地方政府开始加强对历史名镇和古村落的保护，如周庄和乌镇等江南六镇脱颖而出。

2. 20世纪90年代

许多建筑领域学者研究古村镇整体保护问题，一些地方政府，也开始编制并实施保护规划，使国内许多古村镇整体风貌和建筑特色得到有效保护。在这个阶段，建筑领域的许多学者开始研究历史文化村镇整体保护问题。例如，彭一刚于1992年完成的学术著作《中国传统村镇聚落的景观分析》，专门研究历史村镇聚落景观等问题。陈志华在20世纪90年代，专门研究乡土建筑遗产的保护工作，提出并实践了"以乡土聚落为单元的整体研究和整体保护"的方法论，出版了《乡土建筑遗产保护》《楠溪江中上游乡土建筑》《碛口古镇》《诸葛村乡土建筑》《新叶村乡土建筑》《关麓村乡土建筑》《张壁村》《福宝场》等专著，为民居和乡土建筑研究领域开辟了新局面，并在国内外引起了巨大的反响。此后，地理学研究领域专家、学者也开始对古村落空间意象等内容进行研究，如刘沛林对我国古村落空间意象和感应空间的研究等。

同时，一些地方政府开始命名和保护古村镇，保护对象不只限于单体建筑，并针对古村镇完整建筑群和传统民居的不同保护范围、不同类型建筑，编制并实施保护规划，使内许多古村镇整体风貌、地域特色得到了有效保护。例如，闻名中外的历史古镇——周庄，早在1997年就由上海同济规划设计院，在认真调查周庄镇文化遗产基础上，划定古镇保护范围，编制了保护规划，对其历史风貌实施整体保护。又如，古村落——安徽西递村，1998年由黄山市规划院编制保护规划，确立了整体保护、动态保护思想，传承徽派传统文化，发扬独特村落风貌，并针对传统民居不同状况采取不同保护措施，同时严格控制周边新建住宅的高度、风格和施工方法等，确保与古村落传统风貌相协调，使西递村成为徽派古建筑的代表，吸引了国内外游客前来参观。

3. 21世纪以来

历史文化村镇保护制度确立，进入多学科领域学者共同研究和非物质形态文化遗产活态传承保护阶段。2002年10月，全国人民代表大会常务委员会第三十次会议修订通过《中华人民共和国文物保护法》，指出"保存文物特别丰富并且具有重大历史价值或者革命纪念意义的城镇、街道、村庄，由省、自治区、直辖市人民政府核定公布为历史文化街区、村镇"。[①] 通过此法律确立了历史文化村镇在我国文化遗产保护体系中的地位。2003年10月，建设部和国家文物局联合公布首批中国历史文化名镇（村），标志着我国历史文化村镇制度正式建立。至今，住房和城乡建设部、国家文物局共公布了6批528个历史文化名镇（村），其中历史文化名镇252个、名村

---

① 中华人民共和国第九届全国人民代表大会常务委员会第三十次会议，于2002年10月28日修订通过《中华人民共和国文物保护法》（2002年修订）。

276个。

历史文化村镇保护制度的确立，推动了规划、建筑、地理、历史、经济、旅游等多学科领域学者，共同研究历史文化村镇保护的新阶段。在城市规划、人文地理等学科领域，有许多研究论文和专著成果，如：赵勇《建立历史文化村镇保护制度的思考》（2004年发表在《城乡建设》）、赵勇 等编著的《历史文化村镇的保护与发展》（2005年出版）、邵甬《历史文化村镇保护规划与实践》（2010年出版）、刘沛林《历史文化村镇景观保护与开发利用研究》（2013年出版）、周乾松《中国历史村镇文化遗产保护与利用研究》（2015年出版）等；在建筑学领域，单彦名等编著的《昆明市域传统风貌村镇调查及保护策略研究》（2015年出版）等；在经济、旅游研究领域，如：周宏伟《我国历史文化村镇保护过程中的旅游发展问题刍议》（2010年发表于《小城镇建设》期刊）、郝从容的硕士论文《山西省历史文化村镇旅游开发研究》、张万玲《浅谈历史文化村镇保护的经济途径》（2010年发表于《山西建筑》期刊） 等；在历史学领域，周婷婷的硕士论文《泉州地区古村镇的历史文化考察》（2009年）；等等。

同时，在历史文化村镇保护实践方面，国内一些历史村镇的民风民俗、传统技艺等非物质形态文化遗产得到活态传承。如：江苏同里古镇"走三桥"习俗，是源于传统婚嫁的旧礼俗。"三桥"是指鼎足而立、相距不足50米、静卧古镇区三河交汇处的三座石桥：太平桥、吉利桥和长庆桥。"走三桥"又称"走平安路""走百病"，表达了人们对平安、健康的祈盼。旧日，镇上居民结婚，娶亲队伍都要抬着花轿走三桥；老人过66岁生日，当日午餐后要走三桥；婴儿满月，也要由其母抱在怀里走三桥。[①] 随着人们对历史文化村镇文化遗产保护的重视，以及当地政府对"走三桥"习俗的大力宣传，现在江苏同里古镇许多居民在婚嫁、庆贺生日、婴儿满月时，遵循吉利桥、太平桥、长庆桥的先后顺序"走三桥"，甚至到此一游的各地游客也"走三桥"，使这一承载人们众多生活祈盼的传统习俗得到了活态传承。

此外，福建南靖土楼传统建筑技艺的传承保护，值得各地学习。福建南靖县田螺坑，又被戏称为"四菜一汤"，整个村落由"一方"和"四圆"的五座土楼组成。营建土楼的传统，在闽西南一带历史悠久，与砖石、土

[①] 段长征：《历史文化名镇同里：古老的民间风俗"走三桥"》，百家号网，https: // baijiahao. baidu. com/s? id =1661371974243024393&wfr = spider&for = pc ，2020 -03 -17 （链接日期）。

木结构的传统民居建筑相比，建造土楼的工序、技术要烦琐得多，即在大量生土中，掺上石灰、细砂、糯米饭、红糖、竹片、木条等，并反复糅合、舂压、夯筑，可以想象土楼建筑场面是多么壮观。目前，为了使土楼建筑遗产"修旧如旧"，福建南靖在保护土楼传统建筑技艺方面，有许多成功经验值得推广使用。第一，收集传统建造工具，并对熟练掌握土楼建造技术的老工匠进行登记；第二，在土楼修缮、保养过程中，尽量使用传统工艺、技术，并使当地富有经验的工匠，尽可能参与文物保护工作；第三，通过展览、解说、编辑出版物、拍摄音像资料等手段，将传统工艺及技术进行全面记录下来。[①]

四 京津冀一体化背景下历史文化村镇保护对策建议

京津冀历史文化村镇的可持续发展，需解决保护现存问题，促进历史文化村镇整体风貌和特色保护，以及非物质文化遗产的活态传承等，因此，需借鉴国内外保护经验，针对现存问题提出对策建议。

（一）加大宣传教育力度

首先，加强历史文化村镇保护宣传工作，使广大干部、群众，尤其是主管部门领导干部，充分认识到对历史文化村镇特色及其整体风貌进行保护的重要意义。

在京津冀一体化背景下，三地历史文化村镇各级政府部门主管领导，需要转变观念，重视历史文化村镇特色和整体风貌的保护，不能以群众追求现代生活为名，牺牲珍贵的不可再生的历史文化村镇遗产资源。另外，结合当前文化发展需要，可将历史文化村镇保护列入干部政绩考核之列，使历史文化村镇传统风貌和特色保护得以落实。

其次，依托广播、电视、网络和报纸等媒介，对历史文化村镇的历史沿革、文化内涵、建筑类型及特色等进行宣传教育，转变村民视"老房子为破烂儿"观念，激发和提高村民的保护意识。历史村镇原住民是历史村

---

① 杜凡丁：《乡土建筑遗产的整体性保护——以福建土楼文物保护规划为例》，载中国城市规划学会编《城市规划和科学发展——2009中国城市规划年会论文集》，天津科学技术出版社2009年版。

镇乡俗文化的传承人，更是历史村镇的保护主体，因此，要通过宣传、教育，传授保护知识等办法，珍惜祖先留下的宝贵文化遗产，在改善住房条件和舒适度的同时，不可随意"拆旧建新"，改变整体建筑格局和历史风貌。

（二）建立历史文化村镇保护奖励制度

针对京津冀的历史文化村镇修缮保护过程中，传统建筑"原材料"严重缺乏问题，鼓励历史文化村镇保护集体和村民个人，尽可能采用传统工艺技术，避免使用现代建材、建筑技术，做到"原材料原工艺"修缮维护，即历史文化村镇的"原真性"保护。在此过程中，对历史文化村镇修缮保护先进单位和个人，发放奖金，以利于历史村镇的可持续发展。在历史文化村镇保护过程中，对成绩突出的单位和村镇居民，政府给予适当奖励，以利于历史村镇文化的保护发展。

（三）成立集体合作社，减少开发性、建设性破坏

成立集体合作社餐厅、旅社等，尽可能避免开发商和农家乐对历史村镇的开发性、建设性破坏。

在京津冀历史文化村镇中，一些发展休闲旅游起步的名村名镇，由于游客众多，农家乐为提升接待能力在街巷私建灶台等问题，可通过村民资金、私产房等入股分红形式，建合作制餐厅、旅社接待游客，来解决历史村镇街巷"各处立灶、到处冒烟"和传统民居院落"私搭乱建"，影响空间格局和整体风貌现象。

同时，尽可能避免如周庄、乌镇等这样名气很大的历史村镇，由于旅游接待而过度开发，存在着"古镇古村不古"的现象，失去了原来古村镇的风貌和特色；更要防止古镇古村还没来得及保护就被开发商看中，消失在休闲旅游开发的洪流。

（四）认真贯彻"保护为主，合理利用，加强管理"的方针

加大历史文化村镇保护力度，认真贯彻"保护为主，合理利用，加强管理"的方针，制定严格的保护制度，并出台具体可行的保护监督措施。

当前许多历史文化村镇，经济相对落后，处于常被人遗忘的角落，缺

乏统筹规划保护,因此,在快速发展的今天谈对历史文化名镇的保护,已不能单纯谈保护问题,在保护前提下,还要合理地对其利用,并加强监督管理,以期得到更有效的整体保护。

(五)活态传承历史文化村镇民俗文化

首先,留住原住民,传承历史文化村镇民俗文化。原住民,即为一个地方原始的、原有的居民,又称本地居民。如果说乡土民居建筑、文物古迹等,是历史文化村镇的有形物质文化遗产,那么传承当地历史传说、节日习俗、戏剧、舞蹈、传统技艺等无形文化遗产的原住民,则是历史文化村镇的活态文化。

历史文化村镇的保护与利用,必须"以民为本",尊重原住民的权利,不能一味大拆大建,更不能因商业化开发,将村民全部迁走。历史村镇民俗文化,正是依托原住民的社会生活得以活态传承与保护,因此,留住了原住民也就传承了民俗文化。

其次,通过民间艺术团体演出和学校教学等活动,做好历史文化村镇民俗文化的传承保护工作。除了保留原住民传承保护外,可通过民间艺术团体演出或学校教学等活动,传承历史村镇民俗文化等非物质文化遗产。如北京水峪村的女子"中幡"民俗表演,曾参加2008年北京奥运会开幕式和国庆60周年演出等大型活动;河北蔚县暖泉古镇"打树花"民间社火习俗,现在已成为吸引广大游客参观的民俗表演活动;等等。

(六)做好传统建筑技艺等非物质遗产传承人培养工作

历史文化村镇不仅有极具地域特色的文物古迹、民居建筑等物质文化遗产,而且还有丰富多彩的传统建筑技艺等无形文化遗产,它们与传统建筑等相互依存,共同反映历史村镇的文化积淀,为此应重视对其活态传承保护。活态传承,是指非物质文化遗产在其生成环境中保护,在人民群众生产生活过程中发展的一种传承方式。通过活态传承,能达到对建筑技艺等非物质文化遗产保护的终极目的。

当前,在京津冀一体化过程中,需要成立由三方组成的专门机构,协调历史文化村镇保护过程中,传统建筑技艺传承人培养等方面亟须解决的问题。如果说图书文字、数据库解决了建筑技艺等的留存传世问题,但是其传承人问题依然需要解决，因为没有富有实践经验的传承人，再好的施工图也难以实施，历史文化村镇传统建筑及其历史风貌的"原真性"保护也将变成"空谈"。因此，作为"文化同脉"的传统建筑技艺传承人培养问题，京津冀三地需要成立专门机构协调解决。

第一，对京津冀三地熟练掌握传统建筑技艺的老工匠，进行登记并授予荣誉，给传承人发带徒费等。

第二，在历史文化村镇保护修缮过程中，尽量使用传统工艺技术，并使传承人尽可能多地参与历史文化村镇保护实施工作。

第三，通过文字记录、拍摄音像资料和仿真模拟技术等，将传统工艺及技术全面记录下来。

北京非物质文化遗产保护现状与对策研究

李 扬[*]

一 北京非物质文化遗产保护现状

（一）北京非物质文化遗产概况

作为首善之区的北京，历史文化资源丰富，文化遗产众多。截至2014年年底，北京市已认定四批非物质文化遗产项目，共计250项，见表1。

表1　北京市四批非物质文化遗产项目分类统计[①]

项目类别	第一批数量(个)	第二批数量(个)	第三批数量(个)	第四批数量(个)	总数(个)	百分比(%)
民间文学	0	12	5	2	19	7.6
传统音乐	5	3	1	1	10	4.0
传统舞蹈	11	8	7	2	28	11.2
传统戏剧	5	5	0	0	10	4.0
曲艺	6	3	3	1	13	5.2

---

* 李扬，历史学博士，北京语言大学文学院副教授，硕士生导师，北京古都学会理事。
① 第四批包括非物质文化遗产代表性项目28项，扩展名录项目6项。

续表

项目类别	第一批数量(个)	第二批数量(个)	第三批数量(个)	第四批数量(个)	总数(个)	百分比(%)
传统体育、游艺与杂技	5	8	11	6	30	12.0
传统美术	3	12	13	5	33	13.2
传统技艺	7	39	16	12	74	29.6
传统医药	1	6	4	4	15	6.0
民俗	5	9	3	1	18	7.2
合计	48	105	63	34	250	100.0

从北京市非遗项目的类别来看，基本涵括非物质文化遗产项目中的民间文学、传统音乐、传统舞蹈、传统戏曲、曲艺、传统美术、传统医药与传统体育、传统技艺、游艺与竞技等十大类。其中，第一批无民间文学项目，第三批和第四批无传统戏剧项目。总体来看，北京市级非物质文化遗产项目中传统手工技艺类项目最多，占到认定总数量的29.6%，这也是北京非遗资源的重要特色，与其在历史上长期作为政治中心的历史背景有关，因其城市的消费性特征明显。说明老北京城诸如面人、泥人、风筝、家具制作、风筝、宫灯等民间手工艺相当发达。其次是传统美术、传统体育、游艺与杂技、传统舞蹈，分别占到总数的13.2%、12%、11.2%，这与传统的农耕生产方式有一定关系。从中我们看到的是相声、评书、京剧等民间表演艺术丰富多彩。民间文学在第一批认定项目缺失的情况下，后三批共认定了19个项目，占到总数的7.6%；传统音乐、传统戏曲、曲艺、传统医药等项目数量分布较为平均，占总数的4%~5%。其中特别值得注意的是传统节日项目为零，传统仪式项目为1，这两个类别的缺位是因为当代的北京作为国际化大都市人们的生活方式和理念发生了很大变化，传统节日文化和信仰仪式在北京人的日常生活中消失殆尽。

从地域分布来看，北京市非遗资源分布明显不均，且差距较大，尤其是城区与周边远郊区县，数量差距明显。这既有城市发展本身的原因，也与当下的保护工作力度、普查深度有关。

目前已认定的市级非遗项目中东城与西城数量较多,占到了总数的一半以上;其次为海淀区、朝阳区、门头沟区;其他区县数量更少,如图1所示。这一差别不一定是"非遗"项目遗存多少的差别,有可能还包含了文化意识上的差别,文保工作上的差别、甚至是经济实力上的差别。比如门头沟区,民国年间就是中国民俗学研究的重要基地,20世纪80年代以后,北京地区的民俗专家依旧持续关注妙峰山庙会、京西太平鼓、京西幡乐等民俗项目,研究水平高,知名度高,地方领导在学界影响下文保意识强、工作热情和水平高。比如门头沟斋堂山梆子戏,近年来就得到了政府40余万的资助,新置办了服装、音响,每年还有专门的演出费用,用于巡演的交通和伙食费。大大提高了民间的积极性,使这一濒危项目得到了较好地保护。如今门头沟已经成为北京市"非遗"保护工作的两个试点区县之一。

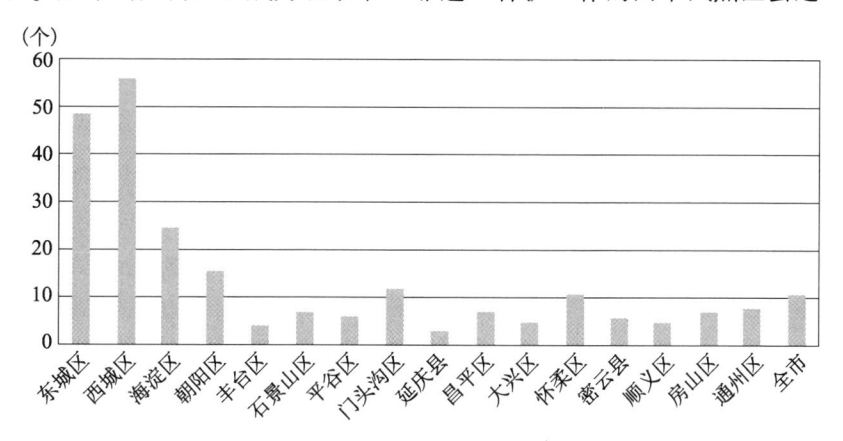

图1 北京市级非遗项目数量的地域分布

目前城近郊区非遗项目的数量超过远郊区县,但是并不能说明远郊区县的文化遗存就一定比城近郊区少,随着"非遗"保护工作的深入,我们相信将有更多的藏在深山人未识的带有鲜明地方特色的文化瑰宝被逐步发掘出来。

从北京市级非遗项目代表性传承人及其地域分布统计来看,"代表性传承人"的分布与其地域分布大体一致,仍多集中在"城六区",尤其是东城与西城,市级传承人的数量接近总数的一半,周边区县较少,如图2所示。一般来说,项目与传承人的关系为"一对一"或"一对多",所以传承人的数量一般要等于或多于认定的项目数量。在统计中我们发现,除了丰台区、昌平区,北京市其他区县的市级代表性传承人数量普遍低于市级项目数量,多个项目出现了市级代表性传承人空缺的情况。而丰台区的市级代表性传承人数量远高于市级项目数量，是因为传承戏曲的主要院校、单位均坐落于此，如中国戏曲学院、北京京剧院等；又因戏曲项目多属集体传承项目，故而其市级传承人在数量上远高于项目数量。因此，非遗传承人后继乏人的情况仍需要得到政府部门与学界的重视。

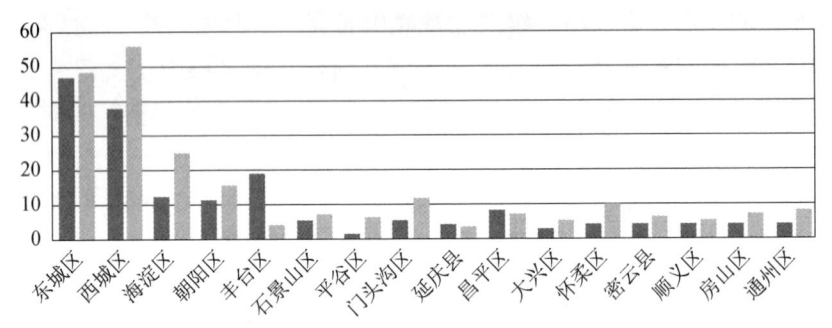

图2　北京市级非遗项目与非遗传承人数量的地域分布

通过对已认定的三批北京市级非物质文化遗产项目代表性传承人认定时的年龄加以统计后，我们发现年龄段在60—69岁（以认定时间为准）的代表性传承人最多，共70人，占到了总数的三分之一；其次是50—59岁和40—49岁，分别占到了21%和19%；值得注意的是，70岁以上被认定的传承人占有不少比重，达到了总人数的25%，最年轻的年龄段为30—39岁，只有4人，占2%，如图3所示。

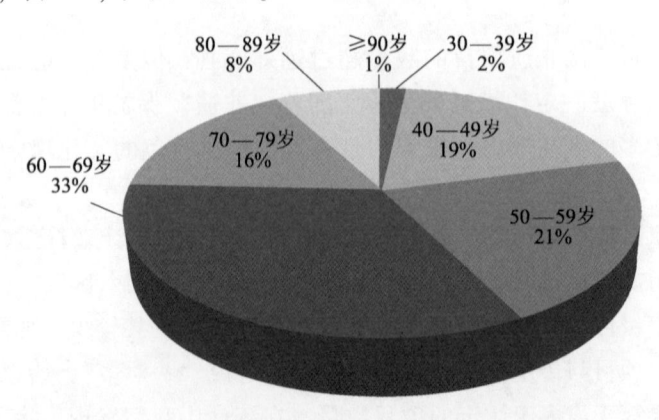

图3　北京市级非遗项目代表性传承人的年龄分布

而且，在已认定的传承人中已有3位去世。在前三批传承人中认定时年纪最大的是海淀区程氏针灸的第二代传承人程莘农，1921年生，2011年认定时已90岁高龄；最年轻的是西城区传统香药制作技艺的传承人李时亮，生于1980年，也是市级代表性传承人中唯一的"80后"，认定时仅31岁。然而，整体上看，北京市级非遗项目代表性传承人整体年龄结构明显趋于老龄化，如图3所示。尤其是70岁以上的高龄代表性传承人还占有相当数量，并且已经被认定的传承人很多因年事已高、行动不便，需要家人照顾，非遗的传承工作仍很艰难。我还注意到很多非遗项目的传承有年龄断层的危险，尤其是在一些市场出路不好，经济收入有限的项目中，很多都是老一代传承人在支撑，年轻徒弟难寻，如北京皮影就是明显的例子。

（二）北京非物质文化遗产保护工作已取得的成绩

北京市近年来对文化遗产尤其是非物质文化遗产的保护与发展高度重视，市领导曾多次作出批示。随着扶持力度加大，相关工作有了很大进展。主要体现在以下几个方面。

1. 政府高度重视，加大投入与扶持力度

北京市在2006年成立了由北京市发改委、市教委和市文化局等14个委办局组成的北京市非物质文化遗产保护工作联席会议，统筹领导全市非物质文化遗产保护工作。各区（县）也建立了以主管领导为组长的区（县）级非物质文化遗产保护工作领导小组，并相应建立区（县）级非物质文化遗产保护中心。2009年市编办正式批准成立北京非物质文化遗产保护中心，2010年市编办正式批复市文化局设置非物质文化遗产处，专门负责非物质文化遗产的保护、传承工作，北京市非物质文化遗产保护工作机制日益完善。

北京的传统工艺类非遗项目较多，也是政府保护扶持的重点。2002年起，北京市政府决定每年拨款300万元，作为北京传统工艺美术保护资金，并将这一措施写进《北京市传统工艺美术保护办法》，用于基地建设、技艺抢救、带徒津贴、征集资料、作品创作、科研开发、展览交流等工作。在政策和环境的引导下，企业和大师们积极开发新产品，使传统技艺在保护、传承中适应市场，不断创新。如我们所熟知的北京聚元号弓箭传承人杨福喜在获评国家级非遗传承人后，北京市在弓箭作坊用地等方面给予了关照，目前发展势头良好。

此外，做好从业人员队伍建设也是非物质文化遗产保护的一项重要内容。为此，针对区县文化委主管主任、非物质文化遗产保护工作人员、项目单位相关人员和代表性传承人的不同需求，北京市开办了一系列以政策法规、项目申报规范等为主题的讲座和培训。自 2005 年以来，北京市已经连续举办多期培训班，约有近 3000 人次参加了培训。自 2011 年起，北京市向在非遗保护工作中取得突出成绩的先进集体和个人颁发"北京市年度非遗保护贡献奖"，这些对非遗的保护工作都有着积极意义。

2. 非物质文化遗产调查与研究持续推进

非遗调查是研究非遗保护工作的前提与基础，目前北京市进行的调查既有摸清家底的普查，也有针对重点项目、重点问题的专项调查，以及对调查成果的整理与利用。2005—2007 年北京市在全市范围内展开了非物质文化遗产普查工作，8000 余名普查员走访相关人士 11843 人，共普查到项目 12623 项，文字记录 699.88 万字，采集图片 62417 张，采访录音 1621 小时，采访摄像 1687.2 小时。另外搜集到实物 6904 件，已登记实物 13662 件。普查成果涵盖了所有类别的非物质文化遗产项目，一些被湮没的民间传统手工技艺类项目也被陆续发掘整理出来。

在此基础上，北京市文化局先后编辑出版了《北京市非物质文化遗产普查项目汇编》《北京市非物质文化遗产资源汇编》系列丛书，《北京志·北京非物质文化遗产志》正在编撰。此外，北京市非物质文化遗产保护中心在 2012 年委托北京联合大学应用文理学院的研究团队，以非遗口述史的形式对北京的手工技艺类非遗传承人进行了大量前期调查与访谈，收集了大量一手资料并初步形成了相关数据库，前期成果如北京硬木家具、景泰蓝、北京雕漆等已于 2015 年年底正式出版。此外，北京市文联、北京民协自 2012 年年底开始组织编纂《非物质文化遗产丛书》（以下简称《非遗丛书》）。继 2014 年 1 月第一批《非遗丛书》（10 本）出版后，第二批《非物质文化遗产丛书》（10 本）也于 2014 年 11 月正式出版。第二批《非遗丛书》共有 10 本，涉及民间文学、民间手工艺、民间传统舞蹈、曲艺等方面的十个北京市级非物质文化遗产项目，包括《北京琴书》《单弦牌子曲》《中和韶乐》《五音大鼓》《千军台庄户幡会》《曹雪芹传说》《杨家将穆桂英传说》《延庆旱船》《石景山太平鼓》《花丝镶嵌》。作者为非物质文遗产项目传承人以及各文化单位、科研机构、大专院校对本专业有深厚造诣的著名专家、学者。对北京市的非遗调查、宣传与研究做出了积极贡献。

3. 建立三级名录制度与体系建立与配套法规、条例的制定

自2005年开始，北京市重点加强非物质文化遗产名录建设，现已形成国家、市、区（县）三级非物质文化遗产名录体系，并逐步形成市、区县两级非遗名录项目申报、论证、评审与公示制度。在此基础上加大对名录项目的资金扶持，建立严格的资金补助与管理机制。

在传统手工技艺类非遗项目保护方面，20世纪90年代国务院即颁布了《传统工艺美术保护条例》，北京市政府也在2002年9月颁布了《北京市传统工艺美术保护办法》，就北京市传统工艺美术品种、技艺保护，北京工艺美术行业的市场开拓、产业发展方向，北京工艺美术大师和精珍品的认定做了明确规定。在法规执行中，又建立了认定制度、评审委员会及资金管理办法，用制度引导、规范、实现传统工艺美术产业的保护和发展。为规范非物质文化遗产专项资金的使用，根据国家有关政策、法律规定，结合北京市实际情况，市财政局和市文化局于2010年"文化遗产日"期间正式颁布《北京市非物质文化遗产保护专项资金管理暂行办法》。2011年6月1日，《中华人民共和国非物质文化遗产法》（以下简称《非遗法》）正式实施，为贯彻落实《非遗法》，北京市为制定《北京市非物质文化遗产保护条例》正开展相关调研工作，《关于加强非物质文化遗产保护传承的扶持奖励办法》即将颁布。

4. 社会宣传与大众参与

非物质文化遗产的宣传与推广是使人民大众共享文化成果、促进文化传承的必要途径，也是提高全民参与、全民保护意识的重要手段。近年来，北京市加大了对非物质文化遗产的宣传教育力度，积极组织参加各类非物质文化遗产展览展示活动。在每年端午节、中秋节以及2008年奥运会、2009年国庆60周年等重大节点的文化活动中，积极举办优秀非遗项目展览展示和交流活动，成为群众文化活动的新亮点。积极组织优秀项目参加国内外大型非遗展览展示和评比活动，多次获奖。2010年，在"首届中国非遗博览会"上，北京市参展作品分获金、银、铜奖。2011年，在中国非物质文化遗产博览会上，象牙雕刻、景泰蓝制作技艺等4个项目荣获金奖。为了更好地做好非遗项目展览展示，2011年北京启动非物质文化遗产网上博

物馆建设项目，通过文字、图片、视频、多媒体网络等表现手段增强信息交流，首批"燕京八绝"等项目已开始展示。此外还积极引导非遗展厅建设，目前全市已有 70 余个不同规模的非物质文化遗产专题博物馆、民俗博物馆和传习所，有 23 个已成为中小学生开展课外校外活动、研究性学习、社会实践等的示范性基地。全市有 15 个文化馆建立了非物质文化遗产展厅。

另外，利用高校与中小学的教育平台，积极推进非遗进校园活动。自 2006 年以来，全市开展非遗进校园专场演出 3000 余场，在校学生观众累计达到 120 多万人次。北京师范大学、北京联合大学应用文理学院等学校的"非遗进校园"已形成特色品牌，社会反响良好。同时为发挥学校的宣教功能与科研优势，现已命名 15 个"北京市非物质文化遗产传承教学基地"与 3 个"北京市非物质文化遗产研究基地"。最后，北京还积极探索电视媒体参与非遗保护的合作方式。2011 年北京市推出了非物质文化遗产大型纪录片《守望》，引起了社会的普遍关注。2015 年年末推出的文化综艺节目《传承者》再次引起了大众对非遗传承人与非物质文化遗产项目的高度关注。这些都为非遗的传播与保护打下了良好的基础。

二 北京非物质文化遗产面临的主要问题

通过对北京市的非遗项目进行初步统计分析、普查，我们看到北京市的非物质文化遗产保护工作总体来说还是很有成效的，北京市非物质文化保护中心和各区县文化馆做了大量的工作。政府的支持、学者的呼吁、媒体的宣传不仅提高了全市人民保护非物质文化遗产的觉悟，同时也提高了非物质文化遗产传承人的社会地位，使那些默默无闻的、毫无社会地位的传承人受到了整个社会的普遍尊重。但由于保护非物质文化遗产保护工作是系统工程，现在依旧有超过三分之一的项目处于濒危状态，这一比例在远郊区县更高，因此要做的工作还很多。我们认为北京市的非遗项目在以下方面存在问题。

（一）部分非物质文化遗产项目及其传承人的生存发展空间不足

由于非物质文化遗产讲究"活态传承"，因此传承人的问题直接关系非遗项目保护的成败。在北京地区的"非遗"调查过程中，我们常常会看到许多项目的传承人已进入老年期，但在他们手下还没有找到也难以找到称心如意的传承人。如果任其发展下去，就很容易因老艺人的辞世，而人亡艺绝。比较典型的濒危项目状况有以下几种情况。

1. 学习周期长，见效慢，效益差的项目

典型的如北京海淀区冠琴绣鞋坊的王冠琴老人。手工制鞋和绣鞋是一项比较繁难的民间手工艺，需要较长时间的练习。王冠琴老人今年已经70岁了，视力已经严重下降，家中又没有子女能够传承她的绣鞋工艺。老人曾用各种方法带过20几名徒弟，但由于资金、场地、生活等问题没有一个能够留下来继承这门绝技，这使老人十分伤心。

2. 一脉单传的以家族为传承主体，而家族中后继乏人的项目

比如冠琴绣鞋坊、小灯张、面人郎等，家中都无子女继承长辈的艺术。

3. 传承人出现年龄和技术断层的项目

比如荣宝斋的木版水印，25—45岁有一个近20年的断层，而技术成熟需要近10年的培养，现在这几位50多岁的传承人正处于艺术的高峰期，应该集中精力创作精品，一幅传世精品要近10年的创作期。而他们却被琐事缠身。

4. 传统经济来源断绝的项目

如一些国有企业倒闭后，生存其中的一些老北京手工艺项目处于风雨飘摇的境地。

5. 市场严重萎缩的项目

比如北京琴书、京韵大鼓、评书等老北京曲艺项目，这些民间艺术形式在历史上也曾是大众艺术，也曾经辉煌过，但如今在流行歌曲等现代艺术的冲击下，听众已经寥寥无几，特别是年轻人绝大多数都没有接触过这些艺术，更不用说接受了。如今这些老北京的"玩意儿"彻彻底底地成了小众的艺术，艺人想凭此艺生活几乎是不可能的，更不用说像那些流行歌星那样大红大紫了。没有专业的艺人就没有专业的艺术。

6. 因项目所赖的社会群体变迁而难以为继的集体项目

比如石景山区的同心小车会因为当地拆迁造成了人员的流散，原来的会员团体无法再经常聚在一起排练和演出。而山区贫穷的地区则因为年轻人都出去打工，使得本地的一些传统民间艺术难以为继。

7. 因体制约束而难以发展的项目

比如智化寺京音乐、北京皮影剧团、百工坊的问题等。

无论是市场原因、社会变迁还是体制束缚，很多非物质文化遗产发展的空间明显不足，传承能力不足。

（二）管理机制不健全

非物质文化遗产保护是一个国家文化事业发展的重要内容，需要政府部门与社会各界共同努力不断推进。目前北京市的非遗保护已取得了一定成绩，但在具体管理机制上仍有不少问题。首先北京市虽已成立了非遗保护中心，但专职工作人员不足，而且部分区县至今仍缺乏专治的保护机构与专业人员。这使得业务主管部门不能全面掌握传承人才队伍的整体变化情况，难以实施常态化管理，致使工作决策与政策制定受到影响，不利于非物质文化遗产的保护、研究与利用。如在调查中我们发现，由于政府尚未形成协调、配套的人才保护政策和体系，因而在经费补贴、工作支持与社会服务等敏感问题上缺乏完备的政策依据，且各区县之间政策存在一定差异，甚至在一些伤、病待遇方面存在着政策空白。

2012年，北京市出台了《关于加强非物质文化遗产保护传承的扶持办法》作为地方性法规来规范北京市的非遗保护工作。但需要指出的是，《扶持办法》所提出的很多措施已大大超出了文化部门的职能范畴，需要财政、人事等多部门的支持。这对我们的管理机制提出了更高的要求，需要在未来的工作中持续推进。

（三）分类研究与专项研究不足

目前北京市的非遗成果宣传的成分较多，虽然现在已有了不少的相关研究成果，但真正立足于田野调查、口述访谈的扎实成果仍然不够。我们首先需要从理论上认清非物质文化遗产的基本概念与传承体系，然后对其进行分类、专项的研究。从北京市前三批非遗项目的情况来看，传统手工技艺类非遗项目所占比例较大，这方面的研究与调查也较多，但有些类别的非遗项目即缺乏研究与调查，如民间文学类非遗项目明显缺位且没有认定市级项目代表性传承人，17个民俗类非遗项目中也只有2位市级代表性传承人。这需要我们对非遗的谱系构成及其各项分支进行专项研究，从而为改进这一状况提出建议。在这方面,政府部门与高校的合作机制有待加强,虽然目前北京市已在3所高校设立非物质文化遗产研究基地,但高校与政府、非遗传承人之间的关系还未完全理顺,没有形成良性循环。这在一定程度上影响了政策制定,同时也不利于高校科研的深入。

三 北京非物质文化遗产项目保护对策建议

(一) 重视非物质文化遗产的活态保护

俗话说:"活鱼要在水中看"。保护非物质文化遗产犹如池中养鱼,关键处是要为"鱼儿们"营造出一个适合于它们生长的客观环境。从这个角度来说,对非物质文化遗产的保护,关键处还是要为非物质文化遗产,特别是那些非物质文化遗产传承人,营造出一个更加宽松,也更适合其成长的生态环境。随心所欲地改变原有自然环境与人文环境,或是使传承人离开他所熟悉的原生环境,都会对非物质文化遗产的传承及非物质文化遗产传承人的正面发挥带来负面影响。

如果把"已经死去"的物质类文化遗产比作"鱼干",非物质文化遗产则是一条"活鱼"。前者的保护方式主要是防腐,而后者的保护方式主要是养生。将非物质文化遗产搜集并记录下来固然重要,但说到底,做成标本存入库房并不是我们的最终目的,我们的真正目的是想让这些活生生的非物质文化遗产像水中之鱼一样,永远畅游在中国文化的海洋里,生生不息,永无穷尽。因此博物馆式的保存方式虽然需要,但绝不是非物质文化遗产保护的主要途径和最好方式。

(二) "非遗"保护应尊重其固有的生存方式

"非遗"项目的存在方式是多种多样的。有的"非遗"项目只是民间的一种自娱自乐,一种狂欢,一种祈福禳灾,并不以营利为目的。比如京西幡会、斋堂山梆子戏、大兴诗赋闲以及各种丰富多彩的民间花会等,都是当地民众文化生活的一部分。也有许多项目是艺人谋生的手段,如各种风味饮食、各种专业的戏剧演出、许多民间手工艺品,等等。尊重他们固有的生存方式也是保护"非遗"的原生态的重要方面。这一点在制定"非遗"

保护政策时应该给予充分的考虑。如智化寺京音乐,现在就像是养在鱼缸里的金鱼。有的地方项目评为"非遗"后就不许再进行商演或商业性的经营。特别是一些民间的自发的祭祀娱乐活动被政府看中后进行包装炒作,变成豪华的官气十足、商业味十足的形象工程,民间味全失。民间的小吃、小手工艺在胡同小店里小本经营,现在把他们搬迁到豪华的大房子里,结果是赔本赚吆喝。

北京智化寺所传承的佛教音乐便是明显的一例。智化寺以前本是个佛教寺庙,但后来作为文物保护单位归属于市文物局,成了国家级文物保护单位。几年前,出于保护智化寺音乐的需要,当时的乐僧张本兴,开始组建智化寺乐班。由于该寺不再归佛协主管,所以,当时的乐手都是从河北的乡下招来的农家子弟。对于当时的年轻人来说,能够在北京生活,活计又不累,每月一千多块钱的工资也还算可以,但在社会上工资翻番的今天,一千多元的工资显然不能应付日常的生活开支,进入结婚年龄的他们也不得不考虑到结婚费用等问题。如果他们的身份是乐僧,他们便可以通过办堂会、办法事等方式,来养活自己。但现在他们的身份不是乐僧,而是乐手,按原有签订的合同,他们只能是上午三场、下午两场,演奏给几个游客听,积极性很难调动起来,他们所熟知的智化寺音乐,也很难在现有体制上得到传播。可见,体制不改,智化寺音乐很难有效传承。

(三) 坚持"民间事民间办"原则

在文化遗产保护工作中,政府、学术界、商界、新闻媒体及各级文保组织的积极参与是十分重要的,但是,如果上述各界在参与过程中,忘掉了自己的身份而反客为主,势必化参与为"掺和",使文化遗产因我们的热情参与而遭遇保护性破坏,将活生生的"民俗"变成千篇一律的"官俗"。国内外非物质文化遗产保护实践已经证明,各级政府的过度干预常常会造成大保护大破坏,小保护小破坏,不保护不破坏的尴尬局面。

我们在充分肯定民间文化自主传承的同时,也并不排斥社会各界对非物质文化遗产保护运动的积极参与。但由于政府、学界、商界以及新闻媒体等毕竟不是非物质文化遗产的直接传承人,并不熟悉非物质文化遗产的传承规律,所以,在非物质文化遗产的保护过程中,必须明确自己作为局外人的这样一种特殊身份,从局外人的角度,以自己的方式,为非物质文化遗产保护做出自己的独特努力。

而学界的作用不是自己亲自参与文化遗产的传承，而是通过深入细致的研究，从理论的高度，告诉每一位非物质文化遗产守望者们什么是文化遗产，为什么保护文化遗产和怎样保护文化遗产。要学会尊重民间艺术，学会欣赏民间艺术那种自然美、朴素美、原生美，而不是按着精英文化的模式来解读传统，改造传统。用京剧模式改造山梆子，用美声唱法改造民歌，用苏绣的办法改造京绣。

（四）"非遗"保护方案应避免"一刀切"

"非遗"保护是个非常细致的工作，"非遗"项目的生存方式与环境、面临的困难千差万别，每个项目都有自己的问题，因此应该具体问题具体分析，每项遗产都应该有一个属于自己的保护预案，避免保护模式的"一刀切"。而方案的制定首先应该建立在细致的调查研究的基础上。

比如，对于王冠琴、张本兴这样的年老体弱的传承人能否在医疗上给予优先，对于北京绣鞋这样需要作坊的项目能否协助解决劳作空间？杨福喜、孔令民的作坊就是在政府协助下得到了很好的解决。此外，空竹制作技艺传承人张国良想建立一个空竹博物馆；中幡的传承人付文刚需要堆放中幡的仓库。对于绣鞋、弓箭、料器、中幡、雕漆、北京琴书等这样的技艺繁难，难以找到传承人的民间项目，能否给学徒一些相当于助学金的补助，以解决学徒期间的基本生活问题；对于北京景泰蓝厂等利润较低的民间工艺工厂和"非遗"项目的个体经营者能否给予税收上的优惠；北京皮影剧团如果暂时还不能给固定演出场所，能否先给他们解决一辆能拉道具音响的车，让他们至少能够开着大篷车送戏上门，而不用每次都花钱去雇搬家公司的车；智化寺京音乐的乐师们已经不年轻了，以他们外地的户口、微薄的收入、枯燥的没有改变希望的工作，如何在北京安身立命；等等。

这些琐碎的五花八门的问题，只是我们在一个暑期的调查中发现的众多问题中的一小部分。要想解决上述问题，一方面靠"非遗"保护机构，更主要的还是靠来自基层组织和社会各界的帮助。要在"微循环"上下功夫，一个项目一个项目地拿出方案，一个问题一个问题地解决。另外，还要注意，"非遗"保护不要对传承人进行过多的干预，更不要用行政命令的方式来管理传承人。古人云：治大国犹如烹小鲜。成天开会、培训、填写各种各样的表格，只会影响非物质文化遗产的传承。

（五）重视解决资金投入引发的种种问题

在"非遗"保护工作中，资金的投入必不可少，比如资料的搜集、整理、出版，各种拍摄设备的置办，各种公益性活动的举行，场地交通条件的改善都需要国家经费的投入。近年来，我们虽然也有相当部分的经费上的投入，但与发达国家相比，相差还是相当悬殊的。这方面显然还需要进一步加强。但与此同时，经费如果投入过滥，或是没有将钱花到应该花的地方，有时反倒会影响到非物质文化遗产的正常传承。金钱是一柄双刃剑，和历史街区的保护一样，花钱有时会办坏事。

调查中我们发现，由于媒体的过分炒作，致使许多传承人都萌生了让政府将他们养起来的想法，对各种经费的补贴也给予了厚望。其实，就中国的具体国情而言，让政府给予高额补贴是非常不现实的。更何况如果真的实施起高额补贴，势必会给今后的申报工作带来不可避免的造假问题，造成新的腐败现象。而过分强调某个传承人个体能力也很容易影响其他传承人的传承热情，并带来平民传人贵族化等一系列问题，特别是在集体传承的项目中更要谨慎。

将传承人养起来不是一个好的思路，真正高明的办法是通过一定的激励机制让传承人动起来，输血的方式要谨慎采用，应该更多地采取造血的方式，为传承人打造一个发展的平台。在我们的调查中，许多传统商业项目的传承人，如今成立了公司，当上了总经理（比如张国良的空竹、曹氏风筝、泥人张等，还有几位老中医的传人开办了私人医院）。"非遗"保护因进入市场，而获得了良性发展。这一方面固然与传承人的努力有关，但也不能忽视政府对这类传承的大力扶持与推动。如果采取输血方式来保护传承人，其最终结果，反倒是让传承人不思进取，躺在证书上睡大觉，最终断送了传统技艺。如何为"非遗"的传承发展打造一个平台，如何帮助他们恢复、加强造血机能，这确实是个很难回答的问题。

（六）媒体进行大力宣传与正确引导

在北京地区的"非遗"保护工作中，媒体发挥了相当积极、相当重要的作用。这些宣传对于普及当地"非遗"知识、推广正确的保护理念，都起到了重要的作用。在我们的调查中，传承人不止一次地表达了他们对于新闻媒体在宣传"非遗"方面功绩的充分肯定。雕漆大师文乾纲曾说，媒体对他的项目所发挥的作用太大了。在这个信息时代，新闻媒体的作用是不可估量的。米粮屯高跷会负责人也不止一次地希望得到电台、电视台的支持，说只有这样我们的高跷才能像京剧一样，在媒体的宣传下保持持久的生命力。但问题并非没有。这些问题主要表现为现在的媒体宣传，多限于"非遗"活动的报道和介绍，而很少直接参与非物质文化遗产传承工作。所以评书传人马琦说："如果你每天像播流行歌曲一样播放评书，有一个月我也红了。"

这样的工作电台、电视台确实还需要进一步的加强。另外，在"非遗"保护理念的宣传过程中，由于理论功底先天不足，致使我们在宣传工作中也出现了许多误导——将许多错误的做法当成了正确的做法加以宣传和肯定，这对于非物质文化遗产的有效传承，显然会起到负面的作用。如用官办传习所取代民间自主传承的做法，用政府办学习班组织传承人系统学习、进修的做法，都很容易使民俗变成官俗，这对于我们保护非物质文化遗产的独特性和人类保护其自身文化的多样性来说，都是相当不利的。

第二篇
北京城乡空间发展与建设

北京城乡空间发展与建设相关政策

孟 斌[*]

一 发展战略与城乡建设相关政策

(一) 国务院办公厅关于推进海绵城市建设的指导意见

2015年10月11日，国务院办公厅发布《关于推进海绵城市建设的指导意见》（国办发〔2015〕75号）（以下简称《意见》）。

1. 政策内容

通过海绵城市建设，最大限度地减少城市开发建设对生态环境的影响，将70%的降雨就地消纳和利用。到2020年，城市建成区20%以上的面积达到目标要求；到2030年，城市建成区80%以上的面积达到目标要求。

2. 政策解读

（1）明确了海绵城市的定义

首先，《意见》明确了海绵城市的定义，强调了出台该指导意见的目的，海绵城市是指通过加强城市规划建设管理，充分发挥建筑、道路和绿地、水系等生态系统对雨水的吸纳、蓄渗和缓释作用，有效控制雨水径流，实现自然积存、自然渗透、自然净化的城市发展方式。为加快推进海绵城市建设，修复城市水生态、涵养水资源，增强城市防涝能力，扩大公共产品有效投资，提高新型城镇化质量，促进人与自然和谐发展。

---

[*] 孟斌（1972— ），教授，北京联合大学北京学研究所副所长。

（2）目标明确，量化指标

文件指出："到 2020 年，城市建成区 20% 以上的面积达到目标要求；到2030 年，城市建成区 80% 以上的面积达到目标要求。推进海绵型道路与广场建设，改变雨水快排、直排的传统做法，增强道路绿化带对雨水的消纳功能，在非机动车道、人行道、停车场、广场等扩大使用透水铺装，推行道路与广场雨水的收集、净化和利用，减轻对市政排水系统的压力。"

自中华人民共和国成立以来，我们的城市建设思路和标准多沿用苏联的套路，性价比高，但抵御极端天气的能力较差。随着城市人口的不断增加，这一矛盾日益突出，此次由国务院明确改变传统雨水快排、直排的做法，以小见大，对于城市建设理念的更新进步，具有划时代的意义。

加强对城市坑塘、河湖、湿地等水体自然形态的保护和恢复，禁止填湖造地、截弯取直、河道硬化等破坏水生态环境的建设行为。确定了通过绿地、湿地等现有城市海绵体消纳雨水的方针，因此，"填湖造地、截弯取直、河道硬化等破坏水生态环境的建设行为"也被列为禁止之列，有此类打算的城市管理者们，请慎行。

（3）建立政府与社会资本风险分担、收益共享的合作机制

区别海绵城市建设项目的经营性与非经营性属性，建立政府与社会资本风险分担、收益共享的合作机制，采取明晰经营性收益权、政府购买服务、财政补贴等多种形式，鼓励社会资本参与海绵城市投资建设和运营管理。各有关方面要将海绵城市建设作为重点支持的民生工程，充分发挥开发性、政策性金融作用，鼓励相关金融机构积极加大对海绵城市建设的信贷支持力度。上面三点虽然说的都是资金支持的问题，内容也并无太多新意，但有一个细节值得注意，即政府支持和融资支持被放在了后面，而首先提出的是"建立政府与社会资本风险分担、收益共享的合作机制"，也就是被热炒了很久的PPP。再加上"四两拨千斤"的提法，由此看来，海绵城市的主要融资模式及方向已经确定。

（4）住房城乡建设部牵头

文件指出："城市人民政府是海绵城市建设的责任主体。住房城乡建设部要会同有关部门督促指导各地做好海绵城市建设工作，继续抓好海绵城市建设试点，尽快形成一批可推广、可复制的示范项目，经验成熟后及时总结宣传、有效推开；发展改革委要加大专项建设基金对海绵城市建设的

支持力度；财政部要积极推进 PPP 模式，并对海绵城市建设给予必要资金支持；水利部要加强对海绵城市建设中水利工作的指导和监督。"

（二）北京市通过贯彻《京津冀协同发展规划纲要》的意见

2015 年 7 月 11 日，中国共产党北京市第十一届委员会第七次全体会议通过贯彻《京津冀协同发展规划纲要》的意见。

1. 政策内容

《京津冀协同发展规划纲要》中明确了北京 2300 万的人口控制目标，这是必须坚决守住的底线。要聚焦通州，深化方案论证，加快北京市行政副中心的规划建设，2017 年取得明显成效。

2. 政策解读①

（1）指导思想

以有序疏散北京非首都功能，解决北京大城市病为基本出发点，打造现代化新型首都圈，努力形成京津冀目标同向、措施一体化、优势互补、互利共赢的协同发展新格局，打造中国经济发展新的支撑带。

（2）基本原则

第一，改革引领，创新驱动。消除隐性壁垒，破解深层次矛盾和问题。第二，优势互补，一体发展。加快推动错位发展与融合发展，创新合作模式与利益分享机制。第三，市场主导，政府引导。促进生产要素在更大范围内有序流动和优化配置。第四，整体规划，分步实施。打破一亩三分地思维定式，明确实现总体目标和重大任务的时间表、路线图，研究制定科学管用的实施方案，分阶段、有步骤的加以推进。第五，统筹推进，试点示范。不搞齐步走、平面推进，易于操作的领域率先突破。

（3）发展目标

北京要聚焦推进交通一体化发展、加强生态环境保护、推动产业升级转移三大重点领域，力争率先取得突破。首都聚集着大量的优质资源，这些资源不仅仅是北京的，更是属于全国的。必须最大限度发挥好这些优质资源的辐射带动作用，服务全国、服务周边的发展，实现区域良性互动，促进京津冀协同发展、协调发展、共同发展。

---

① 解读来源于《北京日报》。

(三) 北京市印发《北京市城乡结合部建设三年行动计划（2015—2017年）》

2015年11月26日，北京市人民政府办公厅印发《北京市城乡结合部建设三年行动计划（2015—2017年）》（京政办发〔2015〕54号）。

1. 政策内容

编制中心城城乡接合部专项规划，推进重点区域建设，加快市政基础设施和公共服务设施建设，增加生态容量，集约利用发展空间，改善居住条件，促进就业转移，推进转居工作。

2. 政策解读①

（1）总体思路

到2017年年底，累计调减城乡接合部地区人口约50万人，增加林地面积约3.58万亩，基础设施承载能力显著提升，公共服务体系更加完善，实现"一绿建成、全面实现城市化，二绿建好、加快城乡一体化"的阶段性目标，为将城乡接合部建设成为布局科学、用地集约、产业高端、环境优美、配套设施完善、人口有序流动的绿色生态发展区奠定坚实基础。

（2）主要任务

第一，加快发展；第二，深化改革；第三，依法治理。

（3）组织保障

第一，落实主体责任；第二，简化审批程序；第三，加强督促检查。

二 城乡产业发展相关政策

（一）国务院办公厅关于进一步促进旅游投资和消费的若干意见

2015年08月04日，国务院办公厅发布《关于进一步促进旅游投资和消费的若干意见》（国办发〔2015〕62号）。

旅游业是我国经济社会发展的综合性产业，是国民经济和现代服务业的重要组成部分。通过改革创新促进旅游投资和消费，对于推动现代服务业发展，增加就业和居民收入，提升人民生活品质，具有重要意义。为进

---

① 解读来源于新华社。

一步促进旅游投资和消费,经国务院同意,提出了实施旅游基础设施提升计划,改善旅游消费环境;实施旅游投资促进计划,新辟旅游消费市场;实施旅游消费促进计划,培育新的消费热点;实施乡村旅游提升计划,开拓旅游消费空间;优化休假安排,激发旅游消费需求;加大改革创新力度,促进旅游投资消费持续增长。

(二)北京市印发《〈中国制造2025〉北京行动纲要》

2015年12月5日,北京市人民政府印发《〈中国制造2025〉北京行动纲要》(京政发〔2015〕60号)。

1. 政策内容

到2020年,制造业创新发展能力大幅提升,高端发展态势逐步显现,集约发展程度持续增强,绿色发展水平迈上新台阶,形成一批具有较强竞争力的优势产业,保持制造业占地区生产总值比重和对地方财政贡献"双稳定",实现创新能力和质量效益"双提升",带动京津冀地区数字化、网络化和智能化制造取得明显进展。到2025年,形成创新驱动、高端发展、集约高效、环境友好的产业发展新格局,国际竞争力和影响力显著提升,部分制造业领域处于世界领先地位,综合资源消耗率达到世界先进水平,真正成为服务全国、辐射全球的优势产业集聚区。

2. 政策解读[①]

(1) 总体思路

以构建产业生态为基础,以培育发展高精尖产品为核心。

(2) 具体目标

到2025年,形成创新驱动、高端发展、集约高效、环境友好的产业发展新格局,国际竞争力和影响力显著提升,部分制造业领域处于世界领先地位,综合资源消耗率达到世界先进水平,真正成为服务全国、辐射全球的优势产业集聚区。

(三)北京市印发《北京市新增产业的禁止和限制目录(2015年版)》

2015年8月17日,北京市人民政府办公厅印发《北京市新增产业的

---

① 解读来源于市经济信息化委。

禁止和限制目录（2015年版）》（京政办发〔2015〕42号）（以下简称《目录》）。

1. 政策内容

深入贯彻落实《京津冀协同发展规划纲要》及本市贯彻意见，有序疏解北京非首都功能，加快构建高精尖经济结构。

2. 政策解读①

（1）编制体例

《目录》按照《国民经济行业分类》（GB/T 4754-2011）编制。《目录》中的管理措施分为禁止性和限制性两类。其中，禁止性是指不允许新增固定资产投资项目，不允许新设立或新迁入法人单位、产业活动单位、个体工商户；限制性主要包括区域限制、规模限制和产业环节、工艺及产品限制。

（2）适用范围

一是新增固定资产投资项目，新设立或新迁入法人单位、产业活动单位、个体工商户须执行《目录》。经市政府批准，需采取专项政策的地区按照相关政策执行。在途项目、改造升级项目不适用《目录》。国家法律、行政法规、国务院文件有专门规定的，从其规定。外商投资执行《外商投资产业指导目录》。

二是《目录》中管理措施分为全市和功能区域两个层面，全市层面的管理措施须在全市范围内普遍执行；功能区域层面的管理措施是指须在执行全市层面管理措施基础上，增加的差异化管理措施。

（四）北京市印发《北京市服务业扩大开放综合试点实施方案》

2015年9月13日，北京市人民政府印发《北京市服务业扩大开放综合试点实施方案》（京政发〔2015〕48号）。

1. 政策内容

按照国务院关于在北京市开展服务业扩大开放综合试点的决策部署，紧紧围绕京津冀协同发展和"一带一路"等国家战略，立足首都城市战略定位，以扩大开放为先导，以体制机制改革为核心，创新政府公共服务，

---

① 解读来源于《北京日报》。

选取服务业重点领域先行先试，稳步扩大试点范围，推动形成国际化、法治化、透明化的服务业促进体系，构建与国际接轨的服务业扩大开放新格局，提升京津冀区域整体开放和发展水平，为探索开放型经济新体制作出贡献。

2. 政策解读

(1) 实施原则

一是服务大局。服从和服务于京津冀协同发展和"一带一路"等国家战略，在有序疏解北京非首都功能的基础上，充分发挥京津冀协同发展优势，推动服务业合理布局、健康发展。

二是主动开放。动态调整充实服务业扩大开放清单，逐步向新业态延伸，主动争取更多国家层面改革开放措施在京先行先试，不断拓展服务业开放的深度和广度。

三是改革创新。积极对接国家全面深化改革的各项政策措施，转变政府服务和监管方式，优化政策环境、制度环境和公共服务体系，放宽政策，放开市场，放活主体。

四是渐进推动。选取发展较为成熟、市场潜力较大的领域和部分区域先行先试，滚动推出开放措施，稳步扩大试点范围，推进服务业有序开放。

五是风险可控。加强风险评估和跟踪预警，注重纠错调整，科学把握开放程度和节奏，积极防范各种潜在风险。

(2) 主要目标及步骤

第一，启动阶段。自2015年5月5日至2015年9月30日。启动首批开放措施，选取部分领域和区域率先开始试点，着力搭建服务业扩大开放的产业发展平台、政策集成平台和公共服务平台。

第二，深化阶段。自2015年10月1日起进入实施深化阶段。全面落实总体方案的各项要求，进一步拓展试点工作的深度和广度，滚动推出服务业扩大开放新措施，形成相对完善的政府监管和公共服务体系，推动北京市服务业整体转型升级。

第三，总结阶段。试点任务完成前的一个时间段。总结试点工作成效，形成在全国可复制、可推广的经验。

(3) 主要任务及措施

首先，聚焦重点领域，构建服务业扩大开放新格局；其次，创新体制机制，建设科学透明的服务业促进体系。

（五）北京市印发关于在公共服务领域推广政府和社会资本合作模式的实施意见

2015年11月3日，北京市人民政府办公厅发布《关于在公共服务领域推广政府和社会资本合作模式的实施意见》（京政办发〔2015〕52号）。

1. 政策内容

鼓励和引导社会资本参与公共产品和公共服务项目的投资、运营管理，提高公共产品和公共服务供给能力与效率。

2. 政策解读

（1）操作模式

政府和社会资本合作项目按支付机制分为使用者付费、可行性缺口补助和政府付费3种类型。使用者付费项目指有明确的收费基础，并且经营收费能够完全覆盖投资成本的项目；可行性缺口补助项目指有经营收费，但不足以覆盖投资成本，需政府补贴部分资金或资源的项目；政府付费项目指缺乏使用者付费基础，主要依靠政府投入回收投资成本的项目。对于上述3种类型的项目，可选择建设—运营—移交（BOT）、建设—拥有—运营（BOO）等模式。对于融资平台公司存量公共服务项目转型为政府和社会资本合作项目，可选择转让—运营—移交（TOT）、改建—运营—移交（ROT）等模式。

（2）政策保障

第一，简化审批流程；第二，完善财税支持政策；第三，积极推进公共服务领域价格改革；第四，多种方式保障项目用地；第五，做好金融服务；第六，推进信用体系建设；第七，建立多层次监督管理体系。

（3）组织实施

第一，加强组织领导；第二，加强示范引导；第三，搭建信息平台；第四，加强宣传引导。

（六）北京市印发关于加快应急产业发展的实施意见

2015年12月30日，北京市人民政府办公厅发布《关于加快应急产业发展的实施意见》（京政办发〔2015〕59号）。

1. 政策内容

深入贯彻落实党的十八大和十八届三中、四中、五中全会精神，深入学习贯彻习近平总书记系列重要讲话精神和对北京工作的重要指示精神，紧紧围绕首都城市战略定位，牢固树立和贯彻落实创新、协调、绿色、开放、共享的发展理念，坚持市场主导、政府引导、创新驱动、需求牵引、统筹推进、协同发展、服务社会、服务经济的原则，以增强防范和处置突发事件的产业支撑能力为核心，以培育新的经济增长点为牵引，不断优化应急产业发展环境，集中发展重点领域应急产品，探索创新应急产业服务模式，持续提升应急产业核心竞争能力，为确保首都安全稳定提供坚实保障。

2. 政策解读[①]

（1）原因背景

第一，满足自然灾害和突发事件应对处置需要；第二，产业市场容量大；第三，产业特征要求政府引导和政策扶持。

（2）总体要求

到 2017 年，建立 1 至 2 个国家级应急产业示范基地，突破一批关键核心技术，培育 5 个以上国内一流、国际领先的应急产业骨干企业集团和 20 家以上特色企业，打造一批"北京创造"应急产品，形成具有首都特色的应急产业体系。

到 2020 年，基本形成创新驱动、高端引领、带动周边、辐射全国的应急产业发展格局，安全保障和突发事件应对能力大幅提升，成为全国应急产业"大众创业万众创新"成果集聚高地和应急产业国际交流与合作中心。

（3）重点任务

第一，提升关键技术和装备的研发水平；第二，集中发展重点领域应急产品；第三，创新应急产业服务模式；第四，推动京津冀应急产业协同发展；第五，促进应急产业国际交流与合作；第六，培育应急产品和应急服务消费市场；第七，完善应急产业标准体系；第八，拓展应急产业市场化投融资渠道；第九，加强应急产业人才队伍建设；第十，增强突发事件应对和重大活动应急保障能力。

---

① 解读来源于北京市经济和信息化委员会。

（4）保障措施

第一，加强组织领导；第二，优化发展环境；第三，完善支持政策。

（七）北京市印发《北京市 2013—2017 年清洁空气行动计划重点任务分解 2015 年工作措施》

2015 年 2 月 9 日，北京市人民政府办公厅印发《北京市 2013—2017 年清洁空气行动计划重点任务分解 2015 年工作措施》（京政办发〔2015〕7 号）。

该文件明确了 2015 年 PM2.5 浓度下降 5% 的目标。具体措施包括，对高排放机动车说"不"；坚决清退污染大户；疏散身边的小污染源；让农民也用上清洁能源；为电动汽车开绿灯；让地铁更近、公交更快；爱好骑车、步行的人有福了；出门五百米就能看见公园绿地。[①]

[①] 解读来源于北京电视台官方微信。

北京城乡空间发展与建设领域重要活动

孟 斌[*]

一 政府组织活动

(一) 北京市《"十三五"规划建议》发布

2015年10月26—29日,十八届五中全会在北京召开,讨论和通过第十三个五年规划。11月3日,新华社发布《中共中央关于制定国民经济和社会发展第十三个五年规划的建议》。

2015年是北京市国民经济和社会发展第十三个五年规划编制之年。"十三五"时期(2016—2020年)是北京主动融入京津冀协同发展,落实首都城市战略定位,建设国际一流的和谐宜居之都的重要五年。编制好本市"十三五"规划,科学谋划首都经济社会未来发展,顺应人民期盼,具有重大而深远的意义。为此,北京市于2015年4月21日至9月30日组织开展"十三五"规划编制公众参与活动,广开言路,问计于民,集思广益,最大限度地汇集民智,共同努力绘制好北京"十三五"发展蓝图,公众可以通过网站、邮箱、微博、微信、电话、传真、信件等7种方式对北京市"十三五"规划编制提出意见建议和参与问卷调查。[①]北京市共组织了5场公众建言会,主题分别是"文化中心建设与提升城市魅力""疏解北京非首都功能与京津冀协同发展""科技创新中心建设与构建'高精尖'经济结构"

---

[*] 孟斌(1972—),教授,北京联合大学北京学研究所副所长。
[①] 北京市发展和改革委员会:《关于开展北京市"十三五"规划编制公众参与活动的公告》,http://www.beijing.gov.cn/zhengce/zhengcefagui/201905/t20190522_58386.html,2015年4月21日。

"生态文明建设与可持续发展"和"加强城市治理与建设和谐宜居之都"。[①]

2015年11月25日中国共产党北京市第十一届委员会第八次全体会议通过《中共北京市委关于制定北京市国民经济和社会发展第十三个五年规划的建议》。市发展改革委11月25日详细解读了市委全会通过的"十三五"规划《建议》，市发展改革委主任卢彦介绍，"十三五"规划《纲要》的编制工作正在加快展开，北京发展将向着"高精尖"的经济结构稳步迈进，什么才是"高精尖"的内涵？卢彦解释称，所谓"高"，就是能够代表国家参与国际激烈竞争的、体现国家资源掌控能力的"高端产业"；"精"就是能够为"四个服务"助力添彩的"精品企业"；"尖"就是能够体现创新创造、引领潮流、可在其他地区复制推广的"尖端商业模式"[②]。坚持首都城市战略定位，有序疏解非首都功能，"十二五"时期北京打响治理"大城市病"的攻坚战，经济发展也呈现出发展水平提高、产业结构优化、经济质量提升、经济效益改善的良好态势，在硕果累累的"十二五"即将收官之时，"十三五"的发展蓝图也正在谱写。

2016年1月22—28日，北京市召开第十四届人大第四次会议，会议听取了各代表团审议市"十三五"规划《纲要》决议草案情况的汇报。1月28日，市"十三五"规划《纲要（草案）》获高票通过。

（二）2015年北京市政府工作报告发布

2015年1月23日在北京市第十四届人民代表大会第三次会议上，北京市市长王安顺做2015年政府工作报告，回顾2014年工作，对2015年重要工作做部署。

2015年政府工作的总体要求是，深入贯彻落实党的十八大、十八届三中、四中全会和中央经济工作会议精神，深入学习贯彻习近平总书记系列重要讲话和对北京工作的重要指示精神，主动适应经济发展新常态，坚持稳中求进工作总基调，牢牢把握首都城市战略定位，积极落实京津冀协同发展战略，更加注重改革创新，更加注重经济发展的质量和效益，更加注重生态文明建设，更加注重城市精细化管理，更加注重保障和改善民生，

---

① 《"十三五"规划首场公众建言会8月3日举办》，《北京晚报》2015年7月31日。
② 《市发展改革委详解"十三五"规划〈建议〉重大项目先过三道关》，《北京日报》2015年11月26日。

更加注重法治政府建设，推动首都经济社会持续健康发展，向着国际一流的和谐宜居之都迈出坚实步伐。全市经济社会发展主要预期目标是，地区生产总值增长7%左右；城镇登记失业率控制在3%以内；城乡居民人均收入实际增长7%；居民消费价格涨幅控制在3.5%左右；一般公共预算收入同口径增长7%以上；全社会研发支出占地区生产总值比重6%左右；万元地区生产总值能耗、水耗和二氧化碳排放量分别下降2%、4%和2.5%，空气中细颗粒物年均浓度下降5%左右。①

为实现经济社会发展目标，重点抓好积极推动京津冀协同发展，全面深化改革开放，深入实施创新驱动发展战略，着力构建"高精尖"经济结构，优化完善城市发展格局，全力破解城市发展难题及切实保障和改善民生等工作。

（三）2015年大众创业万众创新高峰论坛在北京举行

2015年大众创业万众创新高峰论坛10月19日在北京举行。中共中央政治局常委、国务院副总理张高丽在大众创业万众创新高峰论坛上强调，加快实施创新驱动发展战略，深入推进大众创业万众创新。

张高丽强调，我国经济发展进入新常态，必须加快实施创新驱动发展战略，在更大范围、更高层次、更深程度上推进大众创业万众创新，促进经济持续健康发展。要以大众创业万众创新激发新活力、新动力，使各种要素更加公平、自由、快捷地进行有效配置，促进经济保持中高速增长。要以大众创业万众创新培育新产业、新业态，结合实施"互联网＋"行动计划和"中国制造2025"，着力把一批新兴产业培育成主导产业，促进移动互联网、云计算、大数据、物联网等与现代制造业融合，推动经济迈向中高端水平。要以大众创业万众创新催生新职业、新岗位，实现更加充分更高质量的就业，让更多的人富起来，实现机会公平、权利公平、人人参与又人人受益的包容性增长。要完善体制机制，加大政策支持，强化人才支撑，营造良好氛围，为大众创业万众创新提供有力保障②。

北京市为深入贯彻落实《国务院关于大力推进大众创业万众创新若干

---

① 北京市人民政府办公厅：《2015年政府工作报告》，2015年2月3日。
② 《张高丽在大众创业万众创新高峰论坛上强调 加快实施创新驱动发展战略 深入推进大众创业万众创新》，《北京日报》2015年10月20日。

政策措施的意见》（国发〔2015〕32号）和《国务院办公厅关于发展众创空间推进大众创新创业的指导意见》（国办发〔2015〕9号）等文件精神，适应和引领经济发展新常态，以创新带动创业，有效激发全社会创新潜能和创业活力，特提出若干实施意见，如积极构建创新创业服务体系、着力培育创新创业发展形态、全面优化创新创业空间布局、不断完善创新创业保障机制等。①

（四）北京市启动建设全球首个"国际创意与可持续发展中心"

2014年8月，北京市人民政府致函中国联合国教科文组织全国委员会，商请支持在京申请建立教科文组织创意领域的第2类中心，2015年10月，联合国教科文组织执行局第197届会议审议并通过了北京市人民政府递交的创建"国际创意与可持续发展中心"申请，2015年12月13日，联合国教科文组织国际创意与可持续发展中心筹备研讨会在京举办。

该中心落户于北京，是联合国教科文组织广大会员对北京在设计产业和创意城市网络中积极发挥作用的充分肯定。北京创建联合国教科文组织国际创意与可持续发展中心，是继2012年北京成为联合国教科文组织创意城市网络"设计之都"、2013年举办联合国教科文组织创意城市"北京峰会"、2014年赴巴黎联合国教科文组织总部举办"感知中国，设计北京"展览之后，北京"主动参与联合国2030年可持续发展议程"的又一举措。北京市科委主任闫傲霜表示，第二类中心的建立将为中国在国际事务中进一步增强代表性和话语权、树立良好国际形象、学习他国有益经验、推进"一带一路"建设发挥积极的作用，为推动大众创业、万众创新、京津冀协同发展和有序疏解北京非首都功能做出积极的努力，为北京"全国政治中心、文化中心、国际交往中心和科技创新中心"建设做出积极的贡献。②

（五）2022冬奥会举办权花落北京

国际奥委会第128次全会于2015年7月31日在马来西亚吉隆坡投票决

---

① 北京市住房和城乡建设委员会：《北京市人民政府关于大力推进大众创业万众创新的实施意见》，2015年11月3日。

② 北京市科学技术委员会：《北京启动建设全球首个"国际创意与可持续发展中心"》，2015年12月25日；《全球首个"国际创意与可持续发展中心"创建协定书移交北京》，《北京日报》2015年12月27日。

定，将2022年冬奥会举办权交给北京，北京携手张家口获得了2022年第二十四届冬季奥林匹克运动会的举办权。2015年11月3日，北京2022年冬奥会筹备工作研讨会正式开幕，各代表相聚北京，围绕高水平做好2022年冬奥会筹备工作交流研讨。

中国政治稳定，经济繁荣，社会和谐，为北京申办2022年冬奥会提供了最坚实的基础、最有力的保障。北京凭借充足的国际一流场馆设施，丰富的国际大型赛事活动举办经验，坚实的资金和人才保障，完全能够为世界呈现一届安全、精彩、欢乐的冬奥会。北京市将坚持把"以运动员为中心、可持续发展、节俭办赛"三大理念贯穿于冬奥会申办全过程，努力实现"纯洁的冰雪、激情的约会"的美好愿景。将把2022年冬奥会作为普及推广奥林匹克运动、加快城市和区域发展的重大机遇，通过筹办冬奥会有效提升中国冬季项目运动员的竞技水平，挖掘冬季体育产业的广阔空间，同时促进北京和张家口协调、可持续发展，为市民带来更多的、实实在在的好处。[1]

二 学术研讨活动

（一）第三届首都文化创新国际论坛

2015年6月6日，"第三届首都文化创新国际论坛：文化资源的创意转化与产业激活"在北京师范大学英东学术会堂举行。此次论坛由北京师范大学主办，首都文化创新与文化传播工程研究院承办，国家外国专家局、北京市国有文化资产监督管理办公室、北京市社会科学联合会等单位联合支持。国家外国专家局局长张建国，北京市常委、宣传部部长李伟，北京师范大学党委书记刘川生，首都文化创新与传播工程研究院院长于丹等出席活动。此次论坛搭建了文化创新与产业发展的高端交流平台，开拓了文化资源与科技旅游等深度融合的创新思路，为促进国家和首都文化创意产业化、专业化、品牌化贡献智慧，注入动力。在主论坛的总结发言环节，于丹教授表示，能够走出被山寨，走出复制，去接近那个最真实的自己，

---

[1] 北京市人民政府外事办公室：《2022冬奥会花落北京》，2015年8月3日；《北京2022年冬奥会筹备工作研讨会开幕》，《北京日报》2015年11月4日。

也许正是中国文化所寻求的面对世界的表达。其中，人的竞争力永远是核心的。①

（二）第六届北京城市发展战略论坛

2015年10月17日，北京自然辩证法研究会第6届城市发展战略论坛在北京交通大学顺利召开，来自中国人民大学、中国科学院大学、中国农业大学、中国政法大学、北京大学、北京交通大学、北京师范大学、北京航空航天大学、北京理工大学、北京工业大学、北京化工大学、北京石油化工学院、北京第二外国语学院、中国社会科学院、北京社会科学院、中共中央党校、首都经济贸易大学、北京科学学研究中心、北汽集团新能源汽车管理部、北京中医养生研究院等单位的专家学者及部分高校研究生共40余人，齐聚一堂，共同探讨"创新、发展与人才培养"以及"屠呦呦现象和中国科教体制"。本次论坛会议由李建军理事长主持，北京市科协学会部的李金涛部长应邀出席会议。本次论坛会议共分为三个单元进行，11位教授和11青年博士分别围绕"创新与发展""创新与人才培养"以及"屠呦呦现象和中国科教体制"三个专题进行交流与研讨。22位发言人在给我们带来精彩报告的同时，也激发了与会专家学者对中国科教体制下如何实现创新、发展与人才培养之话题的深入思考。②

（三）第十届新世纪北京生态论坛

2015年5月8日，由北京生态学学会主办、北京林业大学承办的"第十届新世纪北京生态论坛"在北京林业大学顺利召开。本届论坛以"京津冀一体化"为主题，邀请了中国环境科学研究院刘军会副研究员、中国科学院大气物理研究所王跃思研究员、中国科学院生态环境研究中心欧阳志云研究员介绍京津冀地区生态和环境的演变、现状、存在的问题及建议。本次论坛由学会理事长马克平研究员主持，北京市科学技术协会学会部李金涛部长、北京市园林绿化局甘敬主任、石景山区环境保护局李元员局长等来自京内外35家单位、3家新闻媒体（北京电视台、中国经济信息网、

---

① 《第三届文化创新国际论坛举行》，2015年6月10日。
② 《第六届北京城市发展战略论坛顺利召开》，2015年10月20日。

中国花卉报）共140余人参加了本次论坛。①

（四）首都圈巨灾应对高峰论坛暨京津冀协同发展综合减灾应急保障体系建设

2015年11月27日上午，由北京市科学技术协会主办，北京减灾协会、中国灾害防御协会承办的"首都圈巨灾应对高峰论坛—暨京津冀协同发展综合减灾应急保障体系建设"在中国科技会堂举行。北京市科学技术协会副主席田文，京津冀地区防灾减灾领域专家出席。论坛特邀来自消防、灾害保险、气候变化、公共安全、法制建设、气象服务、地震等防灾减灾领域的资深专家，以京津冀系统发展综合减灾应急保障体系建设为主题，分别从如何将消防工作的新发展融入国家战略、京津冀巨灾风险管理中保险的作用及发展、气候变化如何结合国家的战略布局、京津冀协调发展综合减灾法制建设框架研究、"8·12"天津滨海新区爆炸事故气象应急保障服务与思考、提高京津冀区域防震减灾能力等方面作专题报告。来自北京减灾协会理事单位从事防灾减灾相关工作的领导、专家学者、科技人员共110余人参加了论坛交流。②

---

① 《第十届新世纪北京生态论坛顺利召开》，中国商务新闻网科技频道，2015年5月12日。
② 《首都圈巨灾应对高峰论坛在京举行》，《中国气象报》2015年11月28日。

北京城乡发展与建设研究进展

孟 斌[*]

  2015年是全面深化改革的关键之年，是全面推进依法治国的开局之年，也是全面完成"十二五"规划的收官之年。据统计，"十二五"时期，全市人口增速、增量"双下降"，常住人口增速呈放缓态势，常住人口增量逐年减少。2015年年末，北京市常住人口2170.5万人，比上年末增加18.9万人。其中，常住外来人口822.6万人，占常住人口的比重为37.9%。常住人口中，城镇人口1877.7万人，占常住人口的比重为86.5%。初步核算，经济增长方面全年实现地区生产总值22968.6亿元，比上年增长6.9%。其中，第一产业增加值140.2亿元，下降9.6%；第二产业增加值4526.4亿元，增长3.3%；第三产业增加值18302亿元，增长8.1%。全年文化创意产业实现增加值3072.3亿元，高新技术产业实现增加值5180.8亿元，信息产业实现增加值3508亿元，生产性服务业实现增加值12160.3亿元。交通运输方面，全年货运量28765.2万吨，比上年下降2.5%；客运量69923.1万人，下降2.5%。机动车保有量561.9万辆，比上年末增加2.8万辆。投资方面，全年完成全社会固定资产投资7990.9亿元，城镇投资7267亿元，农村投资723.9亿元。其中，完成基础设施投资2174.5亿元，交通运输投资827亿元，公共服务业投资494.4亿元。城市建设方面，年末全市公路里程21876公里，比上年末增加27.2公里。公共电汽车运营线路876条，比上年末减少1条，轨道交通运营线路18条，与上年末持平。全市城镇污水处理率为87.0%，完成人工造林面积8252公顷，城市绿化覆盖率达到48.0%，比上年提高0.6个百分点。另外，在安全生产、对外经济、教育医

---

[*] 孟斌（1972— ），教授，北京联合大学北京学研究所副所长。

疗、社会保障等方面也平稳发展。

2015年，北京市正确把握新时期首都城市战略定位，积极推进京津冀协同发展，有序疏解非首都功能，加快培育"高精尖"经济结构，大力统筹稳增长、促改革、调结构、惠民生、防风险等各项工作，经济社会保持了平稳健康发展，"十二五"规划顺利完成。但在长期快速发展中，也积累形成了比较明显的"城市病"，面对新时期首都城市发展的形势和任务，城市发展战略、城市建设与管理、城市经济、城乡一体化等问题成为学术界研究的热点。

一 城市发展战略研究

（一）"四个中心"城市战略定位

城市的功能定位是城市发展的目标和方向，在城市发展中具有指向性作用。习近平总书记在考察北京重要讲话中明确了北京是全国政治中心、文化中心、国际交往中心、科技创新中心的城市战略定位，提出了把北京建设成为国际一流的和谐宜居之都的目标。"四个中心"的城市发展战略明确了北京的功能定位，目前北京的"大城市病"是有目共睹的，承载了过多的功能定位，已经到了非疏解不可的地步。郭金龙强调，有序疏解北京非首都功能，是京津冀协同发展的关键环节和重中之重。要以强烈的政治责任感和历史使命感，全力打好有序疏解非首都功能这场攻坚战[1]。有序推进北京非首都功能疏解需要控增量、调存量、关停淘汰一般性制造业和污染企业、高耗水农业生产功能外迁、转移疏解批发市场、教育医疗功能疏解及行政事业性服务机构疏解等。王殿茹对非首都功能疏解的路径进行分析，探索保障非首都功能疏解的机制和环境，提出实现非首都功能疏解政策措施[2]。

---

[1] 郭金龙：《有序疏解非首都功能 推动京津冀协同发展》，《中国经贸导刊》2015年第36期。
[2] 王殿茹、邓思远：《京津冀协同发展中非首都功能疏解路径及机制》，《河北大学学报》（哲学社会科学版）2015年第6期。

(二) 京津冀协同发展

2015年3月23日，中央财经领导小组第九次会议审议研究了《京津冀协同发展规划纲要》，中共中央政治局 2015 年 4 月 30 日召开会议，审议通过《京津冀协同发展规划纲要》。《京津冀协同发展规划纲要》描绘了京津冀未来发展的美好远景和宏伟蓝图，对解决好北京发展和管理中的各种问题、实现区域协同发展具有重大的指导和推动作用。2015 年 7 月 11 日，中国共产党北京市第十一届委员会第七次全体会议通过"贯彻《京津冀协同发展规划纲要》的意见"，积极贯彻落实《京津冀协同发展规划纲要》。2015 年，中央和京津冀地方政府部门、学界、百姓等社会各界对京津冀协同发展的关注度都很高，发表论著较多，报刊等媒体宣传报道相关内容比较频繁。

陆大道阐述了改革开放以来，京津两市和河北省的经济发展特点及已形成的优势，根据各自的特点、优势和符合国家战略利益的原则，提出了京津冀大城市群中北京、天津、河北省的功能定位。[①] 学者们围绕京津冀环境一体化、城市质量等问题进行了研究。张永安等学者将区域经济增长与 PM2.5 污染二者的关系研究分为省市内部主要部门排放和省市间污染联动效应，主要排放部门包括工业、建筑业、机动车，基于 VAR 模型对其进行格兰杰因果检验和脉冲响应分析。研究表明，北京市工业、建筑业和机动车排放标准虽然严格，但排放总量远超环境承载能力，且受天津、河北的地区间污染传输影响明显；天津、河北受地区间传输效应影响较少，但其工业、建筑业和机动车排放控制不力，对环境产生了很大的直接影响。[②] 阎东彬以城市综合承载力为切入点，采用灰色关联分析法，对北京、天津以及河北的石家庄、唐山、秦皇岛、保定、张家口、承德、沧州、廊坊 8 个城市的城市综合承载力进行了测评和比较，在厘清各地优势与不足的基础上，提出优势互补、梯度错位、多维协同的京津冀一体化城市发展之路。[③] 李磊等学者从智慧化水平、公共服务水平、基础设施现代化水平、生态可持续

[①] 陆大道：《京津冀城市群功能定位及协同发展》，《地理科学进展》2015 年第 3 期。
[②] 张永安、邬龙：《京津冀经济增长与细颗粒物污染的区域联动关系》，《城市问题》2015 年第 1 期。
[③] 阎东彬：《京津冀一体化进程中重点城市综合承载力研究》，《国家行政学院学报》2015 年第 2 期。

发展水平四个维度，构建了城市群城市发展质量评价指标体系，对京津冀城市群地级城市发展质量，以及京津冀、长三角城市群内核心城市发展质量做了对比评价。研究表明：北京在智慧化水平、公共服务水平方面的质量指数高于上海和天津，上海在基础设施现代化水平、生态可持续发展水平方面的质量指数高于北京。[①]

（三）融入"一带一路"国家战略

2014年年底，中央经济工作会议确立"一带一路""京津冀协同发展""长江经济带"为优化经济发展格局的三大战略。北京如何通过坚持推进"四个中心"建设和"京津冀协同发展"，融入"一带一路"倡议，对北京在新常态下实现可持续发展至关重要。韩晶等学者认为，尽管在"一带一路"倡议中，京津冀地区没有被直接圈定为涵盖省份。但"一带一路""京津冀协同发展"与北京"四个中心"的城市发展战略之间明显存在着大三角的互动关系。北京融入国家"一带一路"倡议，需要把握首都优势、经济优势、区位优势三个要点，找准自己的合作定位、城市发展定位、产业定位和文化定位。提出北京融入"一带一路"的战略对策，即突出政策协调功能，打造北京"一带一路"总指挥部，确定北京投融资中心地位，形成"一带一路"主题的金融集聚，通过北京国际影响力，发挥支撑服务功能、依托北京中国文化中心优势，促进一带一路文化交流。[②] 王姣娥等基于2014年的OAG计划数据，重点分析了中国与"一带一路"沿线国家的国际航空运输联系空间格局，并运用枢纽度模型识别国际航空枢纽。研究表明，北京是中国面向"一带一路"沿线国家的国际航空客运枢纽机场，北京、上海、广州等国际综合性枢纽和乌鲁木齐、哈尔滨等区域航空枢纽，及郑州等国际货运航空枢纽共同构成了中国面向"一带一路"沿线国家的国际航空枢纽。[③]

2015年3月，国家发展改革委、外交部、商务部联合发布《推动共建丝绸之路经济带和21世纪海上丝绸之路的愿景与行动》，这份愿景与行

[①] 李磊、张贵祥：《京津冀城市群内城市发展质量》，《经济地理》2015年第5期。
[②] 韩晶、刘俊博、酒二科：《北京融入国家"一带一路"战略的定位与对策研究》，《城市观察》2015年第6期。
[③] 王姣娥、王涵、焦敬娟：《"一带一路"与中国对外航空运输联系》，《地理科学进展》2015年第5期。

动从时代背景、共建原则、框架思路、合作重点、合作机制等方面，阐述了"一带一路"的主张与内涵，提出了共建"一带一路"的方向和任务，使横跨亚、非、欧三大洲、涵盖30多亿人口的"一带一路"伟大构想正在成为现实，并作为国家发展的重大战略布局，全面指导我国文化建设发展布局。

二 城市建设研究

（一）国际一流的和谐宜居之都建设

城市居民幸福感、满意度是从主观角度研究和谐宜居的独特视角。党云晓等构建宜居城市主观评价指标体系，基于三次大规模抽样调查问卷，对北京市居住环境从2005年至2013年的变化进行评价，重点分析居住环境的生活方便性、安全性、自然环境舒适度、人文环境舒适度、出行便捷度、健康性六大方面在不同城区及不同人群之间评价的差异。研究表明：居民比较认可宜居北京的生活方便性，对舒适度的评价逐渐上升，对健康性的评价持续下降；主城区居民满意度高于郊区大型居住区；年轻群体、高收入高学历人群、商品房居民以及本地居民对居住环境的评价更高。[1] 湛东升等以北京市为案例，基于2013年宜居城市大规模问卷调查数据，运用因子分析方法提取了北京市居民宜居满意度主要感知因素，并分别从居民宜居感知因素、个体与家庭属性因素两个视角，借助地理探测器方法揭示了北京市居民宜居满意度特征与影响机理。[2] 陈叶秀等探究了社区环境对居民主观幸福感的影响，研究表明"景观优美""邻里关系良好"等5个指标是影响居民主观幸福感的主要社区环境因素，这些因素反映了居民对社区环境的需求，有关部门和企业可以根据居民的需求来规划、建设和管理社区，让社区居民生活得更加幸福。[3] 还有学者就特殊人群进行了幸福感、城市归

---

[1] 党云晓、余建辉、张文忠等：《基于主观感受的宜居北京评价变化研究》，《人文地理》2015年第4期。

[2] 湛东升、张文忠、余建辉等：《基于地理探测器的北京市居民宜居满意度影响机理》，《地理科学进展》2015年第8期。

[3] 陈叶秀、宁艳杰：《社区环境对居民主观幸福感的影响》，《城市问题》2015年第5期。

属感进行了研究，例如张景秋等分析了老年人的居住环境及生活满意度[1]、朱海琳等基于流动人口的调查数据对流动人口的城市归属感和主观幸福感进行了分析[2]。

（二）智慧城市建设

智慧城市是新一轮信息技术变革的产物，是信息资源日益成为重要生产要素和信息化向更高阶段发展的表现。它以互联网、物联网、无线宽带、云计算、大数据等新技术为基础，更加广泛深入地推进基础型与应用型信息系统开发建设和各类信息资源的开发利用，形成技术集成、高端发展、综合应用的现代化、信息化、智能化城市。王红霞系统梳理了智慧城市的内涵、特征、建设研究现状、发展趋势及建议，提出北京智慧城市建设进程的加快，能在一定程度上缓解北京建筑稠密、交通阻塞、景区超载、资源短缺等一系列"城市病"，并及时有效地杜绝群体性事件的发生[3]。杨京英等从理论与实践两个方面开展北京"智慧城市"发展状况评价研究工作，构建了智慧城市发展指数，并实际采集数据实现了对"智慧城市"发展水平的量化评估，同时实现了对北京市"智慧城市"建设进程的纵向动态跟踪监测和所属 16 个区县之间的横向差异比较，为市政府制定"智慧城市"发展战略，以及"智慧城市"建设在重点地区、重点领域、重点工作上的推进提供量化支持依据[4]。齐恩乐就智慧型街道应急管理模式创新进行了分析，文中提到，北京市在街道应急方面存在不少问题，表现为危机意识薄弱、缺少应急管理组织、信息技术支撑能力不强等。在总结团结湖街道和月坛街道相关经验的基础上，为进一步完善应急管理模式，一方面，要将北京智慧街道突发事件应急管理列入"智慧北京"建设重点工程；另一方面，需要加快实施北京智慧街道突发事件应急管理专项行动计划[5]。还有学

---

[1] 张景秋、刘欢、齐英茜等：《北京城市老年人居住环境及生活满意度分析》，《地理科学进展》2015 年第 12 期。
[2] 朱海琳、白薇、陈建成等：《流动人口城市归属感与主观幸福感的关系研究——基于北京市流动人口的调查数据》，《河北科技大学学报》（社会科学版）2015 年第 1 期。
[3] 王红霞：《北京智慧城市发展现状与建设对策研究》，《电子政务》2015 年第 12 期。
[4] 智慧城市发展指数统计评价研究课题组：《北京智慧城市发展指数 SCDI (2014) 统计测评报告》，《中国信息界》2015 年第 3 期。
[5] 齐恩乐、文晓灵：《智慧型街道（社区）应急管理模式创新——以北京市两个街道的创新实践为例》，《新视野》2015 年第 5 期。

者对物联网技术在智慧城市建设过程中发挥的作用①、智慧北京的惠民体验等相关问题进行了探究。②

(三) 生态、节水、海绵城市建设

《城市可持续发展与中国绿色城镇化发展战略》聚焦城市发展问题,深入研究城市可持续发展和中国绿色城镇化发展战略③。在分析城市发展现状和中国城市病出现原因的基础上,构建绿色城镇化分析框架和理论模型,构建绿色城镇化指标体系并测度中国绿色城镇化水平,探讨绿色城镇化理论内涵,研究实现城市可持续发展和推进绿色城镇化的主要手段,提出绿色城镇化发展实现路径和政策建议。《北京世界城市建设中的新资源发掘问题研究》从北京的现实与建设目标出发,比较分析北京与纽约、伦敦和东京等主要世界城市的差距,从资源分析的角度为北京建设世界城市提供相关的理论依据④;对资源(环境)、可持续发展、循环经济、城市与资源等有关概念进行评述,突破传统资源观的认识障碍,树立新型资源观,为北京新型资源的挖掘提供理论依据;运用定性分析、定量分析和模型分析等手段,丰富和完善资源与产业理论,对环境与资源约束下的北京建设世界城市提供一个新的研究途径。

生态城市是人类文明未来发展的主要空间节点与物质载体,在生态文明语境里早已成为持续升温的关注热点。作为人类发展的理想与目标,生态城市已经成为现代人居、生产和环境相互协调的重大社会实践。作为科学问题,生态城市是包含自然科学与社会科学众多学科交叉渗透的现代重大研究领域。⑤有学者认为,建设发展绿色、生态北京,应促进和鼓励地热资源的可持续发展与综合利用,提倡规模化开发,加强地热资源矿业管理、统一规划、科学利用⑥;有学者在实地调研和综合评价

---

① 曹银平:《物联网开启智慧城市之门》,《自动化博览》2015年第4期。
② 北京市经济和信息化委员会:《智慧北京的"惠民体会"》,《中国信息界》2015年第1期。
③ 宋涛、郭迷:《城市可持续发展与中国绿色城镇化发展战略》,经济日报出版社2015年版。
④ 韩文琰:《北京世界城市建设中的新资源发掘问题研究》,中国金融出版社2015年版。
⑤ 蒋艳灵、刘春腊、周长青等:《中国生态城市理论研究现状与实践问题思考》,《地理研究》2015年第12期。
⑥ 鞠凤萍、郭中泽、闫德刚等:《浅析"绿色北京"形势下地热资源的可持续发展模式》,《中国矿业》2015年第2期。

的基础上，针对北京市郊野公园植物景观存在的不足提出优化改进建议，以促进城市植物景观的美景度、生态和实用性，为北京市郊野公园植物景观建设提供参考和借鉴[1]；还有学者从城市监管角度提出绿色生产的规范要求。[2]

2014年习总书记提出"节水优先、空间均衡、系统治理、两手发力"的治水新思路。节水中心以"节水优先"为统领，进一步落实"向观念要水，向机制要水，向科技要水"，坚持最严格水资源管理制度，推进首都节水型城市建设。[3] 近年来北京市的节水工作取得了一定进展，但水资源严重缺乏的压力并没有缓解，因此学者们围绕节水城市建设提出了一系列措施和建议。例如，金树东提出北京市节水工作的重点任务：一是以生态文明理念为引领，推进节水理念的转变；二是落实"三起来"，进一步挖潜节水空间；三是按照国际一流标准，深入推进节水型社会创建活动；四是建立节水与水资源保护转移支付考核奖补政策，进一步推动各项节水工作开展。[4] 方秀玉等在分析用水概况和水总量面临的压力后，提出了节水发展的几点建议：一是控制生活用水规模，二是控制环境用水过快增长，三是控制工农业用水总量。[5] "十二五"时期，北京水务围绕国家"四个全面"战略部署、首都新的城市功能定位和京津冀协同发展等新的形势和要求，全面提高水安全保障能力，促进水资源的可持续利用和经济社会的转型发展，为建设北京国际一流和谐宜居之都提供了坚实的水务支撑。[6]

海绵城市比喻城市像海绵一样，国外称为低影响开发（LID），指遇到有降雨时城市社区能够就地或就近吸收、存蓄、渗透、净化雨水，补充地下水、调节水循环；在干旱缺水时有条件将蓄存的水释放出来，并加以利用，从而让水在城市中的迁移活动更加"自然"，同时丰富城市景观，增强

---

[1] 刘淼：《北京市郊野公园植物景观研究》，硕士学位论文，北京林业大学，2015年。
[2] 中国建材数字报网：《北京市严格规范混凝土管理实现绿色生产》，《建材发展导向》2015年第4期。
[3] 北京市节约用水管理中心：《坚持节水优先 建设宜居之都》，《北京水务》2015年第2期。
[4] 金树东：《北京：转变用水观念 创新发展模式 在新起点上推进首都国际一流节水型城市建设》，《中国水利》2015年第7期。
[5] 方秀玉：《量水发展 促进北京市节水型城市建设》，《节能与环保》2015年第7期。
[6] 张瑜洪：《理念先行 重点突破 为国际一流和谐宜居之都建设添彩》，《中国水利》2015年第24期。

城市生态功能,让城市更加宜居。① 北京市海绵城市建设成套技术,包括"渗、滞、蓄、净、用、排",即雨水的资源化利用、涝洪减灾防治、面源污染减控及生态环境改善等。② 在吴明华的《海绵城市怎么建?——专访中国海绵城市倡导者、反城乡硬化运动发起人刘波》一文中提道:海绵城市技术只代表一种技术体系和方法,而不能代表城市发展的全部内涵。应利用海绵城市技术,达到城市水资源可持续利用与管理,最终实现城市可持续发展的战略目标。在推进海绵城市建设时,需要遏制城市无限制硬化趋势、积极实施城市生态修复、建立科学的流域管理行政体制及构建完备的水资源法律和政策体系。③

(四) 健康城市建设

党的十八大报告中提出,"健康是促进人的全面发展的必然要求"。"健康城市建设"成为 2015 年学术研究的新主题。《健康城市蓝皮书:北京健康城市建设研究报告 (2015)》④ 基于大量权威数据和实地调研材料,对北京健康城市建设状况及其数据等进行深度整理、挖掘、提炼、分析。该报告系统地介绍了 2011—2014 年北京健康城市建设研究的发展状况,对主要问题、存在的不足及其原因进行详细分析,并借鉴国外发达国家城市治理经验,针对未来北京健康城市建设工作实际进行了科学预测、决策研究,并提出了政策建议,是关于北京健康城市建设的最新研究成果。该报告旨在对北京市健康城市建设和发展状况进行宏观描述和战略性研究,以便为提高北京市健康城市建设水平、促进中国健康城市发展、增强健康城市建设顶层设计和城市公共管理水平、有效解决"特大城市病"提供科学性和合理性依据。

---

① 苏小星:《北京:全方位推进"海绵城市"建设》,《城市规划通讯》2015 年第 11 期。
② 北京市水科学技术研究院:《北京市海绵城市建设成套技术》,《北京水务》2015 年第 3 期。
③ 吴明华:《海绵城市怎么建?——专访中国海绵城市倡导者、反城乡硬化运动发起人刘波》,《决策》2015 年第 1 期。
④ 王鸿春:《健康城市蓝皮书:北京健康城市建设研究报告 (2015)》,社会科学文献出版社 2015 年版。

三 城市经济研究

(一) 城市创新与创意城市研究

城市是创新的主要载体，城市创新联系促进了城市创新功能的优化与互补，促进了城市创新放大与创新外溢，促进了城市创新都市圈的形成。中国把自主创新，建设创新型国家作为国家发展的核心战略。城市创新是国家创新系统的核心内容之一，城市创新联系是国家创新体系的重要组成部分，对国家创新体系建设有重要作用。吕拉昌等在国内外城市创新联系综述及理论分析的基础上，通过一组测度指标，界定了城市外向创新联系规模，采用引力模型，测度了中国主要城市间的创新联系强度及格局。研究表明：中国主要城市创新联系格局基本为东强西弱，东部地区城市创新联系格局显现出以上海、南京、杭州为顶角，以北京、天津，以广州、深圳为2个底角的创新联系"金三角"。[1] 段德忠等基于城市邮编区划空间数据库，从创新产出的视角建构城市创新评价指标体系，对1991—2014年上海市和北京市的创新空间结构的空间演化模式进行了探讨，研究发现：25年间，上海市和北京市的创新空间结构生长体现出了诸多的共性特征，随着参与创新的城市空间单元逐年增加，区域创新产出虽总体差距在缩小，但空间集聚趋势在加剧。[2]

对创意城市的研究多从文化角度切入，王林生提出，从全球发展来看，创意文化支撑着城市发展，不仅是因为知识与创意在城市经济发展中日益重要，更因为城市发展需要从创意文化中寻求新的经济增长点。在这种城市发展的大趋势下，北京作为现代化的国际都市，文化创意以多种形式渗透和散布于城市空间，由此造就了北京城市创意空间的布局和基本形态。[3] 范玉刚认为创意城市其着力点要放在创新教育模式、保护创意权益、科学规划城市空间布局，尊重创意培育的区位选择、文化指向和创新指向，营造创意氛围和社会环境，发展优势主导性行业，提高文化创意产业的质量

---

[1] 吕拉昌、梁政骥、黄茹：《中国主要城市间的创新联系研究》，《地理科学》2015年第1期。
[2] 段德忠、杜德斌、刘承良：《上海和北京城市创新空间结构的时空演化模式》，《地理学报》2015年第12期。
[3] 王林生：《北京创意文化都市的空间特征与塑造》，《前线》2015年第1期。

和效益。"创意北京"建设旨在通过文化创意有效提升北京的文化凝聚力、文化生产力和文化创造力,为全国文化中心建设提供支撑。[①]

(二)北京产业研究

第一,文化创意产业。《创意城市蓝皮书:北京文化创意产业发展报告(2015版)》[②] 综合研究了 2014 年北京文化创意产业的整体运行与发展情况,梳理分析了重点区县文化创意产业发展的现状与特点,对文化创意产业的部分行业进行了重点研究,并从文化与相关产业融合、文化消费指数与消费市场培育、京津冀文化产业协同发展等方面深入探讨了北京文化创意产业发展的关键问题。安景文等从行业异质性分析的视角出发,运用 DEA – BCC 模型从静态角度测算了 2006—2013 年北京文化创意产业九类细分行业的综合技术效率、投入冗余与产出不足,并运用 RD – Malmquist 模型从动态角度对其全要素生产率变动、技术进步和技术效率进行评价,对产业内细分行业效率的异质性及其原因进行了有针对性的讨论。[③]

第二,现代服务业。席强敏等利用 2003—2012 年京津冀地区 13 个地级城市面板数据,测算了京津冀生产性服务业分工的空间特征与行业特征,并基于空间面板计量模型,实证检验了生产性服务业各行业在京津冀地区城市之间的空间外溢效应。[④] 孙永波等利用北京市 2004—2013 年现代服务业相关数据,通过建立多元回归模型,对北京市现代服务业发展的影响因素进行实证分析。结果表明:经济发展水平,服务消费需求水平,城市化水平,工业化水平,区域开放度以及政府投资支出与北京现代服务业发展均存在正相关关系。其中,经济发展水平对现代服务业发展的影响最为显著,而工业与现代服务业之间还未实现"无缝对接",第二产业的发展并没有真

---

① 范玉刚:《文化创意城市的理论思考——兼及"创意北京"建设的若干建议》,《人文杂志》2015 年第 2 期。

② 张京成、王国华:《创意城市蓝皮书:北京文化创意产业发展报告(2015 版)》,社会科学文献出版社 2015 年版。

③ 安景文、刘颖:《文化创意产业细分行业发展效率异质性实证研究——以北京市为例》,《北京社会科学》2015 年第 5 期。

④ 席强敏、李国平:《京津冀生产性服务业空间分工特征及溢出效应》,《地理学报》2015 年第 12 期。

正发挥对现代服务业发展的促进作用。① 申静等基于对高端服务业在中国经济结构及其升级转型中重要性的认识,通过系统分析国内外的相关研究,并结合首都的发展定位,对北京市高端服务业进行了概念界定。基于经济一体化和服务全球化的发展,借鉴欧洲工业标准的分类体系并参考北京现行的行业分类标准,建立了北京市高端服务业分类体系并明确了其产业范围。综合运用内容分析法和统计分析方法,确立了北京市高端服务业的七大重点行业,全面探析了北京市高端服务业的内涵和外延。②

第三,商业、旅游业。王芳等以北京市中心城区和近郊区为研究区域,运用POI数据提取研究区零售商业网点信息,采用点模式分析和构建耦合度模型,探讨了北京市不同业态商业空间格局,及在居住小区中观尺度上商业空间与人口的耦合性。③《北京建设世界一流旅游城市:2013:理念创新与模式探索》系统探究了北京旅游的新问题、新挑战与新模式,北京建设世界城市的文化旅游路径,北京市文化创意旅游发展模式与对策,北京市旅游景区发展与升级,北京国际网络营销平台分析与构建,北京低碳旅游发展模式,首都区域旅游合作创新发展模式,北京建设世界一流智慧旅游城市创新。④

第四,产业链、产业结构。蔡安宁等根据1997年、2002年和2007年北京投入产出表,以净输出、区位商、影响力及感应度系数等综合指标分析了北京核心产业和产业链的演变。研究表明:核心产业具有一定的稳定性和延续性。1997—2007年,一直处于核心产业的主要有计算机制造业、建筑业、航空运输业、金融业及科教服务业。同时,一些不再适合北京城市性质和功能的产业链如纺织服装业、饮料制造业、钢铁制造业等劳动密集型、高能耗型、高耗水的产业链逐步退出,而适应北京向世界城市转变的知识密集型的产业链在城市经济发展中逐渐形成,产业链逐步向高端化

---

① 孙永波、甄圆圆:《北京现代服务业发展影响因素实证分析》,《经济体制改革》2015年第2期。
② 申静、周青:《北京市高端服务业的内涵和外延》,《技术经济》2015年第9期。
③ 王芳、高晓路:《北京市商业空间格局及其与人口耦合关系研究》,《城市规划》2015年第11期。
④ 计金标:《北京建设世界一流旅游城市:2013:理念创新与模式探索》,经济管理出版社2015年版。

方向演替。① 邹燕青等利用1987—2012年的数据，首先对北京市FDI的资本效应和技术溢出效应分别进行了分析，然后运用分布滞后模型对北京市产业结构和外商直接投资之间的关系进行了实证研究，并提出相关政策建议，如引导国内企业对产业的合理投资、努力提高企业自主研发的能力、引导外资在三大产业中的合理分配。②

四 城市管理研究

（一）"城市病"治理

加快破解城市难题，治理"大城市病"，实施精细化管理，是城乡建设与发展的必要措施。当前北京城市发展距离新定位、新目标的要求还有差距，还面临一些阶段性矛盾和阶段性难题，突出表现为人口过快增长、交通严重拥堵，资源环境压力日益加大等"大城市病"问题。③ 齐心根据城市病的表现，建构了由7个表现层和25个具体指标构成的北京城市病综合测度体系，并对北京市2008—2012年的城市病状况进行了实际测度，结果显示，北京城市病的总评分呈逐年下降趋势，但2012年有较大反弹，北京市在城市发展所需的各类资源日趋紧张的条件下，逐步减轻了城市病在其他方面的一些症状。④

学者们从"城市病"治理角度切入，进行了大量研究。肖周燕等以北京为例，从城市功能结构入手，在分析其城市功能及结构演变的基础上，探究特大城市功能布局在疏解人口规模过程中存在的问题及可行性，为促进城市可持续发展、缓解城市病提供相应的对策建议，认为应该促使城市发展与其功能定位相符，减少核心功能区在经济功能方面的绝对优势地位，尊重市场机制对人口配置的决定性作用，这样才有利于缓解特大城市的

---

① 蔡安宁、张华、庄立等：《世界城市目标下的北京产业链演变研究》，《经济地理》2015年第2期。
② 邹燕青、王雪梅：《外商直接投资对北京市产业结构影响的实证分析》，《商业经济研究》2015年第6期。
③ 赵弘：《破解首都"大城市病"》，《前线》2015年第4期。
④ 齐心：《北京城市病的综合测度及趋势分析》，《现代城市研究》2015年第12期。

"城市病",达到疏解中心城区人口的目标。①宋梅在《北京城市综合治理体系研究》一文中提到,"大城市病"治理要从城市发展规律出发,有效推动首都产业结构转型;从优化中心城结构出发,确立北京城市空间发展边界;从公交导向的交通发展战略出发,优化城市大型住宅的供给策略;从城市可持续发展出发,培养环境保护意识;从整合城乡一体化资源出发,探索农村土地补偿制度。②棚户区改造是"城市病"治理的重要方面。学者们通过实地考察调研、梳理文献资料和改造实践经验等研究方式,针对改造工作所面对的改造对象、实施改造的政策依据、实施中存在的问题等方面进行了论述和分析。并且,以此作为借鉴,探究北京今后棚户区改造工作过程中需要面对和解决的问题以及产生问题或困难的原因分析。③柴浩放认为,北京的城市病日益严重,有着城乡关系方面的深刻原因,城市化进程中人的城市化与空间城市化之间的脱节是城市病的重要诱因,这种脱节所产生的城乡接合部是城市病的典型标本,城市病的治理除了常规经济技术手段,还需向农村和郊区借力,不良的城乡关系会加剧城市病的程度,因此城市病的治理需要城乡统筹思维,加快城乡接合部的改造。④

(二) 城市人口流动:格局、过程与管治

城市化带来的区域及城乡发展不平衡加速了人口大规模流动,北京凭借其优越的区位条件和丰富的公共资源成为流动人口的重要聚集地。武玉结合2012年北京市计生委流动人口抽样调查以及北京市"五普""六普"数据,从全国城市化发展阶段的角度探究城市化给首都流动人口发展带来的新变化。研究发现,首都的快速发展增加了对青壮年劳动力的需求,促使流动人口规模增长,但增速趋于减缓;同时首都流动人口的分布呈郊区化态势且趋向均衡;流动人口女性化趋势显现,但流动人口职业阶层较

---

① 肖周燕、王庆娟:《我国特大城市的功能布局与人口疏解研究——以北京为例》,《人口学刊》2015年第1期。
② 宋梅:《北京城市综合治理体系研究》,《城市发展研究》2015年第2期。
③ 王晓宁、张龙、郑宇:《北京市棚户区改造项目成本测算及资金平衡研究》,《建设科技》2015年第23期;刘晶:《北京市棚户区改造模式与管理研究》,硕士学位论文,中国地质大学,2015年。
④ 柴浩放:《北京城市病的城乡关系透视》,《生态经济》2015年第7期。

低。① 针对流动人口问题，高爽对北京市少数民族流动人口的公共服务与管理进行了研究。②

随着城市化进程的加快，我国城市规模不断膨胀，超过1000万人口的超大城市不断涌现，城市人口规模过大、增长过快以及带来的城市问题引起社会各界的关注。童玉芬等在厘清北京人口增长机制的基础上，采用系统动力学方法，通过政策模拟，考察不同政策导向对未来北京市人口增长趋势的影响。③ 安慧等在分析了近年来北京市人口就业发展变化情况和特点的基础上，提出了以产业结构优化升级促进人口调控目标的实现和以产业布局的调整引导人口的合理分布的思路。④

学者们对城市人口的研究还集中于人口分布的时空格局。例如，钟少颖等利用2000年"五普"和2010年"六普"北京街道、乡镇层面的数据，通过人口分布重心、人口分布空间自相关分析、人口密度分布模拟、人口密度和人口密度差分克里金插值等方法分析了2000年到2010年北京市人口分布格局的时空演变。⑤ 再如，饶烨等尝试采用地理学扩展方法改进传统的密度函数，量化北京市都市区人口增长的空间规律，并探讨背后的机理，理论上有助于丰富采用数量方法描述城市空间结构的研究，实践上为制定符合北京实际的人口引导政策提供指引。⑥ 宋志军等分析了中华人民共和国成立以来北京城乡人口变化的时空特点，研究表明，六十多年来北京城乡人口的时空演化模式呈现了多样性，传统的人口增长模型已退化为内部区域以对数函数为主，但总体又表现为双曲函数的增长模式，这一结论将有助于通过表象认识北京城乡人口时空变化的实质，推进城乡一体化的科学演进。⑦

居民行为是研究城市人口的独特视角，贾晓朋等学者通过问卷调查获

---

① 武玉:《城市化进程中首都流动人口变动的新特点与问题》，《人口与社会》2015年第2期。
② 高爽:《北京市少数民族流动人口的公共服务与管理研究》，硕士学位论文，中央民族大学，2015年。
③ 童玉芬、王莹莹:《北京市人口动态模拟与政策分析》，《资源与环境》2015年第2期。
④ 安慧、崔佳:《对北京市人口规模调控的思考》，《前线》2015年第10期。
⑤ 钟少颖、陈锐、杨鑫:《2000—2010年北京市人口分布格局的时空演变分析》，《城市规划》2015年第11期。
⑥ 饶烨、宋金平、于伟:《北京都市区人口增长的空间规律与机理》，《地理研究》2015年第1期。
⑦ 宋志军、朱战强、郭治华等:《建国以来北京城乡人口变化的时空分析》，《经济地理》2015年第10期。

得了北京市四类社区下居民的社会属性和通勤行为等数据,运用统计分析、空间数据分析和地理信息系统等方法,对四类社区居民通勤时间、通勤距离、通勤方式、通勤预留时间进行分析,试图揭示城市社会空间极化背景下居民通勤行为差异,为进一步理解城市空间结构及其变化提供参考。[1]

(三) 城市交通与出行行为

北京市的综合交通枢纽经历了漫长的发展过程,在促进城市发展、引导城市空间格局调整的同时,也出现了一些与城市发展不相适应的问题,尤其体现在整体布局、承载能力、功能发挥和外部衔接方面,这些问题有综合交通枢纽自身发展的阶段性问题,很大程度上来源于综合交通枢纽建设滞后与城市经济社会快速发展的矛盾,综合交通枢纽建设越来越不适应北京城市功能的优化调整和居民出行需求多样化的变化。李纪宏等基于北京综合交通枢纽的现状特征,分析了综合交通枢纽的问题,从系统性、网络化、协同化、层级性和品质化等方面提出了北京综合交通体系的构建策略。[2]

围绕城市公共交通,学者们展开了一系列研究。例如,刘云枫等利用DEA – Malmquist 指数方法,依据北京市 2007—2013 年公共交通行业的基础数据,从时间和系统内部两个角度对公共交通行业进行研究。结果表明,2007—2013 年间,北京市公共交通行业全要素生产率的增长主要归功于技术进步,而技术效率则对效率变动起阻碍作用。此外,轨道交通子系统的发展态势良好,但常规公共交通子系统效率较低,亟须改善。最后,结合公共交通行业存在的问题,提出了相应建议。[3] 徐建平等以北京市客运交通为研究对象,利用交通生态足迹的测算方法分析了 2012 年北京市各种客运交通的生态足迹及生态效率,估算了北京市客运交通的生态足迹目标函数值,从降低交通生态足迹与提高客运交通总分担量的角度提出了优化北京市客运交通结构的策略。分析结果显示,从不同客运交通的生态足迹构成分析可看出,小汽车的生态足迹最高,且小汽车生态效率最低。因此,应

---

[1] 贾晓朋、孟斌、张媛媛:《北京市不同社区居民通勤行为分析》,《地域研究与开发》2015 年第 1 期。
[2] 李纪宏、张晓妍:《北京综合交通枢纽发展战略》,《综合运输》2015 年第 1 期。
[3] 刘云枫、王楠:《北京市公共交通效率评价》,《城市问题》2015 年第 4 期。

提高交通能源利用效率，限制小汽车的增加，并进一步发展公共交通。[1]

从行为的视角研究城市交通空间结构已成为地理学和交通规划关注的热点问题，季珏等提出了利用交通行为区来反映居民交通行为与地理环境耦合关系的思路，为解决城市微观研究中的不确定性问题提供了视角，同时建立起从典型抽样到面域覆盖的评价方法。研究发现，北京市中心城区目前有5类典型的交通行为区，分别为高档别墅区、中档建成区、历史中心区、高档高密度区，以及成熟完善区，交通行为区的划分方法对于精细化研究城市交通空间结构具有重要意义，例如交通资源的差异化配置，低碳交通空间结构研究等。[2]

（四）城市应急防灾研究

应急避难场所在我国的发展比较晚。从唐山大地震后，才对城市的应急避难场所进行研究，但并没有形成完善的体系。近年来，城市自然灾害的频发才引起了人们对于应急避难场所的注意。北京的大都城垣遗址公园应急避难场所是我国于2003年建立的第一个应急避难场所。由于北京奥运会的召开，为了提高安全水平，北京新建了29所避难场所。随后的3年，《北京市"十二五"时期应急体系发展规划》又提出，300所应急避难场所，将会在未来五年中建设完成。并且为了保障在突发事件下居民的疏散和避难。北京的应急避难场所总面积要达1500万平方米，并且要求可大约容纳600万人。邵鹏程以北京市海淀区应急避难场所为研究对象，通过现场调查和理论分析相结合的方法展开研究。并建立避难场所应急能力评价指标体系评价其功能实现情况。根据调查研究的情况，对海淀区应急避难场所未来的规划建设提出可行性建议。[3] 吕元等结合北京建外商务型社区案例，在分析商务型社区基本特征的基础上，从总体防灾空间、防救灾组团、应急援疏散网络、避难空间体系和防灾设施等方面对商务型社区应急防灾空间设计策略进行探讨，以期能为其他商务型社区的规划设计及应急防灾管理提供参考。[4]

---

[1] 徐建平、林晓言：《中国城市客运交通生态足迹测算——以北京市为例》，《城市问题》2015年第9期。
[2] 季珏、高晓路：《基于行为视角的北京城市交通空间结构》，《地理学报》2015年第12期。
[3] 邵鹏程：《北京海淀区城市应急避难场所的调查》，《安全》2015年第1期。
[4] 吕元、苏效杰、胡斌：《商务型社区应急防灾空间设计策略》，《规划师》2015年第11期。

2014年11月26日国务院常务会议审议通过的《大气污染防治法（修订草案）》中，设立"重污染天气应对"专章，对重污染天气监测预警、应急响应、应急措施等作出详细规定。2014年12月29日，国务院办公厅印发《国家突发环境事件应急预案》，吸纳了近年来突发环境事件应对工作的有效经验，进一步规范突发环境事件应对工作。2014年以来，北京市环境应急体系建设取得了很大进步。2015年1月1日实施的新环境保护法，对于突发环境事件的风险控制、应急准备、应急处置和事后恢复等工作提出了明确要求[①]。王凌慧等学者针对2013年1月10—14日北京达到预警一级的典型灰霾严重污染过程，利用我国自主研发的模式NAQPMS，评估北京应急预案预警一级的实施对北京市PM2.5浓度的影响，量化机动车单双号限行、工业减排30%等强制性措施对PM2.5浓度在时间和空间上的削减效果，以期为科学制定应急预案提供理论支持，是应急预案科学性评估的初步探索。[②]

近年来，随着北京城市的快速发展，城市热岛效应的影响以及能源消耗带来的大气环境问题日渐显著。主要表现在，局地暴雨或强雷暴、高温、重雾霾等极端天气事件的频次增多，特别是局地暴雨引发的城市内涝灾害事件不断出现，对城市交通、居民生活和生命财产安全带来明显影响，受到社会各界的广泛关注。[③] 为此，侯雷从城市内涝灾害的成因入手，反思了城市内涝灾害应急管理工作存在的问题，并寻求应急管理能力的提升路径，即通过建立极端天气监测诊断预测系统和人群分布预警系统，坚持用正确的原则和标准指导城市建设，提高全民防灾意识，加大对违法排污行为的惩罚力度，编制并定期演练城市内涝应急预案，加强各种专业救援团队队伍建设，提升对密集人群的疏散和管理能力，建立并完善城市内涝灾害保险制度等，不断提高城市内涝灾害的应急管理能力。[④] 目前，北京市迈入了城市轨道交通网络化运营阶段，这对城市轨道交通网络的应急救援体系提出了更高要求。学者们围绕轨道交通应急管理进行了研究，例如，聂鑫路

---

① 本刊评论员：《推进环保公众参与 提升环境应急能力》，《中国应急管理》2015年第2期。
② 王凌慧、曾凡刚、向伟玲等：《空气重污染应急措施对北京市PM2.5的削减效果评估》，《中国环境科学》2015年第8期。
③ 姚学祥、李青春、韩淑云：《北京城市气象灾害与应急管理》，《城市与减灾》2015年第5期。
④ 侯雷：《对城市内涝灾害应急管理的反思及建议》，《行政与法》2015年第1期。

进行了基于 PSO 的城市轨道交通应急救援选址研究①，王春雪等对地铁应急疏散恐慌程度模型进行了探究②。

通过梳理总结发现，"京津冀协同发展""疏解首都功能""海绵城市""和谐宜居"等成为 2015 年度的热点名词。当前，我国经济发展步入新常态，新常态的主要特征和趋势性变化在首都发展中表现得比较突出和明显。首都北京主动适应经济发展新常态，坚持稳中求进工作总基调，牢牢把握首都城市战略定位，积极落实京津冀协同发展战略，更加注重改革创新，更加注重经济发展的质量和效益，更加注重生态文明建设，更加注重城市精细化管理，更加注重保障和改善民生，更加注重法治政府建设，推动首都经济社会持续健康发展，向着国际一流的和谐宜居之都迈出坚实步伐。

五　城乡一体化研究

（一）城乡一体化研究

"城乡一体化"成为 2015 年北京市城乡建设与发展的研究热点，主要著作及报告有《城乡一体化蓝皮书：中国城乡一体化发展报告（2014—2015）》北京卷③围绕落实首都城市战略定位和建设国际一流的和谐宜居之都的目标，重点分析了农民增收、农村基础设施建设、公共服务均等、集体经济优化升级、新型城市化推进、城乡接合部改造、城市病治理等体制机制领域，重点对城乡土地利用方面进行了关注。展望 2015 年，北京城乡发展面临重要机遇，绿色发展、城市功能优化、农村土地改革创新等新要素会助推北京城乡发展的可持续性和科学性。

《北京市城乡发展一体化进程研究》④从理论研究、政策实践、实际成

---

① 聂鑫路、魏庆朝：《基于 PSO 的城市轨道交通应急救援站选址研究》，《铁道工程学报》2015 年第 7 期。

② 王春雪、索晓、吕淑然等：《地铁应急疏散恐慌程度模型研究》，《中国安全科学学报》2015 年第 2 期。

③ 北京联合大学北京学研究基地：《城乡一体化蓝皮书：中国城乡一体化发展报告（2014—2015）》北京卷，社会科学文献出版社 2015 年版。

④ 张英洪：《北京市城乡发展一体化进程研究》，社会科学文献出版社 2015 年版。

效等方面对北京的城乡一体化进程进行比较系统全面的回顾与总结。在借鉴国内已有研究成果的基础上，建立了北京狭义城乡一体化评价指标体系，对2007—2012年北京狭义城乡一体化进程做了动态监测与评价。同时，从推进国家治理体系和治理能力现代化的战略目标出发，提出了北京市加快城乡一体化发展的对策建议。

《北京现代化报告2013—2014：北京城乡发展一体化研究》[1] 总体概括了北京城乡一体化发展的战略、阶段特征和面临的任务；论述了北京现代农业的发展历程以及农业现代化建设途径；总结了北京农村土地制度的变革和探索，提出北京农村土地制度的完善策略；研究了北京城乡基本公共服务现状，分析城乡基本公共服务存在的差异，在农村居民对公共服务满意度调研基础上，提出推进北京城乡公共服务均等化政策建议。

《北京农村研究报告（2014）》[2] 为2014年度北京市农村经济研究中心调研成果汇编，针对北京农村改革和城乡一体化发展中的一系列重大问题，如生态文明建设、新型城镇化与城乡一体化、"新三起来"、农业农村信息化、平谷农村改革试验区的改革与发展等展开了富有理论前瞻性和实践指导性的探讨，分析了当前北京农村改革面临的整体形势，提出了未来推进北京农村改革的方向和路径。

（二）美丽乡村建设研究

党的十八大报告提出了建设美丽中国的宏伟愿景，美丽乡村建设是该愿景的具体实践，是社会主义新农村建设的提升和延续。北京美丽乡村建设的主要内容包括发展乡村经济、美化乡村环境、丰富乡村文化、构建和谐乡村。黄薇等学者简述了美丽乡村的内涵，在实地考察北京市16个区县的美丽乡村建设情况的基础上，概述了北京美丽乡村的发展现状，综合分析了北京美丽乡村建设五大模式，产业发展型模式、生态保护型模式、城郊集约型模式、文化传承型模式和休闲旅游型模式，并提出了北京市美丽乡村建设模式的未来发展方向，个性化、差异化、地域化和品牌化，更注

---

[1] 李永进、张士运：《北京现代化报告2013—2014：北京城乡发展一体化研究》，北京科学技术出版社2015年版。

[2] 郭光磊：《北京农村研究报告（2014）》，社会科学文献出版社2015年版。

重文化内涵建设和产业化水平提升。① 裴菁宇、靳菲菲就乡村休闲文化景观、大兴区最美乡村建设实践问题进行了分析，丰富完善了美丽乡村的理论与实践研究。② 为实现美丽乡村，学者们围绕农村中垃圾处理、村庄改造、土地节约集约利用等问题进行了研究。③

---

① 黄薇、史亚军：《北京美丽乡村建设模式研究》，《农学学报》2015 年第 5 期。
② 裴菁宇：《首都美丽乡村建设中休闲文化景观现状与管理生态》，《中国市场》2015 年第 4 期；靳菲菲：《大兴区"北京最美的乡村"建设实践和发展建议》，《北京农业职业学院学报》2015 年第 2 期。
③ 李如刚、戴志锋：《破解北京农村生活垃圾治理瓶颈》，《城市管理与科技》2015 年第 3 期；于彤舟：《北京市村庄改造模式回顾与思考》，《小城镇建设》2015 年第 2 期；刘念北：《北京山区新型农村社区建设中土地节约集约利用研究》，硕士学位论文，首都经济贸易大学，2015 年。

北京城市空间与居民日常生活关系研究

孟　斌　贾晓朋[*]

伴随城市化快速发展和社会经济剧烈转型，北京城市空间正经历快速重构与调整过程，城市功能分区和社会空间结构变化，对居民日常生活满意度产生了深刻影响。"十三五"进一步强调将北京打造"和谐宜居之都"和建设为中国特色世界城市，在政策和城市空间演变双重驱动下，深入分析北京居民日常生活现状及背后驱动动力，对透视城市空间布局和社会空间结构的不合理之处，"以人为本"为出发点提出优化北京城市空间布局、城市规划以及城市空间管理合理对策建议，提高居民生活质量，促进社会公平、和谐宜居有重要的理论和现实意义。

一　北京居民日常生活满意度现状分析

在把握新时期首都城市战略定位，积极推进京津冀协同发展，有序疏解非首都功能背景下，首都经济社会保持了平稳健康发展。2015年北京实现地区生产总值22968.6亿元，比上年增长6.9%，全市人均地区生产总值达到106284元；年末全市常住人口2170.5万人，比上年末增加18.9万人，常住外来人口822.6万人，占常住人口的比重为37.9%，常住人口中，城镇人口1877.7万人，占常住人口的比重为86.5%；全年实现市场消费总额18646亿元，比上年增长8.7%，实现服务性消费额8308亿元，增长10.5%；

---

[*] 孟斌（1972— ），教授，北京联合大学北京学研究所副所长。贾晓朋（1986— ），首都师范大学资源环境与旅游学院博士研究生。

实现社会消费品零售总额 10338 亿元，增长 7.3%；全年批发和零售业实现商品购销额 116709.6 亿元，比上年下降 9.3%，实现购进额 55984.5 亿元，下降 9.9%；销售额 60725.1 亿元，下降 8.7%；年末全市公路里程 21876 公里，比上年末增加 27.2 公里，比 2010 年末增加 762 公里。

然而，北京社会生活在取得稳步提升的同时，也暴露出日常购物、中小学教育、看病、交通、休闲娱乐等居民日常生活中反映强烈问题。本文通过媒体对有关北京居民日常生活层面大量现实问题的报道，结合课题组在 2013 年完成的宜居北京大样本问卷调查的基础上，对北京城市空间与居民日常生活关系进行分析。问卷主要按照街道人口比例采用分层抽样与方便抽样相结合的方案进行随机调查，共发放问卷 8000 余份，回收问卷近 7000 份，其中有效问卷 5733 份，有效率达到 81.9%。北京市居民日常生活满意度平均得分为 72.38 分，高于及格分数线 66.6 分，但是各区县间满意度评价差异显著，如图 1 所示，其中最高分为西城区的 75.4 分，最低分为通州区的 70.3 分；其他各区县居民日常生活满意度总体评价均接近北京市平均得分 72.38 分；总体上城六区居民日常生活满意度评价要高于近郊区。

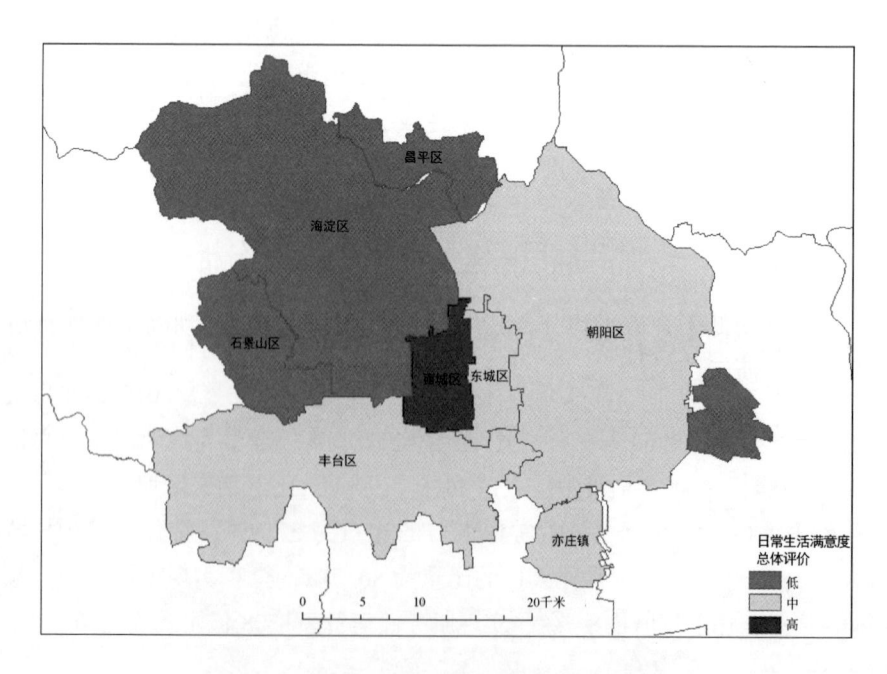

图 1　北京市主要区县日常生活满意度评价

资料来源：宜居北京评价抽样调查问卷。

居民比较不满意的主要有以下几个方面的问题。

（一）休闲娱乐空间冲突严重

"广场舞"在今天的中国业已成为一个充满争议的文化焦点。"广场舞冲突"实则反映出在城市建设和规划的过程当中，供市民娱乐休闲或文体活动场所不足；活动场地设施不完善，无法满足市民日常需求；现有管理体制、机制无法覆盖各种群体城市生活者；市民日常娱乐休闲缺乏有效引导与约束。

据新京报网站报道①，"通州区新华联家园小区居民反映，每天早上七点多开始，就有居民在楼下跳扇子舞，八点半开始，小广场上有七八个中年男子挥舞皮鞭，此起彼伏，接连不断，持续到近十一点。从晚上七点半开始，小广场又迎来跳广场舞的老年人，边播放音响边跳舞，影响居民们正常作息，经居委会和民警多次协调，情况并未得到明显改善"。

据北京青年报网站报道，"高考临近，北京市第十二中学的学生们频受广场舞噪声困扰，对于丰台城管的劝阻，大妈们并不买账，待城管走后，大妈们仍然选择调低音量继续跳舞"。

据网易新闻报道，"2015年4月28日北京洋桥东南角的广场上，广场舞大妈因舞池被占和大排档两度爆发冲突"。

2013年的问卷调查结果，也表明休闲空间评价存在一定的差异，城市外围地区的休闲活动满意度较差。东城区、丰台区、海淀区得分高于全市平均分，西城区和朝阳区与平均分基本持平，昌平区、大兴区、通州区和石景山地区略低于全市平均分，其中昌平区居民对休闲活动满意度评价最差，如图2所示。

（二）日常购物便捷度下降

1. 买菜难

据北京晚报网站报道，"位于西什库北大街27岁的老菜市场——北京天泰隆兴菜市场悄然撤市了。住在附近的居民们其实心里也挺纠结的，没

---

① 李雪莹：《夜夜广场舞　居民"受不了"》，新京报，2013年11月24日（链接日期），http://epaper.bjnews.com.cn/html/2013-11/24/content_479881.htm? div = -1。

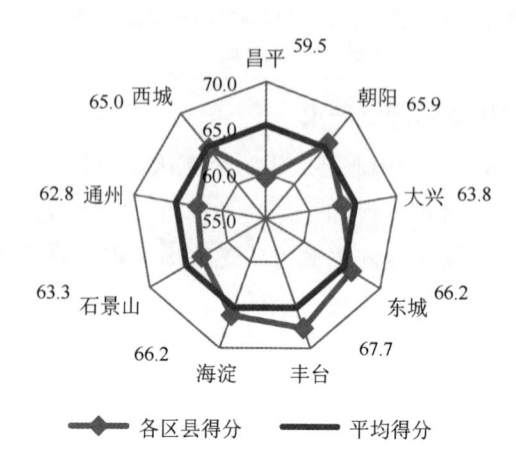

图2　北京市主要区县休闲满意度得分

数据来源：宜居北京评价抽样调查问卷。

撤时，总抱怨又脏又乱，环境太差。等撤了，又觉着少了个买菜的地方，不方便。附近有个超市，同样价格的菜，超市里的不如市场上的好。去社区便民菜站，最近的离这里也有半里地，而且规模太小，品种也不全"。

据北京青年报网站报道，[①]　"北京：城区部分菜市场拆除后留下便民'空白'，半年来，在淘汰低端产业的背景下，中心城区频频拆除居民区附近的农贸市场。虽然相关部门也承诺建便民菜站，但从菜价、菜品等方面考察，居民们买菜仍多有不便"。

2. 买衣难

北京在就地淘汰、转移疏解、改造升级业态及退出一般性产业，推动部分教育、医疗、培训机构等服务功能疏解过程中，过多强调城市空间进行优化布局，而弱化对居民日常购物考虑，造成批发市场、菜市场等拆除、搬迁后缺乏相应替代服务设施规划；虽然日渐兴盛的网络购物给居民带来的诸多便利，但因体验差、产品质量无法保证等原因还无法全面普及；北京市通过设置便民菜点、便民服务点等设施解决日常购物问题，但这些服务设施数量和质量远无法满足居民需求，同时日常购物网点布局不尽合理、网络体系有待进一步完善。

---

① https://www.chinanews.com.cn/sh/2014/05-07/6141494.shtml.

据今晚报网站报道①，"不少中老年消费者依然保持着买衣服首选大商场的习惯，可是本市的一些商场里中老年服装专柜却成为短板。本市商场业内人士称，中老年服装虽然有一定的市场，但是商场为显示自己时尚的整体氛围，大多不设中老年服装专柜，即使部分适合中老年的服装品牌，也因消费者崇尚年轻和时尚的心理，不会主打中老年服装的牌子。加之中老年服装的利润不高，一些商场放弃了设专柜"。

据每日商报网站报道②，"老年人买衣服只要大码就行吗？86%的人觉得老人买衣难"。

通过对购物满意度的分析发现，西城区和东城区满意度较高，通州区、石景山、大兴区和昌平区购物满意度较低，城市内部核心区购物满意度高于近郊城区，如图3所示。

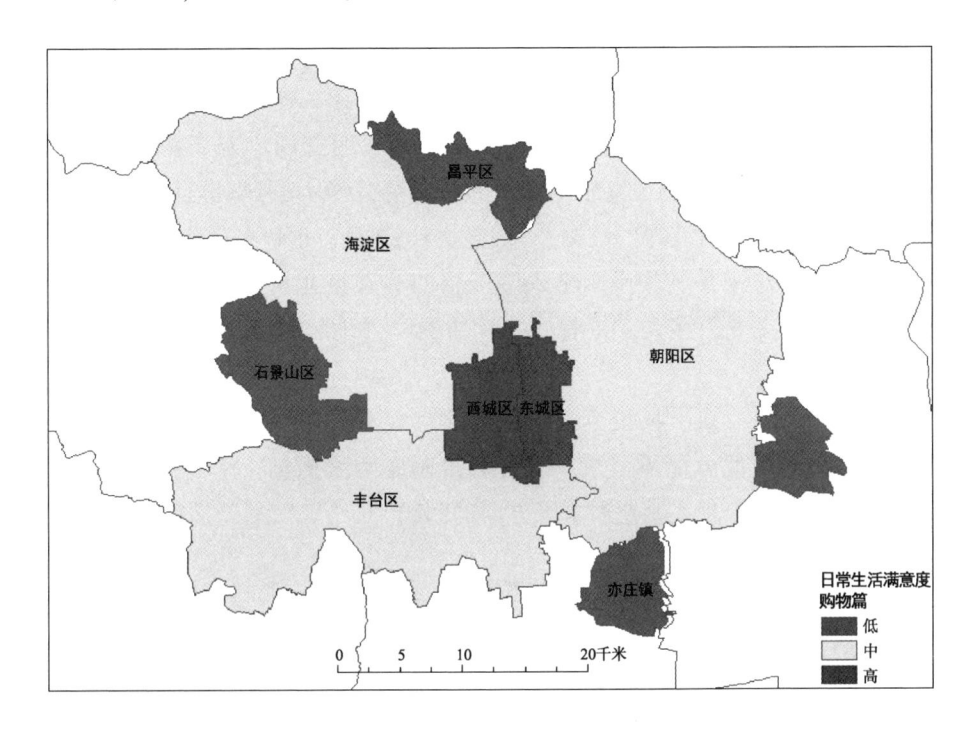

图3 北京市主要区县购物满意度空间分布

资料来源：宜居北京评价抽样调查问卷。

---

① http://news.jstv.com/a/20151016/1444979110755.shtml.
② http://lady.southcn.com/6/2015-11/19/content_137227022.htm.

(三) 子女中小学教育存在一些难题

1. 北京常住人口子女择校难

据中国教育报网站报道①,"姜女士住在流星花园三区,她的孩子今年9月份即将升入小学。由于在2013年,经过全体业主的努力,流星花园一区、三区临时划入育新小学学区,同属一个小区的流星花园二区划入了昌平实验小学。但是2014春节后,根据部分家长和昌平教委的沟通,流星花园将会全体被划入昌平实验小学。离家最近的学校不能上,反而要去离家很远的学校"。

2. 流动人口子女入学困难

据财新网报道②,"随迁子女在京遭上学难,多数孩子独自返乡读书:2014年开始各区县的'外地'学童就学政策发生变动,在以往的'五证'上添上了更多细节。丰台区要求父母一方在丰台务工,昌平区则规定暂住证办理日期必须在去年之前。反应最为强烈的朝阳、通州区还对父母双方的社保缴纳方式提出了更具体的要求,如通州区明文规定需'在我区'工作并缴纳社保,部分朝阳区家长提到,审核申请材料时对社保也有所要求"。

另据财新闻记者获得的数据,"截至5月27日,学龄人口信息采集截止前夕,参加信息采集、获得小学入学资格的非京籍儿童仅有5.8274万人,较上年减少了1.6万多人。更有一些常住的'外地'家庭在'中考'等环节碰壁"③。

中小学生入学难、择校难,暴露出北京现有优质教育资源不足,划片择校造成教育资源分配不公平,现有教育制度亟须优化、完善,市民日常生活对教育资源产生多元化需求等方面的问题。

(四) 看病难问题长期困扰

据财新网报道④,"北京市卫生计生委副主任钟东波就医疗卫生服务做专题报告时说,尽管北京大医院众多,医疗资源丰富,但依然供不应求。

---

① http://xiaoxue.eol.cn/xiao_sheng_chu_ci_dian_9276/20140327/t20140327_1091158.shtml.
② https://gaokao.eol.cn/bei_jing/dongtai/201502/t20150226_1231641_8.shtml.
③ http://bj.people.com.cn/n/2014/0529/c82841-21309411.html.
④ 石睿:《每天14万人进京看病 看病难短期无解》,财新网,2014年3月28日(链接日期),http://china.caixin.com/2014-03-28/100657689.html.

近年来,到北京看病的人数逐年增加,目前日均有 14 万人在京看病,加上家属可能超过 40 万人,'看病难'问题短期难解"。

据澎湃新闻网报道①,"近日,一段'外地女子北京看病怒斥黄牛'的视频在微博刷屏:一女子在医院大厅声嘶力竭地怒斥黄牛将 300 元的挂号炒到 4500 元,医院与黄牛里应外合,害得她从外地赶来排了一天队都没挂到号"。

市民看病难主要暴露出医疗资源地区分配不合理,北京分布较多优质医疗资源;现有医保制度在一定程度上造成过度医疗;部分医生、医院医德及责任心缺失,造成病人盲目用药、过度检查。

北京市各区县教育医疗设施满意度的平均得分是 67.8 分,西城区、海淀区和东城区得分略高于平均分,通州区、大兴区和昌平区得分明显低于平均分,丰台区、石景山区和朝阳区得分与平均分基本持平,从空间尺度上看,呈现出距离中心城区越远,教育设施满意度越低的趋势,如图 4 所示。

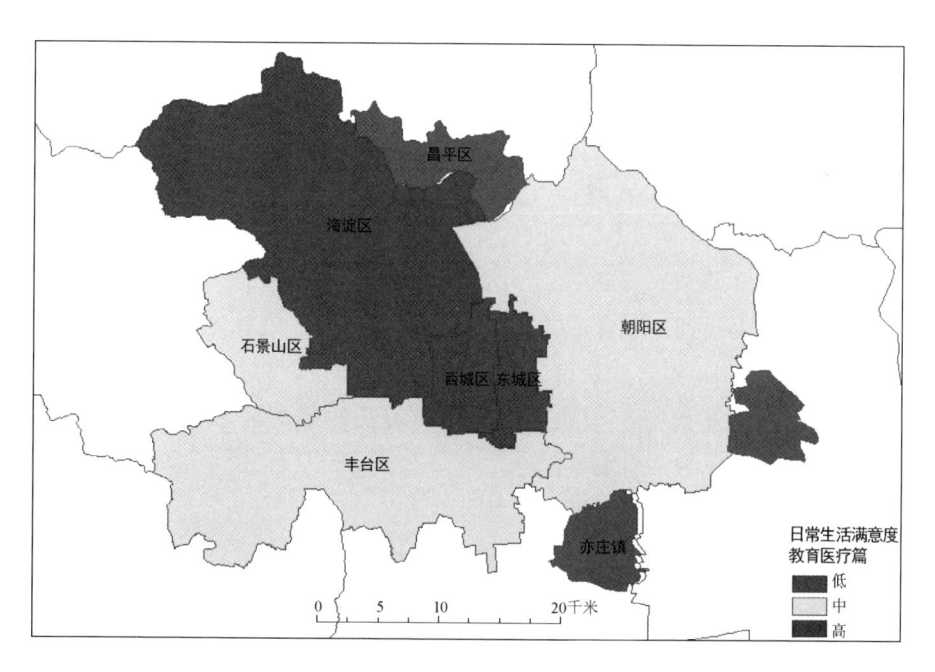

图 4　北京市主要区县教育医疗设施满意度空间分布

资料来源:宜居北京评价抽样调查问卷。

---

① http://opinion.people.com.cn/n1/2016/0126/c1003-28087030.html(此网页来源于:人民网-观点频道)。

(五) 交通难难于上青天

1. 打车难

据映象网报道①,"北京打车并不容易,特别是在繁华地段,虽然出租车来往不断,但空车却很少。同时,由于北京人口众多,北京出租车数量根据最新统计,仅 6.65 万辆。因此,往往在一个地段将会有几十人在打车。而在中关村、王府井、西单、国贸等繁华地段打车更是难上加难"。

据新华社网站报道②,"北京 8 月 20 日电,今天是阅兵前北京实施单双号限行第一天,又恰逢传统节日七夕。北京路况运行情况平稳,个别路段呈车多状态,公交、地铁等公共交通站客流有增加。基于滴滴快的大数据平台的实时出行数据分析显示,用车需求量显著提升,打车难度增加"。

据民生周刊网站报道③,"北京'官方专车'价高且数量有限或加剧打车难。记者了解到,由于目前专车数量有限,在繁华地区使用该软件叫车,比较方便,偏远地区则不容易约到车"。

2. 停车难

据新华社网站报道④,"北京 5 月 29 日新媒体专电:北京市人大公布对北京停车服务与管理民意调查内容,结果显示 82.5% 被访居民认为日常生活中停车难"。

据人民网(北京)报道⑤,"生活在北京,不管是回家、上班,还是购物、看病,能否找到一个合适的车位已经成为有车一族首要考虑的问题。据统计,截至 2014 年,北京市城六区居住区停车位缺口达 50% 左右,这意味着城六区两辆车抢一个车位。面临不断增长的停车需求和有限的资源。怎么停车,已经成为一个民生问题"。

3. 绿色出行想说爱你不容易

据京华时报网站报道⑥,"6 成受访者反映步道被占。北京市发改委组

---

① http://tech.hnr.cn/archives/view-42561-1.html.
② http://www.guancha.cn/broken-news/2015_07_29_328674.shtml.
③ 闫峥:《北京"官方专车"价高且数量有限 或加剧打车难》,搜狐新闻,2015 年 9 月 28 日(链接日期),http://news.sohu.com/20150928/n422243992.shtml.
④ http://news.xinhuanet.com/mrdx/2015-05/31/c_134284562.htm.
⑤ http://news.cnr.cn/native/gd/20151104/t20151104_520389843.shtml.
⑥ 陈荞:《北京 6 成受访者反映步道与自行车道被挤占》,京华时报,2015 年 7 月 30 日(链接日期),http://society.huanqiu.com/shrd/2015-07/7143858.html.

织'十三五'规划公众参与活动建言人参观西城区自行车出行示范工程。据介绍,在'交通基础设施建设最需要改善方面'的调查中,59.1%的受访者认为要解决步行道、自行车道被挤占问题。其中,在'交通基础设施建设最需要改善方面'的调查中,社会对绿色出行的关注度大大超过换乘难和停车难问题"。

据北京晨报网站报道[①],"北京:商场私自圈出'专用车道'占了自行车道。日前,市民刘女士向北京晨报96101热线反映,位于北四环的远洋未来广场商场将地下车库出口东侧的非机动车道用百米长的栏杆围出一条'专属车道'。如此一来,自行车道被占,骑车人被迫与汽车共用机动车道,令不少市民心生不满"。

交通拥堵、停车难、打车难、自行车道占用等日常生活交通问题暴露出交通法规不健全,城市道路规划不合理,交通管理不完善,停车位布局和管理机制有待提升,出租车等交通设施需进行产业化经营及打造全天候、立体化网络等问题。

从被访者对各区县出行满意度的评价来看,存在非常明显的空间差异。东城区、西城区、朝阳区和丰台区的出行得分在70分以上,这四个区域的特点是,东城区、西城区及朝阳区位于城市核心区,比较而言,满意度评价低于平均值的区域为昌平、大兴、石景山和通州,如图5所示。

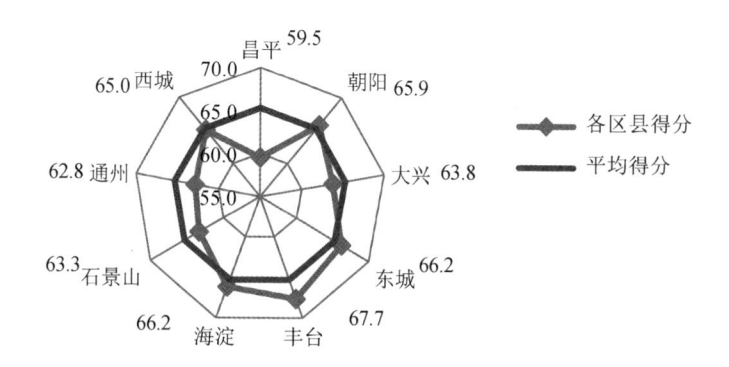

图5 北京市主要区县出行满意度得分

资料来源:宜居北京评价抽样调查问卷。

---

① 彭小菲:《北京:商场私自圈出"专用车道"占了自行车道》,央视网,2013年12月16日(链接日期),http://news.cntv.cn/2013/12/16/ARTI1387133191334440.shtml。

二 日常生活与城市空间互动关系理论解析

城市空间是人类日常生活的空间载体，与日常生活存在显著的互动关系。一方面，城市空间对日常生活产生显著的制约，城市空间的演变往往会引起居民日常行为与生活方式的变迁。另一方面，人类在日常生活中实现了社会关系的生产与再生产。[1]

日常生活从根本上决定了城市空间的形成与演变，并对城市功能空间布局、社会空间重塑和文化空间建构等具有引导作用。在人本主义思潮影响下，居民生活质量受到普遍重视，日常生活成为社会学、城市地理学、城市规划、建筑学等诸多学科的关注焦点。

20世纪六七十年代以来，西方社会学开始将日常生活推向理论思考的前沿，开始出现了日常生活转向，日常生活实践理论、日常生活批判理论等开始从日常生活的角度来理解社会关系的生产与再生产过程，来反思和批判现代社会。在日常生活实践理论和日常生活批判理论的影响下，针对居民、经营者和城市管理者相继提出日常生活相关理论，为进一步理解和日常生活空间冲突问题提供了理论框架。

在地理学文化与社会化转向的学科背景下，以及对地理学计量革命的批判与反思中，地理学家开始对空间行为主体予以正面关注，并越来越关注与生活质量相关的实际问题。瑞典人文地理学家哈格斯特朗（Torsten Hägerstrand）所创立的时间地理学开启了日常生活的地理学研究（The Geography of Everyday Life）的先河[2]。以规划应用与政策制定为导向的日常生活的地理学研究吸引了城市规划、交通规划学学者的兴趣。城市建成环境与居民日常行为之间的互动关系研究是西方城市地理学的核心研究议题之一。20世纪70年代初，美国城市规划学家Chapin提出城市活动系统（Urban Activity System）的概念框架，认为个人、家庭、公共机构以及企业等在城市空间上的活动模式构成城市活动系统，并认为研究个体及家庭的日常活动模式，能够反映出城市居民如何利用城市空间，从而为了解城市

---

[1] Anthony Giddens., *The Constitution of Society*, Cambridge: Polity Press, 1984.

[2] Hagersrand T., "What about People in Regional Science", *Paper and Proceedings of the Regional Science Association*, 1970.

生活，以及不同城市居民的生活质量问题提供了有效的研究视角。20世纪70年代城市交通分析由于对传统的"就出行而论出行"的交通需求预测模型的不满而转向活动分析法（Activity - Based Approach），将居民活动及其派生的移动（简称为"活动—移动"）行为综合起来，进而将城市活动系统和城市出行系统进行整合，形成城市居民活动—移动系统（Urban Activity - Travel System），强调城市每个居民为了满足特定需求而追求日复一日的事务，在特定时空间社会制约下参与的活动—移动行为，及其与所属的社会团体（如家庭、企业和组织部门等）的其他成员在活动—移动行为上的相互作用过程。[1]

近年来，中国城市空间研究也开始出现行为转向，逐渐开始对人的空间行为予以正面关注，空间行为与行为空间研究的重要性得到认可。而中国在"十二五"规划后，以"调结构、转方式、惠民生"为主线，以"以人为本、社会建设和生态建设"为特征的二次转型，更加突出人的全面发展[2]，为基于个体行为的城市空间研究提供了更强的社会需求。从日常生活活动的微观视角考察宏观城市空间结构的变化成为研究热点。居民日常活动空间和城市日常活动系统是人类空间行为研究中的重要内容，直接反映行为空间形成机制、分布特征及其与实体空间的相互关系，并为城市社会生活及其空间体系研究提供了重要的微观视角。活动空间是理解个人行为最为主要的方面，其研究问题集中体现了行为空间研究中的关键议题[3]。例如，基于通勤行为揭示城市职住空间关系的变化及其所导致的"空间错位"现象，基于消费行为研究城市商业空间的演变，利用出行行为分析城市商业中心等级结构的变化等正成为城市空间研究的新热点。

自20世纪80年代以来，北京城市空间的拓展与重组、产业活动和居住空间的郊区化、商业空间的多极化以及社会空间的极化现象等都对居民日常生活产生着极为重要的影响。从20世纪90年代中期开始，北京城市地域空间加速向外扩张，主要扩展方向为向东、向北方向扩展，城市北部回龙

---

[1] Chapin, F. S., *Human Activity Patterns in the City: Things People Do in Time and in Space*, JohnWiley & Sons, 1974; Harry Timmermans, Theo Arentze and Chng - Hyeon Joh, *Analysing Space - time Behavior: New Approaches to Old Problems*, 2002.

[2] 柴彦威、肖作鹏、张艳：《中国城市空间组织与规划转型的单位视角》，《城市规划学刊》2011年第6期。

[3] 柴彦威、沈洁：《基于活动分析法的人类空间行为研究》，《地理科学》2008年第5期。

观、天通苑两个大型居住区由于缺乏相应的产业配套，造成潮汐式大规模人口流动，长时间的通勤降低了居民生活质量。①

伴随人口郊区化发展，造成居民生活方式变迁、生活活动空间重构②，商业郊区化也在逐步向外城市郊区扩散，如回龙观、望京等不少新的郊区商业中心正在逐步形成，居民日常购物行为与决策也会因此受到影响。③北京城市物质空间重构也引起社会空间变化，社会极化现象已经出现，社会空间重构无疑会对居民邻里结构和日常交往等产生实质性的影响。④

国内外已有研究主要针对不同案例城市居民的居住通勤、购物和休闲娱乐等日常生活行为特征和影响因素等进行了大量探讨，对居民日常生活生产空间、生活空间、消费空间、功能空间、行为空间、资源分配等进行了充分揭示，为进一步探讨城市空间与日常生活的互动特征与机理，优化城市空间结构、提高居民生活质量和促进社会公平提供了充分理论支撑。

三 基于城市空间视角提升北京市民日常生活满意度的对策建议

（一）完善相关法律法规体系

通过统筹社会力量、平衡社会利益、调节社会关系、规范社会行为等综合考虑，进一步完善日常生活法律、法规体系。根据日常生活实际需要和居民日常行为特点，实际执法过程中发生的法律依据不足的情况，应及时对日常生活法律、法规加以补充和完善。立法要对居民日常生活中看病难、购物难、停车难、打车难、择校难、自行车道占用等反映强烈问题进

---

① 冯健、周一星、王晓光等：《1990年代北京郊区化的最新发展趋势及其对策》，《城市规划》2004年第3期；孟斌、于慧丽、郑丽敏：《北京大型居住区居民通勤行为对比研究——以望京居住区和天通苑居住区为例》，《地理研究》2012年第11期。
② 塔娜、柴彦威、关美宝：《北京郊区居民日常生活方式的行为测度与空间—行为互动》，《地理学报》2015年第8期；冯健、叶宝源：《西方社会空间视角下的郊区化研究及其启示》，《人文地理》2013年第3期；张艳、柴彦威：《生活活动空间的郊区化研究》，《地理科学进展》2013年第12期。
③ 张文佳、柴彦威：《基于家庭的购物行为时、空间决策模型及其应用》，《地理研究》2010年第2期；于伟、王恩儒、宋金平：《1984年以来北京零售业空间发展趋势与特征》，《地理学报》2012年第8期。
④ 顾朝林、[比利时] C. 克斯特洛德：《北京社会极化与空间分异研究》，《地理学报》1997年第5期；冯健、周一星：《转型期北京社会空间分异重构》，《地理学报》2008年第8期。

行回应，制定日常生活专项法律、法规。加强日常生活综合执法力度，在现有法律、制度下，强化日常生活监察和制裁力度，重点在与群众生产生活密切相关，与城市日常生活密切相关领域推行综合执法，对扰乱日常生活行为起到有效的震慑作用。通过网上城市、官方微博、微信、电话短信等平台，多层次、全方位加强日常生活相关法律、法规的宣传教育工作，倡导、引导居民通过法律手段维护社会生活中自身利益，保障日常生活健康有序发展，提高居民生活质量。

具体做法建议如下。

第一，通过税收、土地使用、奖励等优惠政策鼓励厂商与营业者生产、销售利润低、销量低但日常生活必备商品。

第二，完善租房、售房等相关法律、法规，保障租房者权益。

第三，完善医保法规细化相关报销细则，减少对一些小病报销，避免过度医疗；完善医生职业技能评价、医德评价及病人对医生评价机制。

第四，整治停车位，取缔非法停车收费网点，强化非法停车处罚力度。

（二）创新城市管理

以人民群众共享城市管理成果为出发点，量化、细化城市管理标准，整合城市管理资源，对居民日常生活所涉及各个方面进行精细化管理，不断改善城市日常生活环境，提高城市文明程度；由于城市日常生活管理具有涉及面广、工作量大的特点，在城市日常生活管理中，尝试引入柔性执法方式和工作机制，充分发挥社区居委会、社会组织、中介机构、志愿服务者等正式组织与非正式组织、政府与社会多元主体在城市管理中的积极作用，畅通公众有序参与城市管理的渠道，最大限度地调动和利用社会资源参与城市日常生活管理，实现管理效能最大化；建立健全日常生活问题协调联动解决机制，日常生活问题往往牵涉多个部门、单位，仅靠单一部门自身力量无法解决，社区基层部门对日常生活问题进行汇总整理，由城市日常管理领导小组定期召开相关部门联席会议，集中进行分析研判，明确相应行政管理部门日常监管职责，确保源头管理和末端执法相互配合协作。

（三）构建智慧城市综合管理系统

信息技术在城市日常管理领域的不断深入和普及，尤其是电子政务系统和地理信息系统的建立，为在城市管理中实现管理主体多元化奠定了技术基础。建立智慧城市管理监督指挥平台，整合数字城管与应急联动中心，组建统一的指挥平台，负责城市管理督导考核、日常检查等工作；依托城市网格化管理平台和地理信息系统，建立统一城市日常生活管理数据库、形成综合网络信息平台，集数据管理、动态监控、行动指挥、信息发布、投诉受理、便民服务等功能于一体，做到城市日常管理问题的快速发现、快速反应、快速处置、快速解决。

具体做法建议如下。

第一，通过城市道路数字网络技术与车辆全球定位系统（GPS）相结合，实现停车收费、处罚网络化管理。

第二，通过城市日常生活管理数据库整合生鲜销售线上、线下网络，实现生鲜网点社区全面覆盖。

第三，通过大数据及相关网络技术手段构建打车综合服务平台。

（四）以人为本优化资源配置

随着城市的不断发展、城市人口不断增加造成城市，尤其是城市边缘地带公共交通、医疗机构、教育设施、休闲娱乐设施等相对匮乏。面对匮乏的城市日常生活资源，一方面通过整合土地利用新建居民亟须公共交通、教育医疗、休闲娱乐等设施；另一方面通过对已有资源进行优化配置，城市日常生活资源优化配置涉及经济、社会、生态等众多方面，以往基于经济和城市发展角度考虑的资源配置，造成居民日常生活矛盾重重、资源配置不公平、资源配置不合理等问题。在新时期中国特色社会主义建设及和谐宜居之都背景下，"以人为本"、兼顾到公平性和均衡性的新型城市日常生活资源优化配置成为新的发展方向。

具体做法建议如下。

第一，以公园为主要场所，在各区的公园专设广场舞区域，并且做好相关的电源和音乐的配备，派志愿者轮流负责管理队伍，免收门票和相关费用。

第二，增加寻找适合跳舞的场所，部分地下通道和地铁的通道晚上的人流量不大，可以采取免费提供茶水和免费提供电源等小优惠政策吸引大妈们从地面转移到地下。

第三，大力研究中小学学科课程总体衔接改进计划，探索中小学、校外机构科技教育联动、职普联动的融合机制，进一步加强学科教学内容与社会、自然的联系，建立起课程开发、管理、设置相互衔接贯通的科学有序运行管理机制。

第四，发挥医保报销的杠杆作用进行调控，建立健全转诊医院之间的利益分配机制，引导患者首先到社区医院就诊，避免盲目涌向大医院。

北京郊区巨型住区生活空间与社区规划研究

张 艳[*]

一 北京郊区居民日常生活活动空间基本特征

20世纪80年代末以来，随着北京城市化进程的不断加速，北京近郊区巨型居住区，如回龙观、天通苑、望京等地区，在城市空间快速扩张、城市功能向外疏散的过程中逐渐形成并发展起来成为北京重要的人口功能组团。北京近郊的巨型居住区通常由数个大型楼盘连片而成，面积从几平方公里到十几平方公里不等，人口高达十几万甚至几十万，相当于一个中小城市的规模。巨型居住区是快速城市化进程中粗放式城市发展的产物，尽管它在一定程度上疏解了城市中心区的人口与功能压力，但由于其规划建设及管理模式的粗放性，对健康城市化及可持续城市发展带来新的挑战。

由于巨型城市居住区功能单一、尺度失控、建设与管理模式粗放，对城市交通、宜居性（或可居住性）、社区管理、生活质量等方面带来一系列社会问题。首先，单一功能的郊区居住区使其居民不得不承受由"职住分离""空间错位"所导致的长距离通勤以及严重的交通拥堵。其次，郊区社区往往由于功能单一、设施配套滞后等因素导致其生活便利性、出行便捷

---

[*] 张艳（1984— ），人文地理学博士，北京联合大学北京学研究所助理研究员。主要研究方向为城市社会与行为地理。本研究报告是北京市社科基金青年项目"北京郊区宜居社区规划与建设研究"（项目编号13JDCSC011）的成果。

度、人文环境舒适度等方面宜居水平相对较低，居民日常生活需求难以得到满足，对北京建设宜居城市带来一定的负面影响。此外，郊区社区规划与设计缺乏人文关怀、尺度失控、建筑风格单一、公共空间缺乏等使得社区归属感淡化、社区文化缺失、人际关系冷漠，对北京和谐社区建设与社区管理提出严峻挑战。

"十二五"以来，中国城市面临经济社会的全面转型，以提高生活质量、促进社会公平为目标的新型城市化对城市精细化管理提出了新的要求。在此背景下，亟须"以人为本"地对北京郊区巨型居住区的空间布局及社区管理进行优化调整。

本研究选取天通苑作为北京郊区巨型住区的典型代表。天通苑居住区始建于1999年，位于城市北郊的巨型住区。具体居于奥林匹克中心区北，西临八达岭高速，东临京承高速，立汤路南北贯通，连通地铁5号线（2007年开通）和地铁13号（2002年年底开通）以及快速公交线，小区占地面积约8平方公里，规划建筑面积600万平方米，现在是亚洲最大的生活社区，如图1所示。早期天通苑以大型居住型社区为规划目标，以经济适用房为主，后建设了部分商品房，现居住人口约40万，以中低档住房为主，拥有大量的可支付性住房，是典型的郊区居住新城。经过12年的发展，天通苑交通网络不断发展，生活配套服务设施不断完善。周边就业岗位相对缺乏，居民往往到中心城区通勤与工作。

本研究所采用的调查数据主要有三部分。首先，2010年7月对北京市天通苑居民日常行为活动进行的抽样调查。该调研主要应用了地点感知定位技术（GPS/GSM定位）、居民活动调查平台（网上问卷、交互式日志填写系统、管理员监测系统等）以及调查人员与被调查者的电话访谈的方式对居民的基本属性、活动日志和活动轨迹数据进行采集。该调查中，分别在天通苑与亦庄随机选取了50位居民进行为期两周的GPS辅助活动日志调查。其次，于2015年4月、5月实施了有关天通苑居民日常生活与设施利用问卷调查。该调查中天通苑巨型居住区的调查范围为城铁13号线以北、西至中滩村路、东至北苑东路、北至太平庄北街范围内的地区。问卷调查表中包含了居民家庭及个人基本信息、就业与通勤、日常出行、健康与幸福感、社区认知地图及日常生活空间手绘图、日常活动空间（购物、休闲、就餐、就医、教育等）、住房与社区归属感、迁居与住房满意度等信息。平均每份问卷调查需要30分钟。最后，为更好地了解天通苑

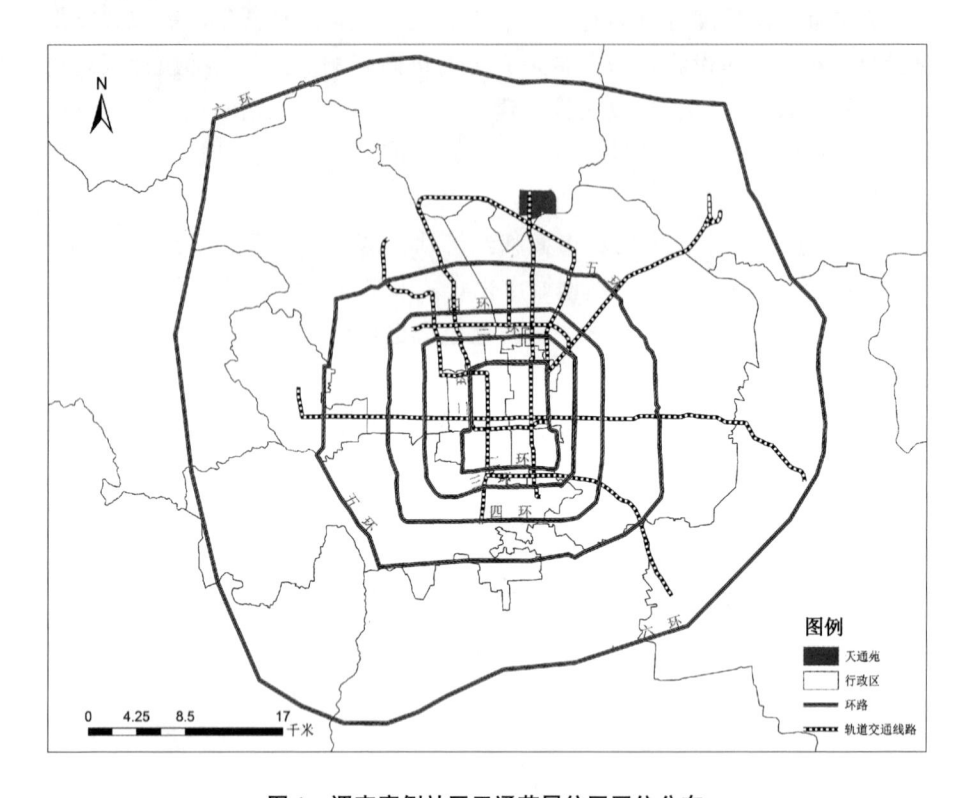

图1　调查案例社区天通苑居住区区位分布

居民对其日常生活及设施利用的评价，本课题还尝试对网络文本数据进行挖掘与分析，即通过在具有代表性的社区论坛中检索居民对天通苑公共服务设施的评价。本文的论坛文本分析主要来源于"天通苑社区网"和"温馨天通苑"两个网站论坛。① 这两个社区论坛的历史悠远，会员量较多，人气较旺，是为居民提供生活信息、邻里互动、参与各种文化体育活动、进行物品交易等综合服务为一体的网络生活平台。通过居民在论坛中对天通苑内部设施的评价可以推断出天通苑居民对天通苑内部设施的满意程度。

---

① 天通苑社区网成立于2003年10月，是由第一批入住天通苑的居民所建，目前有会员448841名，是属于官方网站，网址为www.ttysq.com。温馨天通苑成立于2006年12月10日是社区居民自发组建的社区志愿组织，目前有会员34049名，网址为www.ttyva.cn。

（一）就业与通勤空间的基本特征

从工作地的空间分布来看，被调查者中有15%的居民选择在天通苑社区内及周边就业，有57.9%的居民选择在天通苑以外的其他区域进行就业，其中，选择在城区就业的为47%，郊区就业的为40%。可见，天通苑居住区就业岗位相对匮乏，不能满足居民的需求，居民的大多工作活动仍需要在天通苑社区以外开展，职住分离特点突出。

对于选择天通苑外就业的居民，可能基于更多的工作机遇、更高的薪酬福利、更好的工作环境，选择城区作为主要的工作地点，但并非高度集中于中心城区，如图2所示。其中存在几个就业热区：其一是，天通苑社区及周边地区，吸纳了一部分居民在附近就业。其二是，其他郊区的就业中心，如上地、望京，在位置上邻近天通苑社区，与城区相比，减少了郊区居民向城区工作的长时间通勤，一定程度缓解了城区的就业压力。其三是，城区的就业中心如中关村及农业展览馆附近，居住地与就业地空间的错位使得居民每天要在通勤上花费大量的时间。

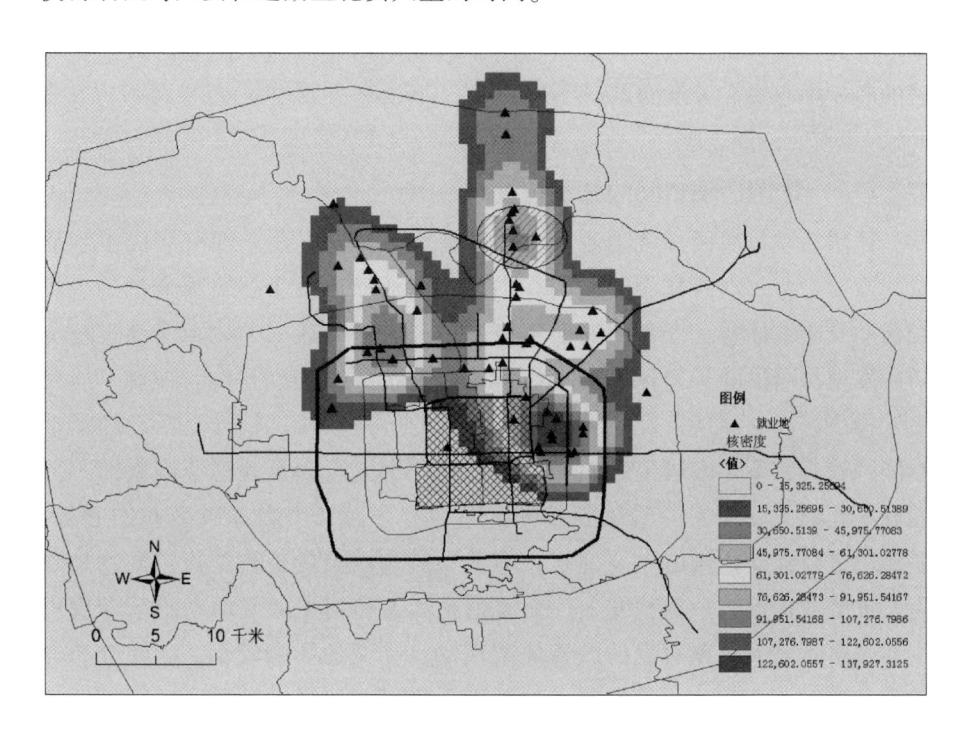

图2　天通苑居民就业地空间分布

（二）购物活动空间的基本特征

购物活动是居民日常生活活动的重要行为，是研究居民所在社区功能的重要指标。随着天通苑社区居民的不断增加，其内部的大型超市、商业中心及便利店等设施，为居民提供了近家的购物中心。通过统计分析发现，天通苑居民通常选择下班后及周末的休息时间进行购物，依据所需购买种类的差异，购买地点有所不同。对于生鲜果蔬、日用品等日常生活用品的采购，以短距离购物为主，会选择居住地周边的菜市场及超市，其中，地铁站附近、小区楼下的流动摊贩也成为一些居民购买生活用品的地点，一周会进行2—3次，购买的时间依居民的休息等情况而定。天通苑社区满足了居民以日常生活所需为首的购物需求，使居民不需要依赖于城区所提供的购物服务。但对个性化、高等级的购物需求则因天通苑居民对天通苑内及苑外设施的熟悉情况而不同，甚至有较大差异，一些居民会选择城区或者就业地周边的购物设施。主要集中在天通苑及其周边和崇文门、亚运村地区的五号线地铁沿线，天通苑居民在这类购物行为的驱使下仍依赖着城区的商业中心或高等级网点。

（三）休闲活动空间的基本特征

休闲活动是居民日常生活活动的重要组成部分，也是评价居民生活质量的重要指标。本研究的问卷调查中的休闲活动涉及了居民体育锻炼、社交活动及旅游休憩三个方面的活动情况。通过对上述三类休闲活动进行分析后发现，居民的外出休闲活动以近家空间为主，特别是体育锻炼，居民多选择小区内的绿地及健身设施和家附近的健身场所进行社交活动的活动空间则较广，不乏因居民休闲活动的选择、个人行为及观念等因素的不同而有所差异，城区的一些休闲设施，如大型公园、中高等级商业中心等，是居民进行社交休闲的主要地点，部分地点与居民的工作地点、购物地点有所重叠或相近，一定程度上，交通也是天通苑居民社交活动出行考虑的主要因素。而天通苑居民的旅游休憩活动，受交通影响较小，空间分布非常广，随着郊区旅游业的发展，如昌平采摘等，使得大多居民选择郊区空间进行旅游休憩活动。相对于城区，郊区居民受短距离出行可达的娱乐场所及设施的制约，及较长时间的通勤行为制约了居民的休闲活动时间及空间，居民体育休闲活动多选择近家空间为主。社交活动受社区内设施制约及个人观念的影响，居民仍对城区有着一定程度的依赖，但交通也是居民考虑社交出行的因素，多是短中距离的出行。旅游休憩则以长距离出行为主，多集中在郊区空间。

（四）就医活动空间的基本特征

天通苑居民看病就医多集中在天通苑内及周边地区，其中使用频率较高的是位于北苑的航空总医院，此外北部城市核心区及近郊区也是天通苑居民就医的主要空间范围，如图3所示。

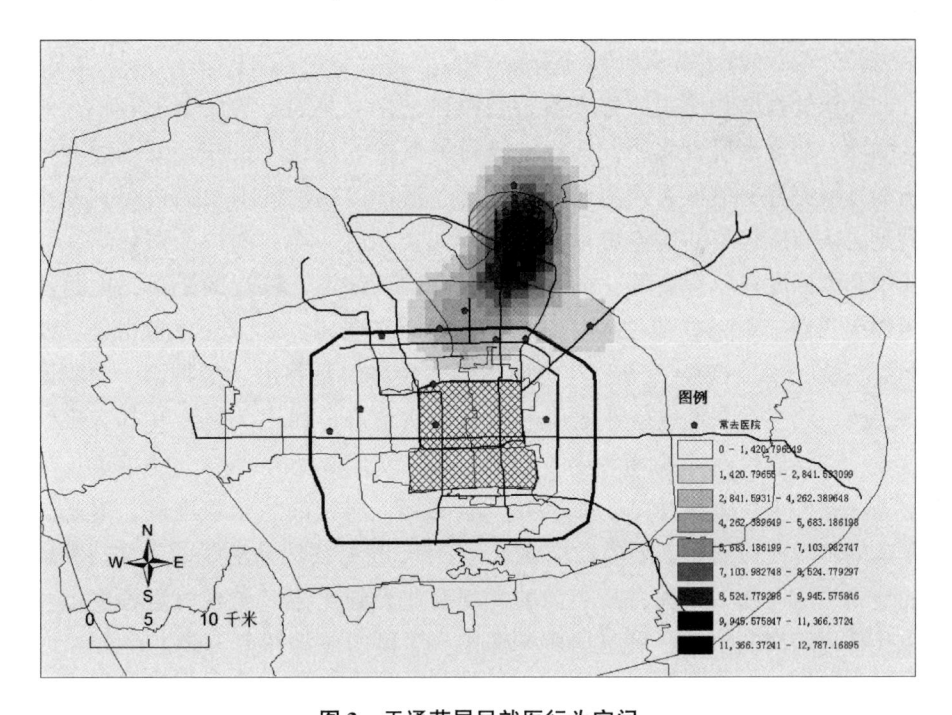

图3 天通苑居民就医行为空间

（五）认知空间的基本特征

日常生活空间除了观察到的生活空间外，还包括居民的认知空间以及对其的主观评价。而实际观察到的生活空间往往只是认知与主观评价空间中的子集。因此，本研究在问卷调查中要求被调查者回答其对居住区内部及周边郊区空间、中心城区及市中心不同地点的认知与利用的主观评价。

本研究选取22个天通苑以外的设施点，其中包含回龙观、西三旗等发展较完善的郊区居住区，上地、望京等郊区就业中心，王府井、西单等商业、金融中心以及香山、颐和园等热门公园景点。研究居民对其的认知程度及使用频率，从侧面研究天通苑居民生活活动空间及郊区化影响因素。调查问卷中将居民的对于设施的认知程度分为1＝不知道，2＝不太熟悉，3＝一般，4＝熟悉，5＝非常熟悉五类进行调查，对参与问卷调查的居民的各个地点的评分取平均值，计算得出居民对于22个地点的认知从2.5分~4.4分不等，满分为5分，并将居民的认知评分分为2.5分及以下、2.5分~3分、3分~4份、4分以上四类，并利用GIS进行等级划分。问卷中，居民对于22个设施的使用频率分为1＝基本没去过，2＝不经常去，3＝有时，4＝经常去，5＝几乎每天都去五类选项。

从认知程度和使用频率来看，居民对于自家及周边的设施拥有很高的认知度，如立水桥、北苑，其日常的利用率高达65%~80%，郊区商业设施的日益完善，使得天通苑居民的日常生活得以在社区内及周边得到基本满足。认知度较高的地点可以分为如下四类：第一类，周边的居住区、就业中心如回龙观、望京等，虽然拥有较高的认知度，较近的距离，但是使用频率却低于40%。第二类，北京的一些著名景点，如天坛、香山等，使用频率从35%~68%不等，其中使用频率较高的是香山、植物园、动物园等公园。第三类，城区就业次中心及商业次中心，如中关村，其具有吸纳就业，满足居民休闲购物等多重功能，居民使用频率在49%。第四类，中心城区的商业、就业中心，如西单、金融街，居民的认知程度高，但是长距离的出行使得居民需要借助机动车等工具，5号线地铁沿线的崇文门和就业地周边的设施如中关村及苑内的大型商业设施龙德广场在一定程度上可以代替远距离的出行，满足居民的需求，居民的使用频率不高，在23%左右，如图4所示。

居民的认知程度受居民的空间认知为主，对于居住地、工作地周边的设施有着很好的了解，同时对于一些较为有名的公园、商业中心也熟知，交通并不是其制约因素。相对于认知程度，居民的使用频率则受交通影响较大，因为熟悉工作地、居住地的交通情况及产品信息，居民的日常使用频率较高，对于一些较远但有特色的公园和中高等级商业中心，交通可达性在居民承载范围内的，也会成为居民日常休闲、购物、旅游休憩的地点，对于一些可以距离远且可以替代的中心城区的商业设施，居民则使用较少，如图5所示。

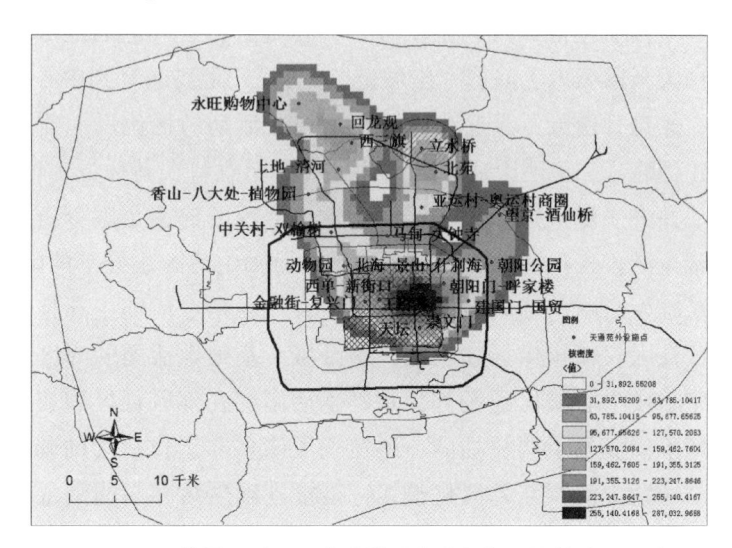

图4 天通苑居民对天通苑外的城市空间与设施的认知评价

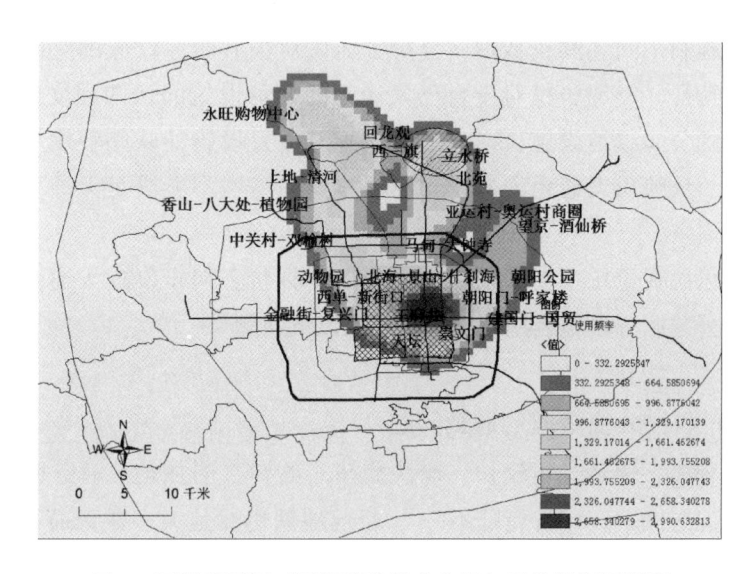

图5 天通苑居民对天通苑外城市空间与设施的利用频率

二 北京郊区居民日常生活活动空间规划存在的主要问题

基于对天通苑居民日常活动空间与设施利用问卷调查数据，对居民日常生活圈的空间结构进行汇总分析，发现工作日白天天通苑居民的日常生活空间基本上在居住区以外，主要覆盖中心城区和近郊区的地域，可以说工作日的白天天通苑内上演着"空城记"，居民长距离通勤到中心城区和近郊区上班；休息日白天，天通苑居民在近郊区活动的比例反而比到中心城区活动的比例略高，说明天通苑居民休息日更愿意留在其他近郊地域活动，而非进城。并进一步根据天通苑居民日常生活圈的典型个案分析，将天通苑居民日常生活方式归纳为三种主要类型。通勤生活圈主导下的卧城模式，是指那些基础生活圈与通勤生活圈高度重合，通勤生活圈主导整个日常生活圈，郊区社区仅仅提供居住功能，是卧城。基础生活圈的郊区化模式是指除到市中心或中心城区通勤外，基础生活圈都在郊区社区内或附近，说明郊区社区不仅提供了居住功能，还实现了诸多非工作活动的郊区化。基础生活圈与通勤生活圈双郊区化模式，是指基础生活圈与通勤生活圈都在城市郊区，居民日常活动基本不用到中心城区去，说明居民基本实现了生活空间的郊区化。以天通苑巨型居住区为例，基于对天通苑居民日常活动空间与设施利用问卷调查数据，分析了居民对公共服务设施的空间认知与实际利用特征，发现居民对于自己家周边的购物设施的认知程度最高，其次是周边的公园绿地设施，而对医院设施及教育设施的认知程度和使用程度均较低，反映出天通苑内的教育与医疗设施基本不能满足天通苑居民的日常生活需求。

通过居民在论坛中对天通苑内部设施的评价，初步发现天通苑社区居民对社区公共服务设施利用方面主要存在以下问题。

（一）职住分离造成的通勤问题

职住分离、通勤时间较长、地铁拥挤，虽有"居住地—商务区"的通勤快车，但居民对其评价褒贬不一，目前地铁仍然是大多数天通苑居民通勤的主要出行方式。

平时坐 5 号线，我都是 6：30 之前坐，要么 8 点以后坐，还没赶高峰坐过，今天算领教了早 8 点到的天通苑南站，从天通苑站过来的地铁在这站基本就都被塞满了，立水桥站人更多，到后来干脆就挤不上来了，每个队伍都留下了三四个人只能等着坐下趟。但是到立水桥南、北苑北、大屯路基本没什么下车的，每站依然还可以再挤上两三个人。当时我就想，这挤地铁还真有点像海绵里的水，只要您愿意挤就总还是可以挤进来。但是在立水桥南、北苑、大屯，每站地铁的门都要关个两三回才能关上。每回看到门关上，又弹开，同时响起哐当当当的声音，我的心都提到嗓子眼，上帝保佑可别跟前几天似的门被挤坏呀，要不这半天就搁这了。

ID"京白梨"，2010-1-6 20：05：00

（二）优质公共服务设施尤其是学校、医院等的缺乏

容纳了超过30万人口的巨型居住区内，竟然只有四所学校。学校资源的不足与户籍适龄学生数之间的争议，也在一定程度上揭示了户籍人口与流动人口对于城市资源的争夺，以及现有的郊区公共资源无法满足快速城市镇化所带来的外来人口的需求。

目前天通苑有三所公立学校，西三天通苑学校，是有小学中学九年制义务教育学校，在校学生约1500人；东一区天通苑小学，在校学生约1000人；北三昌平一中分校（目前只有初中），在校学生约500人。另外老四区有一所中山实验学校（目前只有小学），属于民办学校，在校学生约600人。四所学校小学初中在校学生合计3600人。三所公立校的人数来自学校网站前几年公布的数字，中山是推算的。考虑近几年入学人数增加总计按4000人算，即在天通苑上学的学生应该不超过4000人。

天通苑社区号称30万人，小区内部居民按20万人计，以平均每10个人中有一个学生计算是2万。也就是说在天通苑上学的孩子只占总数的1/5，有4/5的人（16000人）在小区以外上学。

……

在小区外上学最大的原因是担心天通苑学校的教育质量而去城里择校。如果建立一所优质中学，能吸引很多择校生在天通苑上学，同时可以缓解天通苑交通拥堵。

ID"木瓜"，2013-5-7 12：29：44

以天通苑居住人口的规模，应该有十几所小学和十几所中学。将来学校往哪儿建？教师住房怎么解决？规划考虑了吗？如果没有考虑，就是昌平区政府失职。

ID"老头子"，2013 - 5 - 9 01：06：16

此外，由于天通苑内优质教育资源的缺乏，许多家长不愿意孩子输在起跑线上，宁愿租房子或者拼车接送也要选择城区的学校上学。天通苑居民由于孩子在海淀、东城、西城、朝阳等教育资源相对丰富的区择校，而频频出现"拼车通学"贴。

孩子今年9月上中关村二小，有一起去的吗？咱们一起拼车。或轮流接送。我住在天通苑北二区。

ID：nuantong666，2010 - 5 - 26 11：28：00

天通苑巨型居住区中目前唯一一所三级以上公立医院"清华长庚医院"在经历了近十年的呼吁和努力下才于2014年年底建成并试营业。尽管如此，居民们却对其服务质量不尽满意。

所谓外行看热闹，内行看门道。我媳妇发烧，本可以去120中医医院做个化验的，由于乐某一个劲地吹牛，也就有体验一下的意思。结果令我大失所望，深的话我就不说了，总之，没有五年的磨合期，很难达到三甲应该有的水平。所以，吹牛没有用，一所医院最终比的还是医疗水平和整体管理水平。不要摆花架子，还应该脚踏实地。像请老乐这样的志愿者，对医疗没有一丝一毫的帮助。

我的感觉是到了酒店或者娱乐场所，而不是医院。

ID：张大夫，2015 - 1 - 1 00：11：20

（三）巨型居住区尺度失控、最后一公里出行困难

小弟我在北二环附近上班，每天晚上下班5号线半个多小时的地铁便到立水桥，也就是6点5分左右。便开始了漫长的等公交车。620、

758、快三支都可以，可就是三个选择愣是连公交都挤不上去。需要连续等 N 辆，昨晚到家 7 点 10 分。这短短的几公里竟然需要近 1 小时，政府建议绿色出行，可是怎么才能让大家放弃私家车呢，想绿色出行都难，难道又只是个口号吗？建议公交公司能否在上下班时段，增加小区区间车，或大家集思广益……

ID：开心是我，2011 - 10 - 31 12：30：08

一般的小区，最后一公里就走着就行了，天通苑这"最后一公里"可能连 3 公里都不止……

ID：一灯，2011 - 10 - 31 13：02：11

我从东苑步行到城铁是 30 分钟，坐公交车加等车时间，最少 45 分钟~

ID：快乐优优，2011 - 10 - 31 14：31：29

（四）对小区物业管理水平的不满

天通苑的宜居水平真是越来越差了，小区内脏乱差，小区外也脏乱差，再不抓紧管理，以后天通苑准是一个城中村级别的垃圾站。我记得我刚搬来的时候环境还没这么差，可能跟那个时候人少有关系，现在人多了，配套的管理跟不上，物业收钱不干事，糊弄这天通苑业主。导致天通苑乱象的原因，我总结了三条，第一是昌平区政府把东小口天通苑看成三不管地带，无心管理；第二是天通苑物业的领导水平不敢恭维，只知道捞钱；第三就是天通苑群租户太多而且素质整体不高。

ID：eewwww1889，发表于 2013 - 11 - 16 15：24：38

（五）对商业环境不满

我现在基本都去华联，一是停车方便，二是环境好。东三物美没空调,家乐福人太多,华联还好。这三个超市比较,我感觉每个超市都有贵的,也都有便宜的。

ID:wyfd82jy82,2012-12-4 09:42:42

(六) 公共活动空间的缺乏与争夺

在天通苑,居民跳广场舞扰民的现象也比较普遍,背后所反映的是社区公共活动空间的缺乏以及不同利益群体对公共活动空间使用权的争夺。西二区广场上的广场舞扰民事件也引发了居民的热议。

此外,也有对公共服务设施比较满意的地方。

在北京人口最密集的天通苑以西有个很大的公园——东小口森林公园。虽然它比不上陶然亭、紫竹院的皇家风范,比不上奥林匹克公园的现代华丽,但它毕竟是从如狼似虎的开发商嘴里抢下的属于百姓的园林,为设计和建设者鼓掌。

ID:初尝情,2012-6-21 10:21:18

三 居民日常生活圈与社区规划理论

(一) 郊区居民日常活动空间研究

在人本主义的影响下,城市研究逐步开始对人类空间行为给予正面关注。郊区居民日常活动的时空间特征反映其对郊区居住环境的主观需求。近期地理学及规划领域对于郊区化及郊区地域问题研究更加关注郊区化背景下郊区与城市中心的地域结构演化及其对居民日常生活经历的影响。

中国城市正经历着快速郊区化,郊区巨型社区的形成及其所面临的职住分离、交通拥堵、资源能源消耗,以及居民生活空间割裂等空间、环境与社会问题对郊区社区的环境可持续与社会可持续发展提出严峻挑战。近期中国城市有关郊区化研究也更多关注郊区化的微观过程及郊区化对居民日常生活的影响。从生活活动空间的视角重新审视中国城市的郊区化,促进郊区社区的社会可持续性，应成为郊区化研究的新视角①，从生活空间的本地化程度来测度郊区化的水平，指导郊区空间的规划与社区管理有重要的理论与现实意义。申悦、柴彦威基于对北京天通苑、亦庄两个郊区巨型城市社区居民一周的 GPS 与 GMS 辅助活动日志调查数据，在对居民一周通勤行为的路径进行可视化与统计分析的基础上，提出了通勤弹性的概念，界定了时间、空间、方式、路径 4 个通勤弹性维度，并通过探讨 4 种弹性之间的相互作用关系提出 7 种基于活动弹性理论的通勤模式。②

（二）宜居环境与宜居社区规划研究

西方城市郊区化进程始于 20 世纪 20 年代，大量研究表明，以低密度蔓延和以居住功能为主的传统郊区化发展模式引发的各种环境与社会矛盾日益突出，尤其对郊区居民的生活质量与郊区社区的吸引力带来严峻挑战。西方经验表明忽视了郊区居民日常生活需求的郊区居住区开发建设会导致女性就业困难③、家庭生活空间割裂等严重的社会后果。美国的郊区地带由于功能单一，已婚有小孩的女性由于家庭照料活动的时空间制约而无法承受长距离通勤，而在郊区社区附近从事兼职工作，甚至放弃就业机会成为全职妈妈。④ 日本的郊区地带是已婚有小孩女性的基本生活空间，而男性大多仍承受长距离通勤到城市中心区工作，家庭形成相对割裂的生活空间，从而导致一定的社会问题。⑤

应对西方城市郊区化所带来的各种环境与社会问题，20 世纪 80 年代末以来新城市主义逐渐成为西方城市郊区社区规划与建设的经典范式，它强调社区人文环境的营造，以提高郊区社区宜居性与生活质量为目标，力

---

① 张艳、柴彦威：《生活活动空间的郊区化研究》，《地理科学进展》2013 年第 12 期。
② 申悦、柴彦威：《基于 GPS 数据的城市居民通勤弹性研究——以北京市郊区巨型社区为例》，《地理学报》2012 年第 6 期。
③ Rapino, M. A. and Cooke, T. J., "Commuting, Gender Roles, and Entrapment: A National Study Utilizing Spatial Fixed Effects and Control Groups", *The Professional Geographer*, Vol. 63, No. 2, March 2011.
④ Kwan, M. P. Gender, "The Home-work Link, and Space-time Patterns of Non-employment Activities", *Economic Geography*, Vol. 75, No. 4, October 1999.
⑤ Okamoto K., "Suburbanization of Tokyo and the Daily Lives of Suburban People", In PP Karan & K. Stapleton eds., *The Japanese City*, 1997.

求营造一个生活便捷、适宜步行的、有利于促进邻里交往的、宜居的、紧凑的社区。①20世纪90年代末以来，单位住房福利分配制度全面瓦解以及从"单位大院"向"城市社区"的转型、快速城市化所带来大量流动人口等现实背景，对城市精细化管理提出新需求，城市社区规划在城市规划与管理中的重要性日益凸显。尤其郊区社区成为城市空间扩张、城市社会问题最为突出的地域，亟待开展郊区社区规划工作。然而，我国城市社区规划研究刚刚起步。已有研究主要从西方社会学及城市规划领域引入社区规划的相关理论，从概念上辨析社区规划与城市规划的区别与联系，结合中国城市社区问题对社区规划的内容及社区管理模式进行探讨，构建社区评价指标体系以及开展诸如老年社区、旅游社区等特殊社区研究等。②目前，鲜有研究针对郊区社区的环境与社会问题开展专门的社区规划研究。

宜居社区是实现宜居城市建设的基础。当前社区规划提出的"低碳社区""生态社区""健康社区""和谐社区"等规划理念，从不同角度引领现代社区的规划设计方向。从根本上看，宜居社区的核心理念是以人为本，在规划与建设中要注重居民需求与行为分析。③国内对宜居环境的研究始于20世纪90年代的居住环境评价。近年来，在社区尺度上开展宜居环境研究日益增多，学者们对宜居社区的规模、宜居社区中邻里交往空间设计、空间景观设计、建筑设计等原则进行探讨。④然而，从人本导向的视角，基于居民日常生活需求与行为分析的宜居社区规划案例研究尚待开展。尤其是针对中国城市郊区化背景下郊区大型居住区存在的"城市病"的郊区宜居社区规划研究亟待开展。如何从郊区居民日常生活活动的主观需求出发营造以人为本的郊区居住环境必将成为研究的热点。

在中国城市郊区化深入发展的背景下，面对北京建设繁荣、文明、和谐、宜居的首善之区的需要，应对中国快速城市化进程中出现的各种"城市病"，基于居民日常生活圈开展郊区宜居社区规划与建设研究具有重要意义。首先，从个体生活圈视角构建宜居社区规划与建设模式，对于丰富社

---

① 林中杰、时匡:《新城市主义运动的城市设计方法论》,《建筑学报》2006年第1期。
② 薛德升、曹丰林:《中国社区规划研究初探》,《规划师》2004年第5期。
③ 张侃侃、王兴中:《可持续城市理念下新城市主义社区规划的价值观》,《地理科学》2012年第9期。
④ 李杨露西:《宜居社区中邻里交往空间的规划设计》,《住宅科技》2011年第6期。

区规划理论有重要理论意义。其次,基于个体日常生活圈重构郊区空间,对于改善郊区居民生活质量、遏制"郊区病"的宜居社区规划及政策制定有重要现实意义。在新型城镇化的战略背景下,中国城市规划面临着从过去"见物不见人"的物质空间规划向"以人为本""注重生活质量与社会公平"的社会规划转向,同时,也面临着从"增量规划"向"存量规划"的转型。基于日常生活圈的社区规划是在社区层面上落实"以人为本",提高"生活质量",实现"社会公平"的重要基础与手段,有助于提高郊区巨型居住区基本公共服务设施配套的数量与品质,应对转型期从"单位"到"小区"社区"日常生活"氛围缺失,实现郊区巨型居住区内部对不同类型人口的精细化管理,是宜居社区研究的前沿问题。

(三) 日常生活圈与日常生活圈规划理论进展

1. 日常生活空间与日常生活圈

"生活活动空间"起源于行为地理学理论中的"行动空间"(Action Space)。西方行为地理学中行动空间不仅包括人们日常生活现实发生的行为并且包括其对环境的感知,行为空间是用来揭示"人—环境"关系的一种分析载体。与之不同,"活动空间"特指生活空间中个人发生的可以观察到的移动与活动。也就是说,个人活动空间是其在现实空间中所有行为体系在空间上印迹的总和(包括起始地、目的地、交通方式、活动内容、时间)。[1] Chapin 认为,居住在熟悉的空间环境中的个人的日常活动是由上班、回家、购物等习惯性行为组成的。日本地理学者对"生活活动空间"的理解也比较偏向于把生活空间理解为各类单独行为的汇总。荒井良雄认为生活活动空间指"人们生活在空间上的展开",进一步说是"人们为了维持日常生活而发生的诸多活动所构成的空间范围";生活空间的基本组成要素有购物空间、休闲空间、就业空间以及其他私事的空间等,并强调它是一种"位相的移动空间",即以自家为中心的相对的活动空间。柴彦威认为,城市居民的日常生活由上班、家务、娱乐、购物等各种活动构成,这些日常生活行为所及的空间范围称之为行为空间或活动空间,与物质实体空间不同的是活动空间是一种无形空间。本课题中将生活活动空间理解为个体为

---

[1] 柴彦威等:《空间行为与行为空间》,东南大学出版社2014年版。

满足其自身需求而在城市空间中开展各种活动以及活动之间的移动所包含的空间范围。之所以使用"生活活动空间"来代替"生活空间"或"活动空间",是考虑在郊区化研究中,"生活活动空间"不仅包括了迁居等长期行为所形成的"生活空间",并且包括了工作、家务、购物、休闲、社交及之间的移动所形成的日常"活动空间"。

日常生活圈(Daily Life Circle)是指居民以家为中心,包括购物、休闲、通勤(学)、社会交往、医疗等各种活动所形成空间范围或行为空间(Action Space)。[1] 就城市与区域而言,生活圈实质上是通过诸如通勤流、购物范围等行为景观(Behavior Landscape)刻画空间功能地域结构,表征不同城市地域间的社会联系。因此,相对于城市间的经济联系、行政联系等,从居民生活空间的角度出发,生活圈的概念能够更好地反映作为地理背景单元(Geographical Context)的地理空间与居民真实实际生活的互动关系,刻画出空间地域资源配置、设施供给与居民需求的动态关系,折射出生活方式与生活质量、空间公平与社会排斥等内涵,并与规划相结合成为均衡资源分配、维护空间公正、组织地方生活的重要工具。

生活圈的概念也应用城市行为空间中的社区识别(Community Detection)。如季珏与高晓路等借鉴行为地理学理论考察行为相似性与地理邻近性,提出了生活空间单元的识别方法,认为相同生活空间单元的居民日常出行范围和频率比较接近,以清河永泰地区为例,发现居住小区对居民日常行为选择有很大影响,相邻小区尺度上推而构成行为区。[2] 柴彦威等按照居民日常生活中各类活动发生的时间、空间以及功能特征,可以将居民的日常生活圈划分为五个等级层次,包括社区生活圈、基本生活圈、通勤生活圈、扩展生活圈以及都市区之间的协同生活圈。[3]

2. 日常生活圈规划

根据日常生活圈的等级体系划分,日常生活圈规划也在社区、城市与区域等不同空间尺度下分别对应不同类型的生活圈规划,如表1所示。

---

[1] 肖作鹏、柴彦威、张艳:《国内外生活圈规划研究与规划实践进展述评》,《规划师》2014年10月。

[2] 季珏、高晓路:《基于居民日常出行的生活空间单元的划分》,《地理科学进展》2012年第2期。

[3] 柴彦威、张雪、孙道胜:《基于时空间行为的城市生活圈规划研究——以北京市为例》,《城市规划学刊》2015年第3期。

表1　　　　　　　　　　日常生活圈规划的等级体系

日常生活圈	空间尺度	时间尺度	活动类型	规划单元
社区生活圈	城市居住小区	日	多次、短时、规律性行为，如买菜、锻炼、健身等	社区规划
基础生活圈	城市居住组团	日、周	相对惯常性的行为，如买日用品、休闲等	
通勤生活圈	城市内部、跨功能区	日、周	惯常性，通勤及上下班途中的购物、就餐及休闲等	城市规划、都市圈规划
扩展生活圈	城市内部、跨功能区	周、月	偶发性，空间不固定，时间节律性弱，如休闲、购物、社交、就医等	
协同生活圈	区域内部、跨城市	月、年	偶发性，跨城市间的通勤、购物、休闲等	城市群规划、区域规划

区域尺度上的生活圈规划往往与宏观区域开发战略规划相关，更强调中心城市与周边区域之间的分工协作与协同发展。而区域尺度上的生活圈规划不同于传统的城市群规划或区域规划之核心在于强调基于中心城市与周边区域之间功能联系的人的移动。

城市与都市圈尺度上的生活圈规划从本质上说更加强调城市的功能地域上的规划布局。正是由于城市或都市圈内部的地域功能分化，才形成了人们在城市内部或都市圈尺度上开展不同活动以及活动之间的移动。对应了人们日常通勤圈与扩展生活圈，因此通勤率、购物活动、休闲活动等往往被用作划分都市圈范围及结构的核心指标。

社区尺度上的生活圈规划则更为微观，体现了居民以家为中心来组织日常生活的人地关系，在传统的城市与规划体系中往往最容易被忽略。然而，社区尺度上的生活圈规划对于优化居住区周边公共服务设施配套，实现居住区的精细化管理，提高居民生活质量以及增强社区凝聚力与归属感等有着重要的意义。城市的住区规划也受到生活圈的影响，20世纪70年代住区的生活圈以城市街道为划分的街区为单位，80年代借鉴日本日笠端氏的"分级理论"，将组团规划为小生活圈，小区为中生活圈，居住区为大生活圈。以果川新城为例，中生活圈为一个邻里，人口规模为1万—2万，小学和邻里中心的服务半径为 400—800 米。在木洞新区的规划设计中，则由 3 个大生活圈、10 个中生活圈、20 个小生活圈组成，小生活圈的服务半径为 200—300 米①。

四 完善北京郊区居民日常生活活动空间规划与管理对策与建议

尽管已有研究已揭示出北京郊区巨型居住区开发建设所带来的各种"城市病"，并且"以人为本"的宜居社区规划理念也得到广泛认可，但是如何在郊区巨型居住区中落实"以人为本"的宜居社区规划理念的研究仍然不足，尤其是基于居民日常生活空间来对北京郊区巨型居住区进行空间布局优化、公共空间设计及社区管理模式转型的实证研究几乎空白。本研究认为，"以人为本"的宜居社区规划理念在郊区巨型居住区中的落实，首先应针对郊区巨型居住区功能单一、尺度失控、空间管治单元模糊等现实问题，从日常生活空间的视角进行郊区巨型居住区"日常生活空间单元"的划分研究；进而分析不同类型"日常生活空间单元"内部服务设施配套、社区管理、公共空间设计等方面的现实问题，从而提出明确、针对性的政策建议。

（一）基于社区生活空间单元划分开展精细化社区配套与管理

"日常生活空间单元"区别与以往城市研究的基本空间单元，如人口普查数据与社会经济统计数据常用的"街道办事处"或"居委会"、交通出行调查及交通规划中常用的"交通小区"，以及可获得的"邮区""街区"等基本空间单元，是基于居民日常生活中非工作或通勤、近家型、日常性、重复发生的活动所覆盖的空间范围而划定的基本空间单元。可以说，日常生活空间单元是对郊区社区居民社区生活圈、基础生活圈进行汇总后得到的日常生活圈的区划，他反映了社区的行为空间边界，是由社区居民日常生活的实际需求所决定的。

在基于日常生活圈划定的社区生活空间单元内开展城市环境性能评价、

---

① 朱一荣：《韩国住区规划的发展及其启示》，《国际城市规划》2009 年第 5 期。

城市空间管制及城市服务设施配置、社区管理等更有助于实现郊区巨型居住区内部的精细化管理，从而为社区设施配套、人口动态管理等提供空间依据。郊区宜居社区规划需要调整以往粗放式的建设与管理格局，亟须基于日常生活圈对郊区社区的生活空间单元进行划分，并以此为依据调整已有的社区行政辖区范围及物业管辖区范围，对生活空间单元内进行按需定制的精细化管理与服务。

（二）提升与完善基础生活圈内公共服务的品质

在快速郊区化过程中，为了疏解中心城区的人口压力所形成的郊区巨型居住区面临着基本公共服务设施配套的巨大压力。郊区居住区人口不断增加，若基本公共服务设施的数量与质量无法与其人口需求匹配，会导致郊区居住区成为典型的"卧城"，即居民为了满足其日常生活需求，仍然会到中心城区上班及通勤、购物与休闲等，从而依然会产生大量的交通需求，并对中心城区的公共服务带来压力。因此，通过对日常生活圈尤其是社区生活圈与基本生活圈的内涵研究，可以为公共服务的合理配置与品质提升指明方向，能够通过打造宜居的社区生活空间来吸引居民实现生活活动空间的郊区化，使得郊区居住区逐渐成为综合性的新城，从而从功能上真正实现对中心城区的疏解。

良好的公共服务品质是提升社区吸引力的重要因素之一，也是增强社区活力，维护社区品质的核心竞争力。通过问卷调查，我们了解到天通苑居民中有学龄前儿童的家庭有很高比例在未来3年内有迁出的意愿，其中很重要的原因是天通苑巨型居住区内缺乏高品质的学校。此外，巨型居住区由于尺度失控，普遍存在着天通苑内部出行难，非正规摩的、黑车屡禁不止的问题，不仅阻碍交通也对城市治安带来严重扰乱。究其根本原因，仍在于公共交通的不便利，先有公交线路设计并没有考虑到居民日常出行的实际需求。

而基于日常生活圈的生活空间单元划分为重新规划社区内部公交线路、优化社区内部公共交通出行提供依据。究其本质生活空间单元是居民日常生活的空间范围，可以依据生活空间单元的划分来实现"大社区、小公交"的规划，鼓励和倡导在生活空间单元内运行的微型循环公交，满足居民从家到地铁站的最后一公里换乘问题，也满足其从家到基础生活圈内的出行问题。

（三）积极引导基础生活圈周边的职住平衡，促进生活圈的重叠与本地化

基于上述研究，郊区巨型居住区内由于职住分离产生了大量的通勤需求，一方面给交通带来巨大压力，另一方面长距离通勤也导致个人休闲时间减少、家庭互动时间减少以及社区参与的减少，从而对个人、家庭、社区三个层面的社会健康带来隐患。因此，无论是从交通还是从健康方面，都应该积极倡导在郊区居民基础生活圈内及周边引入更多就业岗位，增强职住平衡，帮助一部分居民实现通勤圈与基础生活圈的重叠，以及日常生活空间的郊区化与本地化，使郊区摆脱"卧城"的单一职能，而成为生活便利、环境良好的新城组团。

（四）实现郊区巨型居住区内部对不同类型人口的精细化管理

面临快速城镇化与郊区化，外来人口的"市民化"对城市基本公共服务设施的压力不断激增，尤其是对外来人口具有较大吸引力的、居住成本与交通成本相对较低，并且能够获得大量的低端服务业岗位的近郊居住区。同时，旧城改造、城市更新、拆迁安置、保障性住房项目等所产生的动迁居民，他们是城市中的弱势群体，为了改善住房条件不得不牺牲就业及其他日常活动的可达性。此外，回迁居民、自由选择郊区住宅的新城市中产阶层等其日常生活对公共服务设施的需求都不尽相同。

研究郊区居民日常生活圈的特征及结构对于指导郊区社区公共服务设施配套有重要的现实意义。首先，我们亟须了解目前的郊区巨型居住区的社会阶层分化与居住空间隔离的特征，并进一步探究郊区巨型居住区中不同社会群体的日常生活圈的特征及结构。例如，不同社会群体其社区生活圈与基本生活圈是否存在共性或特殊性，其通勤生活圈与基本生活圈的关系如何，其扩展生活圈所覆盖的城市空间范围多大等。只有将不同等级的生活圈基本特征与不同人群进行匹配，我们才能准确地了解不同群体对社区公共服务设施的需求，从而为其量身定做，提升公共服务设施的数量与品质。

(五) 应对转型期从"单位"到"小区"社区"日常生活"氛围缺失，培育社区归属感

改革开放后，随着高度集中的计划经济转为社会主义市场经济的全面转型，曾经作为中国城市空间主要组织形式的单位大院逐渐瓦解①，而"小区"逐渐成为中国城市中商品化居住空间的核心单元。从"单位"到"小区"，居住区的物质空间形态似乎没有太大的改变，然而单位大院由于职住接近、设施齐全、功能完备，居民日常生活圈高度集中，并且相互重叠，从而培育了强烈社区归属感与集体记忆。而在市场经济下的基于市场分选形成的小区，居民面临职住分离、城市功能分区带来的大量出行，从而导致邻里间、家庭成员间甚至个人的社区生活圈、基础生活圈与通勤生活圈、扩展生活圈等相互分离与割裂，进一步导致社区归属感、家庭稳定性的弱化以及个人生活质量的下降。城市社区居民往往缺乏对居住地的地域认同，而且社区内部的人际交往淡薄，社会网络疏远，缺乏日常生活的氛围。因此，在以居住为中心的地域单元的重构过程中，必须充分考虑居民的日常生活服务，以空间、社会、行为的优化调控，实现居民社交关系的重新塑造，重新营造城市社区的活力，构建和谐社区。

---

① 柴彦威、陈零极、张纯：《单位制度变迁：透视中国城市转型的重要视角》，《世界地理研究》2007年第4期，第60—69页。

北京中心城区老年人群宜居满意度与提升策略研究[*]

李雪妍[**]

根据北京市老龄工作委员会办公室发布的《北京市 2014 年老年人口信息和老龄事业发展状况报告》[①]显示，截至 2014 年年底，全市户籍总人口 1333.4 万人，其中，60 岁及以上户籍老年人口 296.7 万人，占总人口的 22.3%；65 岁及以上户籍老年人口 200 万人，占总人口的 15.0%；80 岁及以上户籍老年人口 51.6 万人，占总人口的 3.9%。16 个区县中，80 岁及以上户籍老年人口占 60 岁及以上户籍老年人口比例排在前三位的是西城区、东城区和海淀区。可见，北京各个区县中，城八区人口老龄化问题更为严峻。

不仅如此，北京市的老年人口还在逐年增加。根据《2014 年我国出生人口数量增加数据分析》[②]显示，2014 年，中国 60 岁及以上老年人口达到 2.12 亿，占总人口的 15.5%，这个规模与现在欧洲三大国（德国、法国、英国）的人口总量相当。伴随着老年人口数量的增长，中国自 1999 年起就进入老龄化，并且老年人逐渐成为人口结构的主体，老龄化问题引起了各

---

[*] 基金项目：受北京市社会科学基金研究基地项目（14JDZHB014）"北京中心城区老年人口宜居满意度与提升策略研究"资助。

[**] 李雪妍（1969— ），女，副教授，硕士，主要研究宜居城市、城市与区域经济、房地产经营与管理。北京联合大学应用文理学院城市科学系副教授。

① 北京市老龄工作委员会办公室：《北京市 2014 年老年人口信息和老龄事业发展状况报告》，2015 年 11 月，http://wjw.beijing.gov.cn/wjwh/ztzl/lnr/lljkzc/lllnfzbg/202103/P020210316400427594497.pdf。

② 报告大厅：《2014 年我国出生人口数量增加数据分析》，《中国报告大厅》，2015 年 2 月 28 日（链接日期），http://www.chinabgao.com/stat/stats/40688.html。

级政府和社会的重视，需要研究和解决的问题非常多。

其中，老年人口生活环境的宜居性是影响老年人口晚年生活幸福程度的重要因素，应该引起人们的关注。事实上，老年人在社会群体中属于弱势群体，日益衰退的身体机能限制了自身活动，因此他们对于周边的生活环境要求更高。而我国对老年人生活环境的宜居性研究较少。本课题针对北京中心城区（西城区和东城区）60岁以上的老年人进行生活环境宜居性感知的调查研究，为今后提高北京市老年人群生活质量提供切实可行的依据，同时也为政府针对老年人生活环境的宜居性建设提供有针对性的政策建议，具有非常重要的现实意义。

根据张文忠对于宜居城市相关研究发展的梳理，目前我国常用作"宜居城市"的调查包括6方面，即生活方便性、安全性、自然环境舒适度、人文环境舒适度、出行便捷度和居住环境健康性。[1] 张文忠等把问卷调查细分了32个调查指标[2]，本课题的调查正是以此为基础进行的。

一 北京中心城区老年人群宜居环境现状评价

（一）调查内容、对象与范围

1. 调查内容

本次调查问卷由3部分构成。重点调查了解三方面的内容。

第一，了解受访者的居住地点。具体到居住城区、街道和小区。

第二，了解受访者对居住环境宜居性的感知及其对环境改善的评价。具体包括六个方面的感知调查，即生活方便性（购物、看病、休闲娱乐、健身活动、儿童教育/游乐）、安全性（治安、交通安全、防灾、紧急避难场所）、自然环境舒适度（周边公园绿地率带、居住区内绿化和清洁、公用活动场所、空间开敞性）、人文环境舒适度（邻里关系、物业水平、建筑景观、文体活动、社区认同）、出行便捷度（通勤便利程度、生活出行便利程度、商务出行便利活动、到市中心的便利程度、停车便捷度）和居住环境健康性（PM2.5、尾气污染、工业污染、水污染、

---

[1] 张文忠、尹卫红、张景秋等：《中国宜居城市研究报告》，社会科学文献出版社2006年版。
[2] 张文忠：《宜居北京评价的实证研究》，《北京规划建设》2007年第1期。

生产噪声、生活噪声、垃圾堆放污染)。此外还调查了受访者对生活居住环境的整体评价，与5年前各方面比较、影响居住环境最重要的因素等内容。

第三，了解受访者个人与家庭情况。包括年龄、性别、生活与居住状况、文化程度、就业状态、家庭人均收入等。

2. 调查对象

本次调查以北京中心城区60岁及以上的老年人为调查对象，在西城区和东城区范围内调查，问卷以街道为单位进行等比例抽样。考虑到老年人身体情况或理解能力不同，在调查过程中全部采用一对一的问卷发放形式，帮助老年人完成问卷的填答。共发放问卷426份，回收426份，其中有效问卷416份，问卷有效率97.6%。

本次调查样本结构特征见表1。被调查者男女比例基本为1:1，男性比女性多14位；年龄60—79岁呈较为平均的分布，80岁及以上只有7.69%；其中老两口自己居住最多，紧接着是与老伴和子女共同居住，丧偶与子女居住，少部分是独自居住；此次调查问卷中受访者的文化程度以初中及以下为主，此后依次是高中、大学，研究生及以上最少。受访者多数是已退休老人，家庭人均收入多集中在3000—4999元，1.5万元以上的比较少，1000元以下无，其他层次相对分布均匀。

表1　　　　　　　　　　调查样本结构特征

人口统计学变量		人数(人)	百分比(%)
性别	男	215	51.68
	女	201	48.32
年龄(岁)	60—64	88	21.15
	65—69	110	26.44
	70—74	98	23.56
	75—79	88	21.15
	80及以上	32	7.69

续表

人口统计学变量		人数(人)	百分比(%)
生活状态	独自居住	39	9.38
	老两口自己居住	189	45.43
	丧偶与子女共同居住	79	18.99
	与老伴及子女们共同居住生活	109	26.20
	在养老机构(养老院、敬老院、老年公寓等)居住生活	0	0.00
学历	初中及以下	246	59.13
	高中	119	28.61
	大学	46	11.06
	研究生及以上	5	1.20
就业状态	全职	35	8.41
	兼职	14	3.37
	已退休	367	88.22
家庭人均收入(元)	1000以下	0	0
	1000—2999	64	15.38
	3000—4999	143	34.38
	5000—6999	83	19.95
	7000—9999	42	10.10
	10000—15000	58	13.94
	15000以上	26	6.25

3. 调查范围

本次问卷调查区域为北京市中心城区,即东城区和西城区两个区。具体包括东城区和平里街道、东直门街道、北新桥街道、龙潭街道、崇文门外大街街道、安定门外大街街道、广渠门内大街街道等，西城区交道口街道、前门街道、什刹海街道、白纸坊街道、广安门外街道、月坛街道等。

（二）老年人群宜居环境总体满意度评价及其变化分析

1. 宜居环境总体满意度评价

调查中，老年人群对现有居住环境进行了打分（百分制）评价，按照全部样本进行简单的算术平均，平均分是73分，可见老年人群对居住环境的评价基本是满意的。具体来看，把90分及以上定义为非常满意，75分至90分定义为满意，60分至75分定义为一般，45分至60分定义为不满意，45分以下定义为非常不满意。可以看出，55%的老人选择了满意和非常满意，37%的老人认为一般，只有8%的老人选择了不满意和非常不满意。这说明从整体的感知来说，超过一半的老年人对自己的居住环境还是比较满意的，而另外那部分老年人则感觉有些差强人意的地方，因此打分不高，如图1所示。

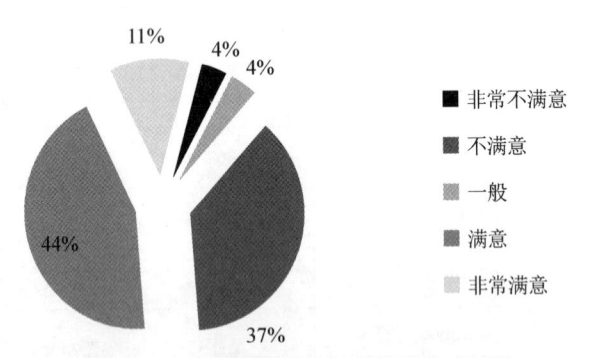

图1 老年人群对居住环境整体满意度评价

2. 影响居住环境最重要因素评价

调查显示，在老年人群看来，影响居住环境最重要的因素是生活方便性，有25%的老人选择了这一选项，排在第一位，而最不重要的因素是人文环境舒适度，只有6%的老人选择了这一选项。排在第二位的是健康性有20%的老人选择了这一选项，其他三个因素相差不大，分别是自然环境舒适度、出行便捷度和安全性，排在第三、四、五位，如图2所示。可见，老年人眼中的宜居环境还是相当务实的。

(%)

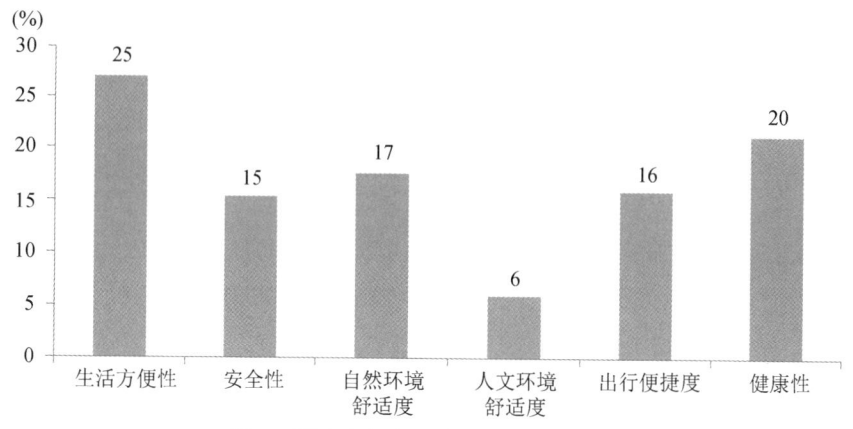

图2 影响老年人居住环境评价的因素

3. 影响居住环境各项因素的变化感知度

如图3所示，在中心城区的老人看来，近5年来除了健康性因素没有明显改善外，其他几个因素都有不同程度的改善，但不同因素的变化存在很大差异。老年人群感觉有改善和改善较大的是生活方便性和出行便捷度，特别是出行便捷度，认为改善很大的老人有34人，排在第一位，这主要得益于近几年来北京基础设施的建设，特别是地铁等公共交通设施的改善使老年人受益很多。而与其他因素的变化感知明显不同的一个因素是居住环境的健康性，有134位老人认为比5年前变差甚至变差很多，排在倒数第一位，而这主要是空气质量变差特别是雾霾的加剧造成的。第一个有较大改善的是居住环境的安全性，排在第三位。而关于自然和人文环境的变化，选择有所改善和没变化的人差不多，排在第四和第五位。

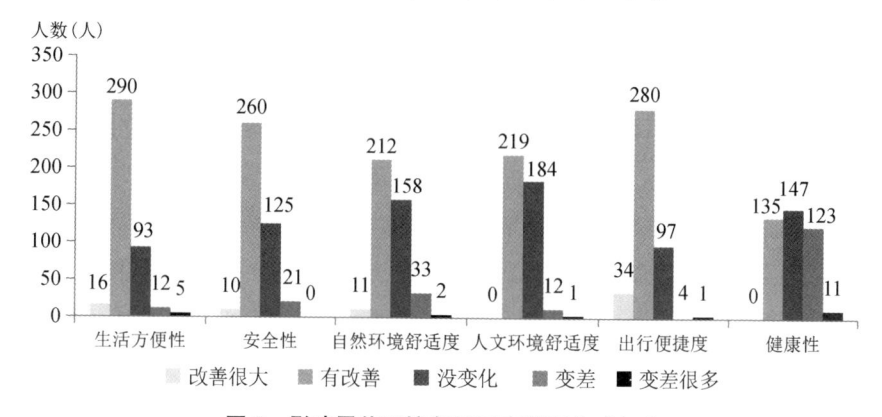

图3 影响居住环境各项因素的变化感知度

(三) 老年人群宜居环境不同方面满意度现状分析

1. 老年人群生活方便性感知分析

本次问卷对于生活方便性的研究主要由以下几个方面来体现：日常购物设施、大型购物设施、教育设施、医疗设施、银行网点、餐饮设施、休闲娱乐设施、老年活动设施八个方面。

调查结果见表2，北京中心城区的老年人群对居住环境生活方便性的感知相对乐观，有65%的老年人群总体评价表示满意或非常满意，而不满意或非常不满意的仅有7%。各项具体指标的满意度均保持在50%左右，仅有个别方面（休闲娱乐设施和老年活动设施）老年人感觉一般或不太满意。

表2　　　　　　　　　生活方便性满意度评价结果

生活方便性	A 非常满意(%)	B 满意(%)	C 一般(%)	D 不满意(%)	E 非常不满意(%)	F 不了解(%)
日常购物设施(便利店或超市)	24	49	24	2	1	0
大型购物设施(百货店或购物中心)	16	42	35	6	1	0
教育设施(中小学)	17	51	30	2	0	0
医疗设施	11	54	28	7	0	0
银行网点	20	52	20	7	0	1
餐饮设施	10	55	29	4	0	2
休闲娱乐设施	7	32	41	12	1	7
老年活动设施	5	26	44	23	1	1
生活方便性总体评价	8	57	28	6	1	0

具体来看,老年人群对居住环境生活方便性方面比较满意的包括以下几个方面。

(1) 日常购物设施(便利店或超市)

老年人群中有49%的人对日常购物设施表示满意,非常满意和一般均占24%,仅有3%的人认为不满意或非常不满意,如图4所示。

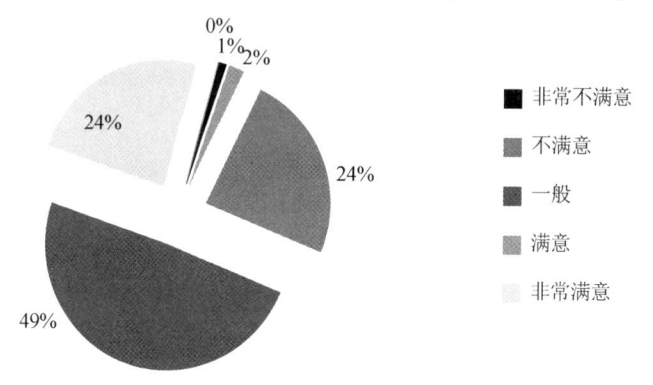

图4 日常购物设施满意度

(2) 大型购物设施(百货店或购物中心)

对于大型购物设施,老年人群满意度较高,将近四分之三的受访者表示满意和非常满意,35%的受访者认为一般。只有7%的受访者选择不满意和非常不满意,如图5所示。

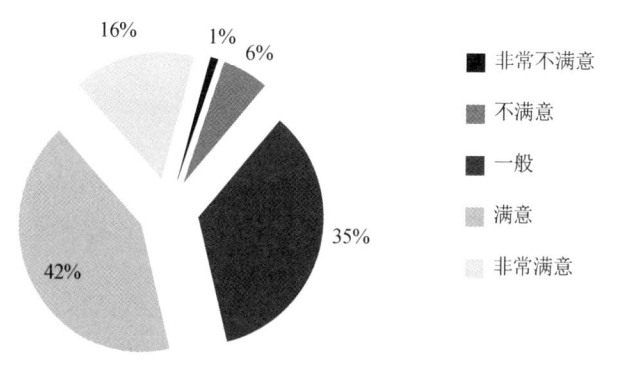

图5 大型购物设施满意度

(3) 医疗设施

约占7%的受访者对于医疗设施不满意,而满意的人数还是占上风,占总受访者的54%,28%的老人认为居住环境内的医疗设施一般,如图6所示。

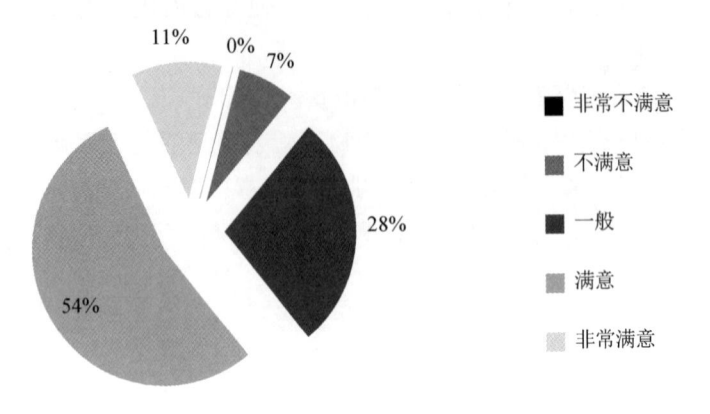

图 6　医疗设施满意度

（4）银行网点

一般以上的评价占总受访者的 92%，有 7% 的老人对于银行网点的分布不满意，1% 的老人不了解，现在银行类型多，网点分布广，可能在一定程度上缩短了出行距离，提高了满意度，如图 7 所示。

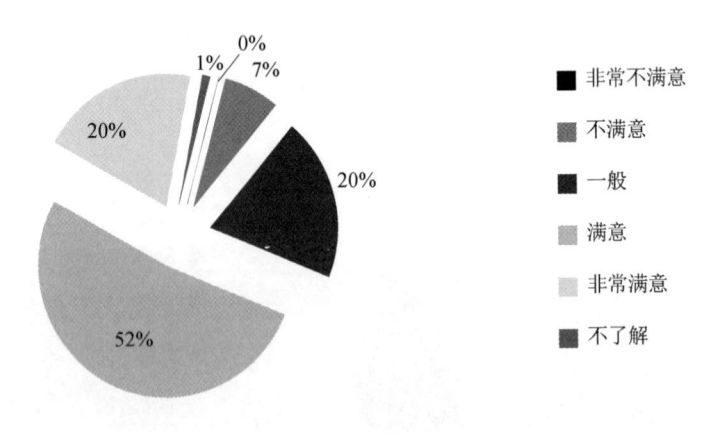

图 7　银行网点满意度

（5）餐饮设施

俗话说："民以食为天"，可见餐饮设施在百姓心中的地位，调查显示，55% 的老人对于居住环境周围的餐饮设施是满意的，非常不满意的比例为 0%，不满意的比例为 4%，不了解的比例为 2%，相对来说满意度处于中上等，如图 8 所示。

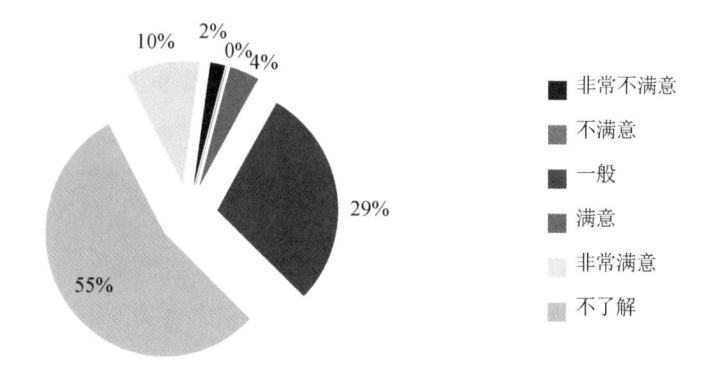

图 8 餐饮设施满意度

2. 老年人群居住安全性感知分析

本次问卷对于居住安全性的研究主要通过社会治安、交通安全、紧急避难场所、防灾宣传管理几个指标进行分析。

调查结果如图 9 所示，北京中心城区的老年人群对居住环境安全性的感知倾向于满意，有 57% 的老年人群总体评价表示满意或非常满意，而不满意或非常不满意的仅有 8%。另外 35% 的老人选择了一般这个选项。

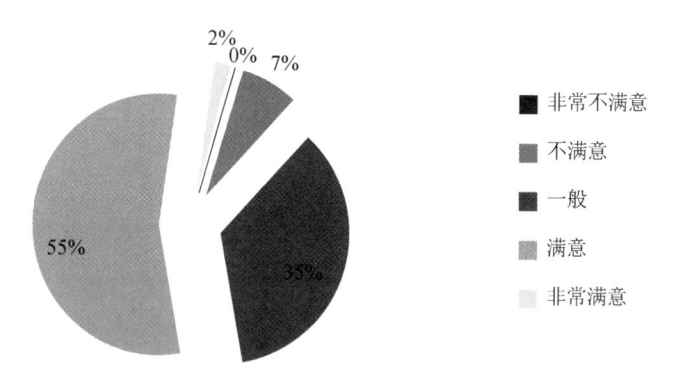

图 9 社会治安总体满意度

具体来看，老年人群对居住环境安全性方面比较满意的包括以下几个方面。

（1）社会治安

调查结果表明，社会治安这一安全性指标在北京市中心城区老年人群满意度中最高，选择满意和非常满意的老人达到了 58%，只有 8% 的老年人表示不满意，可见，总体来说，中心城区的社会治安还是不错的，老年人是满意的。这一方面与治安力度相关，另一方面也和中心城区的人口构成有密切关系，因为中心城区相对来说非富即贵，外来人口也很少，如图10所示。

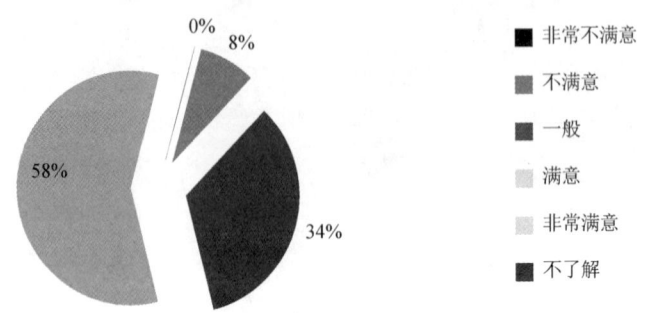

图10　社会治安满意度分析

（2）防灾宣传管理

对于防灾宣传管理，将近一半的老年人还是满意的，另外也有14%的老年人表示不了解，说明宣传力度还是不够，如图11所示。

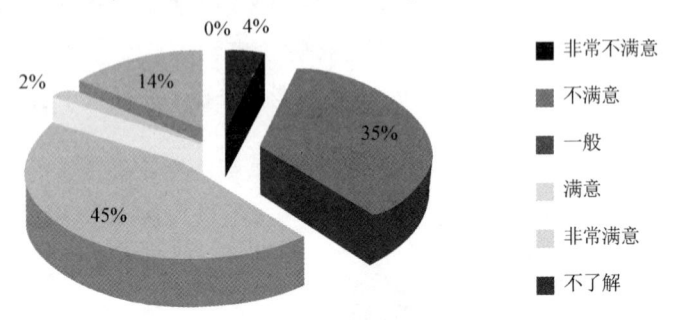

图11　防灾宣传管理满意度分析

总体来看，社会治安这一安全性指标在北京市中心城区老年人群满意度（满意+非常满意）中最高，达到了58%，而交通安全（人车混行）、紧急避难场所和防灾宣传管理则分别为31%、31%和47%，其中交通安全（人车混行）和紧急避难场所的满意度相同且最低，其次是防灾宣传管理；而交通安全（人车混行）这一安全性指标在不满意度（不满意+非常不满意）中最高，比数达到了29%，而其余三个指标不满意度分别达到了8%、9%和4%。而不了解的最高的是紧急避难场所，达到22%，其次是防灾宣传管理，达到14%，这说明北京市中心城区老年人群对社会治安的满意度最高，对紧急避难场所和防灾宣传管理不了解的人数所占比例最高，而不满意度最高的是交通安全（人车混行）。

3. 老年人群居住环境自然舒适度感知分析

在此次调查中，自然环境舒适度选用周边公园绿地绿带、居住区内绿化清洁、广场等公共活动场所、空间开敞性等指标来进行分析与研究。居住自然环境舒适度成为越来越多人关注的焦点，老年人只有拥有舒适的生活环境才能在晚年享受到社会不断发展中提供的便捷性、舒适性、安全性等服务。虽然老年人居住舒适度受到了广泛的关注，但根据调查问卷统计，所调查老年人中仅有17.31%的人认为居住自然环境舒适度更为重要，仅占416份调查问卷的1/6。

调查显示，在被调查的416位老人中，对居住环境自然舒适度的总体感知倾向于满意和一般两个选项，所占人数分别为171人和183人，而其他选项人数很少。可见，大部分人感觉不好不坏，这也反映出老人们对自然环境的舒适度的感知比较趋向于中性，如表3所示。

表3　　　　　　　　　　自然环境舒适度总体评价

自然环境舒适度	A 非常满意(人)	B 满意(人)	C 一般(人)	D 不满意(人)	E 非常不满意(人)	F 不了解(人)
周边公园绿地绿带	36	203	145	32	0	0
居住内区绿化清洁	33	164	153	58	8	0
广场等公共活动场所	24	113	194	82	2	1
空间开敞性	21	143	203	45	2	2
总体评价	23	171	183	38	1	0

具体来看，老年人群对自然环境舒适度方面比较满意的包括以下几个方面。

（1）周边公园绿地绿带

调查结果如图12所示，有57%的老年人对于周边公园绿地绿带对生活自然环境舒适度的影响表示非常满意和满意，35%表示一般，可以接受，但有17%的老年人认为对于周边公园绿地绿带对生活自然环境舒适度的影响表示不满意和非常不满意，从中可以看出，大部分人认为周边公园绿地绿带对生活自然环境舒适度还是比较满意的。

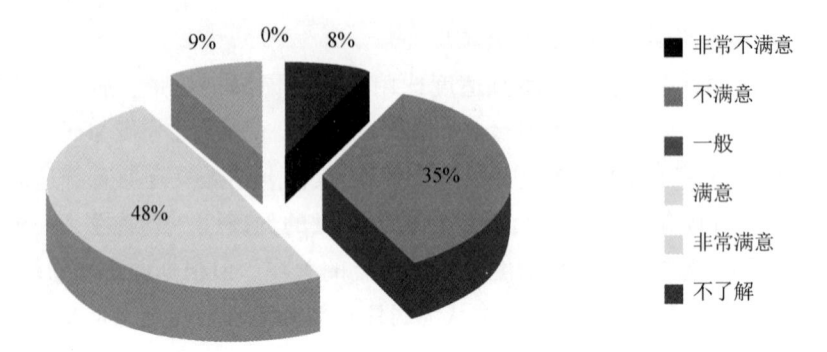

图 12　周边公园绿地绿带的满意度

(2) 居住内区绿化清洁

调查结果如图 13 所示，47% 的老年人对于居住内区绿化清洁对自然环境舒适度的影响表示满意或非常满意，37% 的老年人表示一般，可以接受。16% 的老年人表示表示不满意或非常不满意，可以看到 4 个调查对象中，大部分的老人对居住内区绿化清洁还是比较满意的。

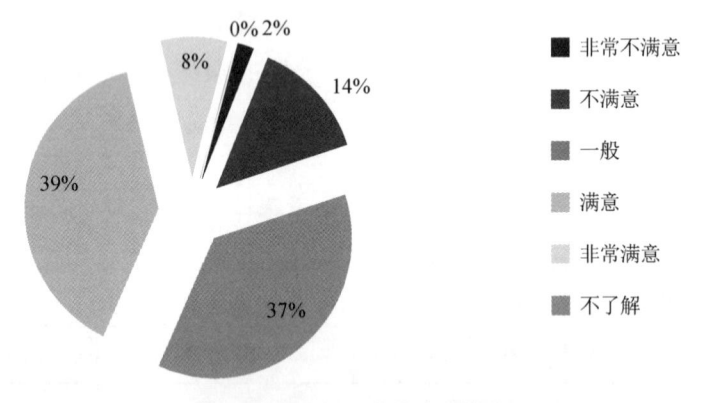

图 13　居住区绿化清洁满意度

4. 老年人群居住环境人文环境舒适度感知分析

在此次调查中，人文环境舒适度分别选用居住区邻里关系状况、居住区物业管理水平、社区文体活动、社区认同感、建筑景观的美感几个指标进行分析，调查结果如图 14 所示，大多数老年人对于人文环境舒适度的感知是比较折中的。因此选择满意和一般这两个选择的老年人占了绝大多数，而选择其他选项的人数很少。可见，老年人群对于人文环境舒适度的感知并不强烈。

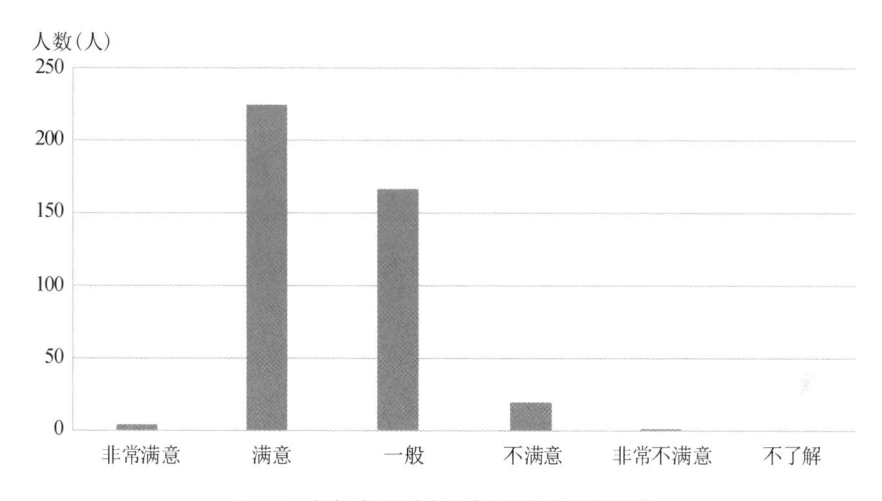

图14 老年人群对人文舒适度的总体评价

具体来看，老年人群对人文环境舒适度方面比较满意的包括以下几个方面。

（1）居住区邻里关系状况

北京中心城区的老年人群对于居住区邻里关系的感知是相当满意的。调查显示，将近3/4的老年人群对此的评价是满意和非常满意，另外1/4的老年人感觉一般，不满意的人数极少，仅占1%。可见，中心城区由于属于老城区，其中居民往往都是老街坊、老邻居，因此，邻里关系相当和谐。

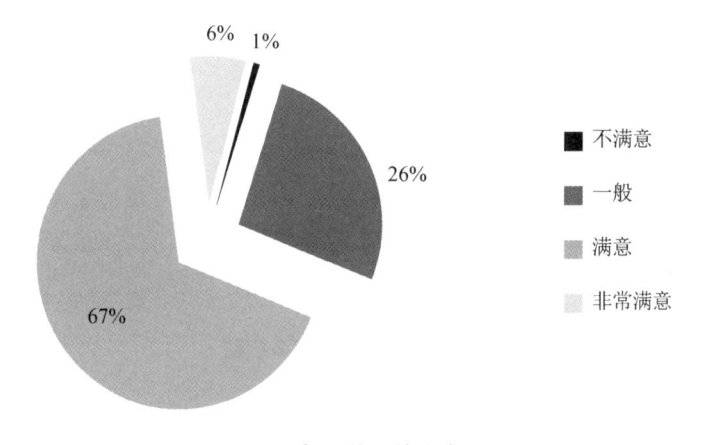

图15 邻里关系的满意度

（2）居住区物业管理水平

对于居住区物业管理水平，不满意和非常不满意的人数占调查总人数的16%，满意和非常满意的人数占总人数的44%，不足总人数的一半，如图16所示。以上数据显示，相对于邻里关系来说，北京中心城区的老年人对于物业管理水平还是不太满意的，说明在物业管理这个方面，针对老年人的服务还是有着很大的提升空间。

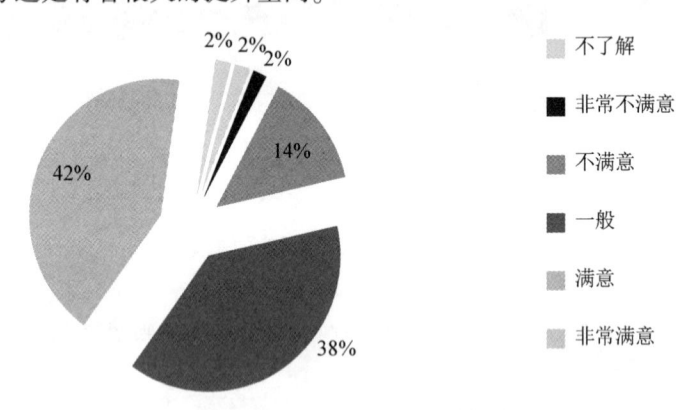

图16　物业管理水平的满意度

（3）社区认同感

对于社区认同感，不满意人数占调查总人数的7%，满意和非常满意的人数占总人数的53%，如图17所示。因此，我们可以认为居民对于社区基本是有认同感的。

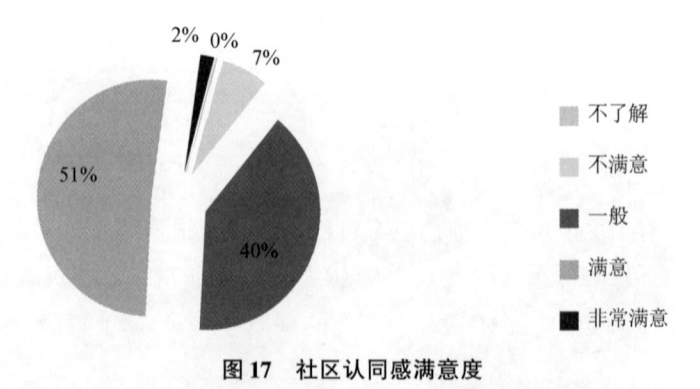

图17　社区认同感满意度

5. 老年人群出行便捷度感知分析

在此次调查中，我们通过通勤出行、生活出行、商务出行、到市中心的便利程度和停车的便利程度进行分析与研究。调查结果见表4。

表4　　　　　　　　　　　调查问卷统计结果

满意度\项目	上下班出行的便利程度（人）	生活出行的便利程度（人）	商务出行便利程度（机场、火车站）（人）	到市中心的便利程度（人）	停车的便利程度（人）	总体评价（人）
非常满意	132	113	131	185	1	17
满意	174	195	186	153	38	271
一般	105	100	75	77	112	118
不满意	0	8	6	0	145	10
非常不满意	0	0	0	0	105	0
不了解	5	0	18	1	15	0

调查显示，大多数老年人对于出行便捷度的感知是比较满意的。因此选择满意和非常满意这两个选择的老年人占了绝大多数，很少的老人选择了不满意，而选择非常不满意的人数为零。可见，北京中心城区的老年人群出行还是相当便捷的，而且，显然老人们也已感受到了城区基础设施的改善给他们带来的便利。

具体来看，老年人群对出行便捷度方面比较满意的包括以下几个方面。

（1）上下班出行便利程度

60岁以上老人仍然有部分人群还在工作，也有退休后兼职和返聘的老人，因此，对于上下班出行他们也有自己的感知。根据调查结果如图18所示，对于上下班出行便利程度有25%认为一般。而74%老年人满意，其中有43%的人非常满意。

（2）生活出行的便利程度

根据调查结果如图19所示，很多小区步行5—10分钟就可到达公交车站，因此，大部分老年人对于生活出行的便捷度表示满意，有24%的人认为一般，仅有2%的人不满意目前生活出行的交通状况。

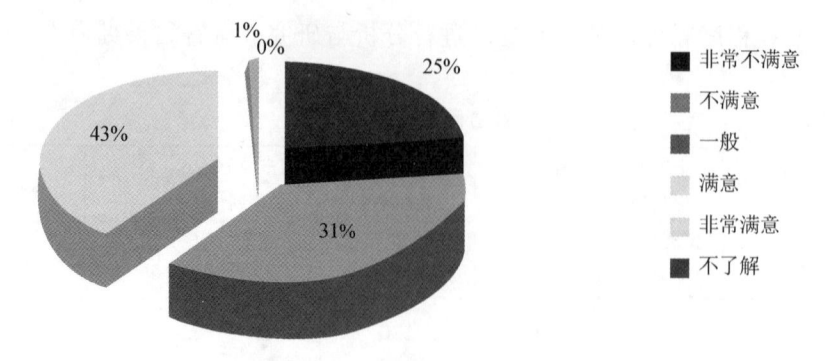

图 18　上下班出行便利满意度

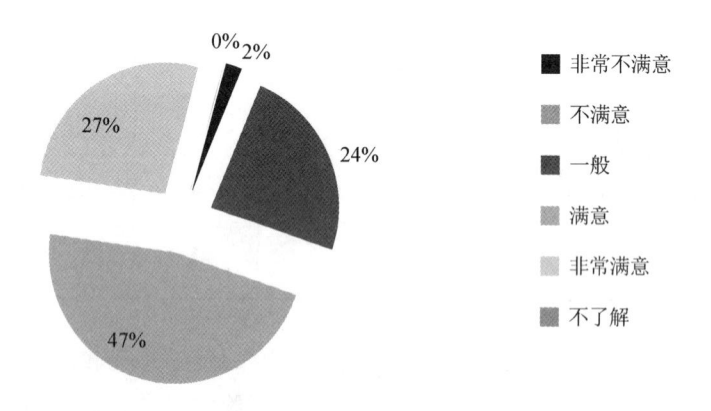

图 19　生活出行便利满意度

（3）到市中心的便利程度

调查结果如图 20 所示，因为调查区域属于中心城区，普遍老年人认为自己本身就住在市中心，因此，没有老年人认为到市中心不便利。只有 19% 的老年人认为便利程度一般，其他都满意。

6. 老年人群居住环境健康性感知分析

本次问卷对于居住环境健康性的研究主要包括以下 7 个具体指标：PM2.5 的污染、汽车尾气排放带来的污染、扬尘和工业等其他空气污染、雨水排放和水污染、工厂工地等生产噪声、商店学校道路等生活噪声以及垃圾堆弃物污染。

调查结果如图 21 所示，北京中心城区的老年人群对居住环境健康性的整体感知很一般，有 66% 的老年人群对于各种污染对于健康性的影响总体评价为一般，认为污染严重或很严重的占 15%，而表示污染轻或很轻的占

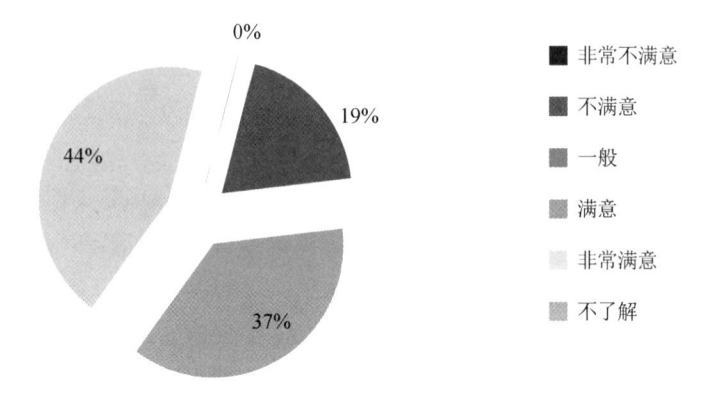

图 20 到市中心的便利满意度

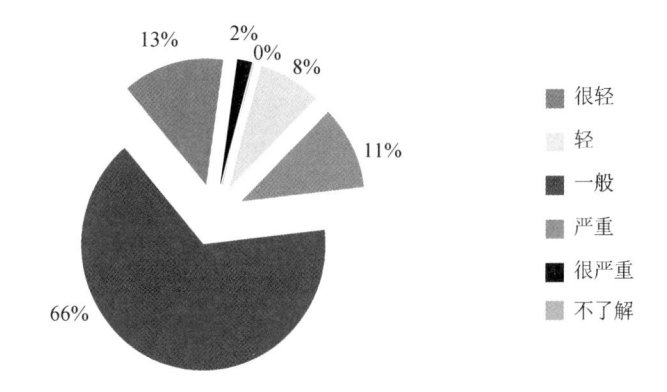

图 21 居住环境健康性的整体评价

19%。通过后面的分析我们可以看出在健康性评价中,各项指标的分化非常严重,有些方面老人很满意,而另一些方面则难以忍受,所以,近看总体评价很难发现问题。

老年人群对居住环境健康性方面比较满意的包括以下几个方面。

(1) 扬尘、工业等污染

调查结果如图 22 所示,30% 的老年人认为扬尘、工业等污染对居住健康性影响很轻,29% 认为影响程度一般,仅有 21% 的老年人认为影响严重和很严重。究其原因,一方面是因为北京将污染较严重的工业向外迁移,使得工业方面的污染大大减少,另一方面,近年来的施工对扬尘控制也比较有效,可见,老年人对于这方面的污染治理很是比较满意的。

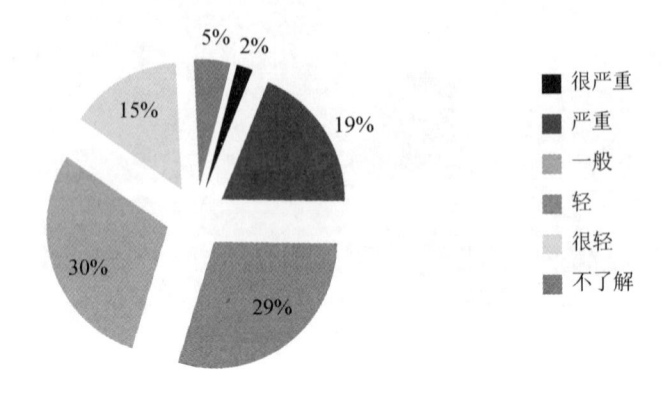

图22　扬尘、工业等其他空气污染评价

(2) 雨污水排放和水污染

调查如图23所示，有63%的老年人认为雨污水排放和水污染对于居住环境健康性的影响轻或很轻，另外30%的老年人认为影响一般，也就是说绝大多数老年人认为是在可以接受的范围，仅有1%的老年人认为影响比较严重。可见水污染对于老年人生活的影响几乎可以认为感知不到了。

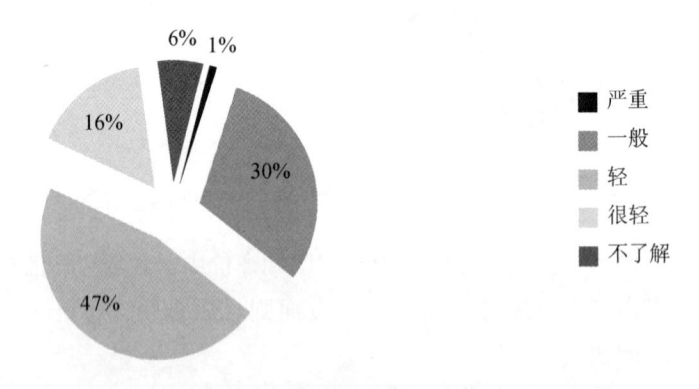

图23　对雨污排放和水污染的评价

(3) 工厂、工地噪声污染

调查如图24所示，有91%的老年人认为工厂、工地噪声污染影响程度较轻或一般，5%的老年人不太了解，仅有4%的老年人认为工厂、工地的噪声严重影响了自己的生活。这主要是因为在北京的中心城区已经几乎没有工厂，工地也很少，所以老年人几乎感知不到来自这方面的困扰。

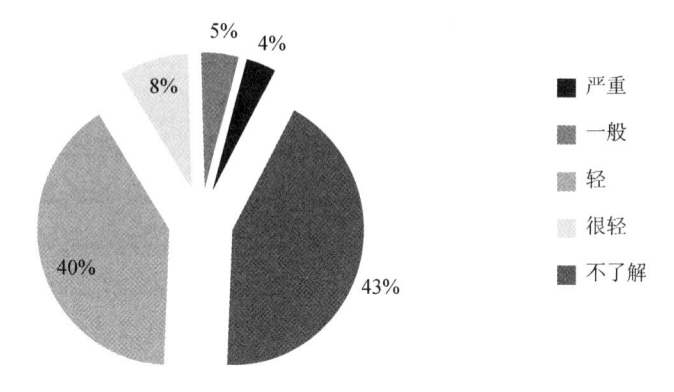

图 24　工厂工地等生产噪声的评价

(4) 商店、学校、道路的噪声污染

调查结果如图 25 所示，有 41% 的老年人认为商店、学校、道路的噪声污染对居住环境健康性有着一般性的影响，是在自己可以接受的范围之内，而 53% 的老年人认为影响程度较轻，只有 6% 的人认为影响严重。

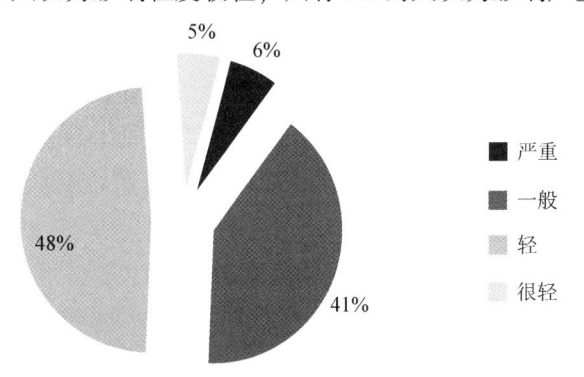

图 25　商店学校道路等生活噪声的评价

(5) 垃圾堆砌污染

调查结果如图 26 所示，有 49% 的老年人认为垃圾堆砌污染影响较轻，49% 的老年人认为一般，其污染程度在自己接受范围之内，只有 2% 的人认为影响严重，满意度比较差，说明垃圾堆砌污染物在中心城区对老年人的影响很小，只有局部地区存在问题，也比较容易解决。

据调查问卷分析表明，在众多环境污染当中，当下对中心城区老年人群的居住环境健康性影响最为严重的是 PM2.5 和汽车尾气排放所产生的污染。事实上，对于中心城区乃至整个北京市，不仅对老年人乃至所有人来

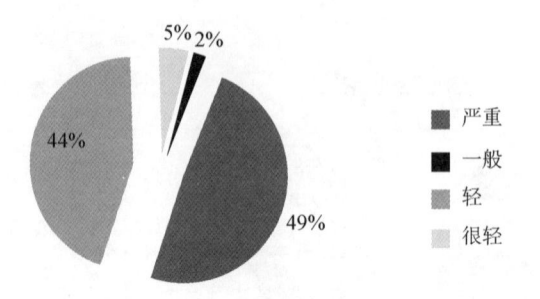

图 26 垃圾堆砌污染物的评价

说，PM2.5是当前人们最关注的环境健康问题之一。而对于老年人而言，雾霾天带来的危害不仅仅是呼吸道问题，长年累月也会有许多并发症，更会导致心血管疾病、高血压等老年人常见疾病的加重。因此，PM2.5对于居住区环境的健康性来说是亟待解决的一个重要问题。

二 影响北京中心城区老年人群宜居环境满意度的主要问题

（一）缺乏老年人休闲娱乐和活动设施

北京中心城区的老年人群对于生活方便性方面总体上是比较满意的，不太满意的主要集中在休闲娱乐设施和老年活动设施两个方面。

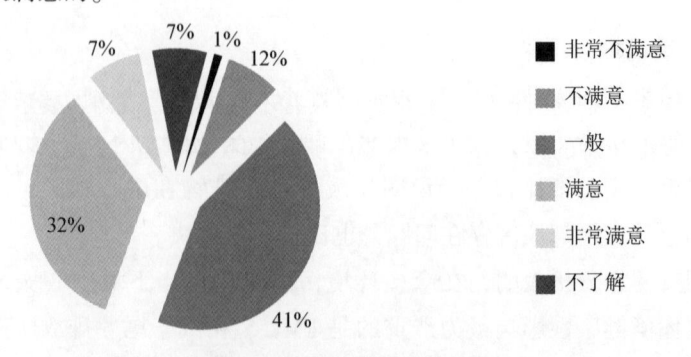

1. 休闲娱乐设施

对于休闲娱乐设施满意度的调查，调查结果如图27所示。受访老年人中，比例最大的选项是一般，有7%的老人对休闲娱乐设施不了解，12%的老人不满意，1%的老人非常不满意，可见，大多数老年人对于休闲娱乐设施是不太满意的。

图 27 休闲娱乐设施满意度

2. 老年活动设施

老年活动设施是生活便利性相关指标中，最直接服务于老年人的一项，但是我们可以从图28中看出，满意人数较少，仅占26％，其余44％的老人认为一般，23％的老人不满意，不满意的比例相对于生活方便性其他指标有了明显的上升趋势。

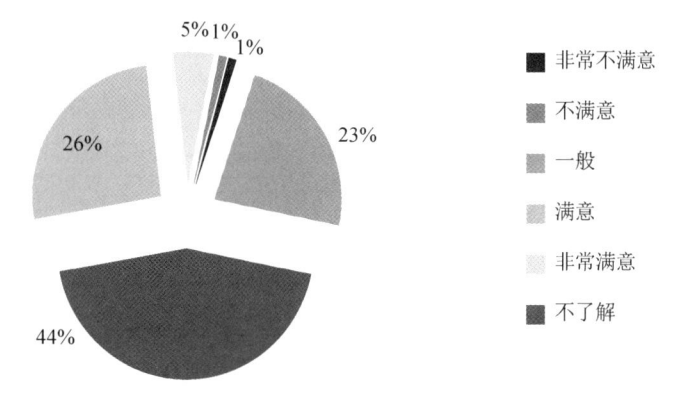

图28 老年活动设施满意度

（二）担心交通安全，对紧急避难场所不了解

在居住安全性方面，中心城区的老年人群相对不太满意的方面主要针对交通安全和紧急避难问题。

1. 交通安全

调查结果如图29所示，交通安全（主要是人车混行的问题）这一安全性指标的不满意度最高，选择不满意和非常不满意的老人达到了29％，而满意和非常满意的比例也不过只有31％。可见，中心城区的老年人对于在人车混行中如何保证自身的安全还是有些担心的。

2. 紧急避难场所

对于紧急避难场所，满意度不高，只有不到1/3的被访者表示满意和非常满意，值得注意的是"不了解"这一选项的比例高达22％，可见，对于一部分老年人来说，紧急避难场所还是个陌生的事物，当然也就谈不上满意和非常满意了。

（三）缺乏文体活动和活动场地

从前面的分析可以看出，中心城区的老年人群对于居住地的自然环境

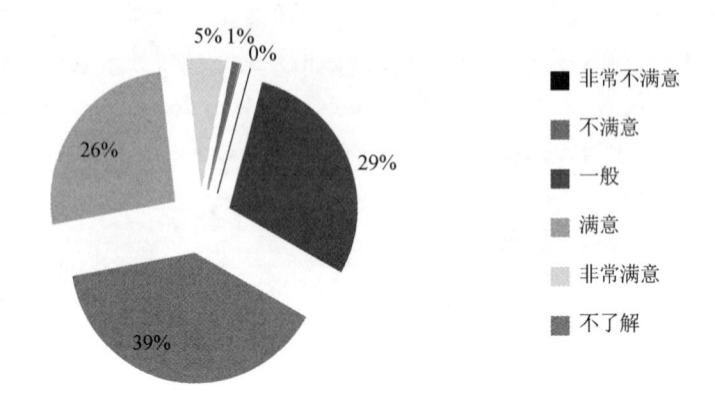

图 29 交通安全（人车混行）满意度

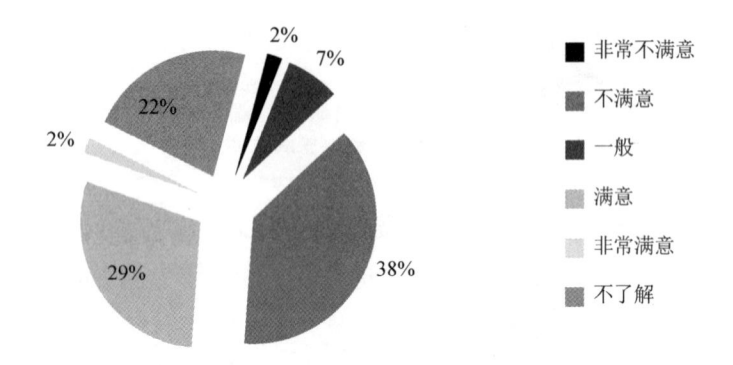

图 30 紧急避难场所满意度分析

和人文环境总体上是比较满意的，相对来说，满意度较低的是缺乏社区文体活动和公共活动场所。

1. 社区文体活动

对于社区文体活动如图 31 所示，不满意和非常不满意的人数占调查总人数的 15%，而超过一半的人数选择了一般或不了解。因此，可以认为老年人群对于社区文体活动满意度较低。事实上，由于老年人群往往退休赋闲在家，有很多的空闲时间希望社区能够安排一些适合老年人群的文体活动，但目前这方面显然是缺乏的。

2. 广场等公共活动场所

调查显示，中心城区不仅缺乏适合老年人群的文体活动，而且也缺乏活动场地。图 32 显示，超过 20% 的老年人对广场等公共活动场所是不满意

图 31　社区文体活动满意度

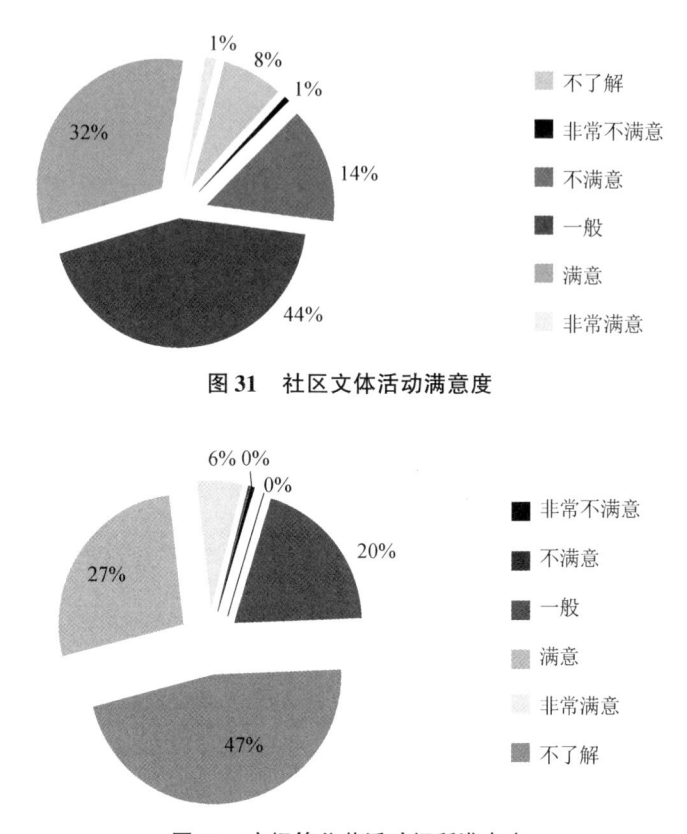

图 32　广场等公共活动场所满意度

或非常不满意的，与影响自然环境舒适度的其他几个指标相比，这项的满意度要低好多。可见，即使老年人能够自行安排文体活动，也很难找到合适的场地。这也从侧面说明了为什么老年人跳广场舞会引起那么大的矛盾，原因就在于活动场地的缺乏。

（四）空气污染严重拉低了居住环境满意度

从前面的分析可知，在影响宜居环境的六大类指标中，老年人群对居住健康性的满意度是最低的，而在健康性的各个指标中，老年人最不满意的是空气污染。

1. 霾等空气污染

随着2013年霾的增多，PM2.5进入了人们的视野，调查结果如图33所示，老年人群对于PM2.5等空气污染的评价只有很严重、严重和一般三个选项。其中，老年人群中有77%表示霾对于日常生活健康性的影响严重，而11%的老年人认为很严重，剩余12%的老年人认为影响一般。可见，老年人普遍认为，PM2.5等空气污染已经严重影响到他们的健康，使他们因此对居住环境的满意度下降。

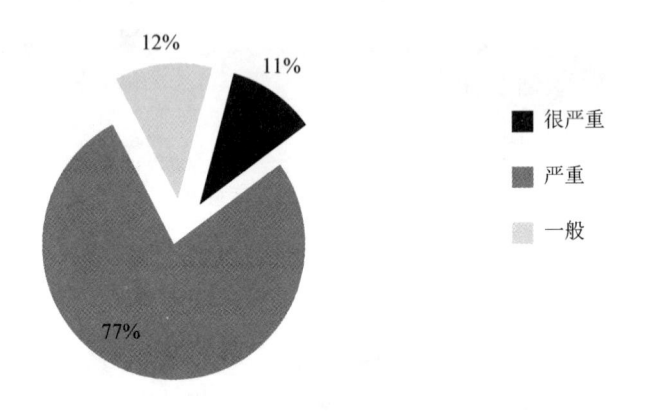

图33　PM2.5等空气污染的评价

2. 汽车尾气污染

调查结果如图34所示，仅有12%的老年人认为汽车尾气污染对生活健康性影响很轻，27%的老年人表示影响一般，可以接受，但有61%的老年人认为汽车尾气对日常生活的影响比较严重和很严重，可以看到对汽车尾气等污染不满意的老年人占多数，可见，汽车方便了人们的生活，同时汽车带来的污染也困扰着老年人群。

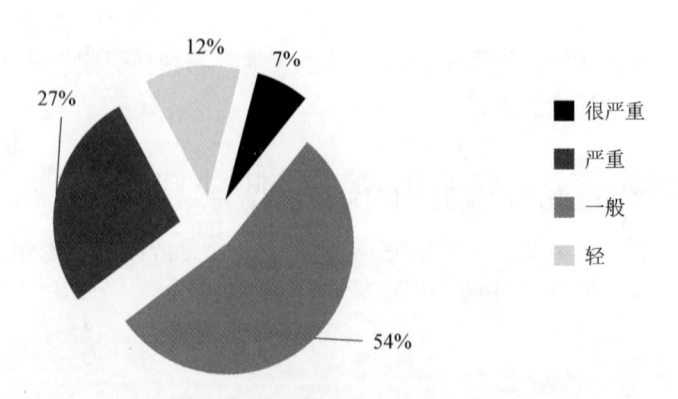

图34　老年人群对汽车尾气排放产生污染的评价

三 提升北京中心城区老年人群宜居环境满意度的对策建议

（一）增建老年娱乐设施和服务设施

1. 增加建设老年活动设施和休闲娱乐设施

本次调查结果显示，中心城区老年人群对于周边居住环境中的老年活动设施和休闲娱乐设施满意度不高。事实上，城区中的休闲娱乐场所并不少，可是往往都是为年轻人服务的，适合老年人的并不多。因此，政府应该考虑增加建设一些针对老年人群的活动设施和休闲娱乐设施。一方面，随着社会经济水平的不断提高，人们对于自身健康与生活质量的要求也越来越高，尤其是老年人，健康与锻炼更是生活中的重中之重；另一方面，统计数据表明，今后老年人口的比重有不断上升的趋势，老年人会越来越多，因此应该适当增加老年活动设施和休闲娱乐场所，比如在现有绿地公园中增加适合老年人的健身器材、休闲场地等，让老人在想要锻炼身体的时候可以有一个安全而又经济的场所。

2. 增加社区医院、诊所等老年服务设施

由于老年人群自身的特点，他们对于医疗设施的需求要远远高于其他人群，调查问卷显示的医疗设施满意度虽然并不算很低，但也可以看出非常满意的比重只占11%；在调查过程中也发现，老年人去看病一般都要去家附近的大型医院，而社区中的医疗服务设施却少之又少，这也是非常满意比重不高的原因。因此，应在保证现有医疗设施的同时增加社区医院、诊所的数量与建设。

西方发达国家近年来倡导发展社区养老服务业，内容包括生活照料、物质支援、心理支持、整体关怀等。具体包括居家服务、上门看病、提供医疗护理服务、兴办社区活动中心等，非常值得我们学习和借鉴。

（二）为老年人营造安全的生活环境

1. 加强防灾宣传教育工作

如前所述，老年人群对于紧急避难场所并不是很了解，说明宣传的力度不够。老年人群作为相对弱势群体，遇到天灾人祸时更脆弱无助。所以，政府不仅应该重视紧急避难场所的建设，增加紧急避难场所的数量，同时还要加强防灾的宣传工作。让老年人在遇到危险时，能够及时快速的撤离到安全地带。

另外，老年人群由于生理与心理的变化，对居住区建筑和周边景观环境的安全性要求更高。因此，应考虑安装自动报警装置，在紧急危险的情况下，方便及时向有关部门自动发出警报，使老年人在最短的时间内得到帮助。

2. 加强交通安全规划与管理工作

调查表明，老年人群对于交通安全不是很满意，主要是对人车混行环境的担心。因此，首先，在社区规划上，应该长远的考虑居住区的动态变化，对于老年人随着时间身体机能下降，反应速度迟滞的情况，街道规划上应该尽量避免"人车混行"现象，或建立人车分行的交通网络。其次，注重慢行交通系统的建设，多多拓展公共交通系统的可达性，并且尽量在步行区间内满足生活需求。最后，居住区应增加地下停车场的数量，减少路面停车压力，给老年人群更加宽阔的居住环境。

此外，鉴于老年人行动缓慢，常常在步行的时候赶不及红绿灯变换等，可以增加社区周边老年专用摆渡车，既避免了老年人群参与高峰拥挤，又增加了老年人出行安全。或者可以建议老年人对出行时间进行调整，避开交通流量较大的时间段。在车站等待区设立等候座位和桌子，方便老年人休息。政府应该增加交通管理人员数量，确保老年人群外出安全。

（三）合理规划居住区，增建公共活动场所，增加社区文体活动

1. 加强社区公共活动场所建设

在新居住区建设和老旧小区改造时，要对居住区进行合理规划和设计，确保居民有足够的活动休息场所。居民在茶余饭后或闲暇时间大都在居住区内度过，特别是对行动不便的老年人来说能够有足够的广场等公共活动场所散步、活动是尤为重要的。为此，居住区的规划设计者在对居住区的设想、规划时要充分考虑人们对于公共活动场所的需求，对居住区进行合理规划和布局，增加社区内公共活动场所建设，例如小广场，小公园等。

2. 增加社区内部的文体活动

建议以社区为单位，多组织老年人联谊活动，增进邻里感情，增强老年人对社区认同感，还可以通过组织老年人文体表演和比赛，例如老年

广场舞表演、老年人踢毽子比赛等，丰富老年人的退休生活。

（四）加强空气污染的防治，还北京一片蓝天

1. 京津冀联防联控，防治大气污染

由前面的分析可知，老年人群对居住环境健康性满意度最低，其中最主要原因就是对空气污染的不满，特别是近年来日益严重的雾霾对老年人健康的危害首当其冲。但大气污染的特性决定了北京不能独善其身，需要京津冀联手防治，共同减排降污。一方面，北京市要大力发展金融、软件、旅游和文化创意等新兴产业，通过产业结构调整从源头上降低污染；另一方面，逐渐在京津冀特别是首都圈之内淘汰高能耗、高污染企业，从而减少外来污染物的影响。

2. 公交优先导向，积极推广新能源汽车

随着北京市机动车保有量的不断上升，机动车对北京市空气污染的贡献已占主导。2014年北京的PM2.5来源解析显示，长年看，在本地排放来源中，机动车排放占比约1/3，为PM2.5本地来源"最大户"。目前，北京市已确立了优先发展公共交通的战略，同时大力发展轨道交通，也采取了一些针对机动车污染的管控措施，但力度还不够大。建议今后加大公共交通发展力度，大力推广新能源汽车的使用，严格实行单双号限行等。

北京表演艺术旅游发展研究[*]

董恒年　张远索[**]

一　北京表演艺术旅游发展现状

(一) 表演艺术旅游概述

表演艺术旅游（Lively Art Tourism）是以剧场、广场、街巷、村落、文化遗产景区、现代人造景区和自然景区等作为活动场所，利用本地优秀的民族、宗教、历史和民俗等文化资源，积极创作并有效开发具有本国、本地或本民族、本族群特色的音乐、舞蹈、戏剧、曲艺和武术等舞台及实景表演艺术产品，并依此广泛吸引大众游客而形成的文化旅游活动与现象。表演艺术旅游是文化旅游发展到较高阶段时的大众旅游活动与现象，表演艺术旅游产品（Lively Art Tourism Product）则是文化旅游发展到较高阶段后，服务于本地居民的传统舞台及现场表演艺术产品向大众游客消费的舞台及实景表演艺术产品转型的结果。在表演艺术旅游产品消费过程中，游客对表演艺术旅游产品的感知体验，往往以视听感官基础上产生的思想情感体验或心灵体验为主。[①]

---

[*] 本章为北京市哲学社会科学规划面上项目阶段性成果，项目名称：北京城市文化旅游发展主导模式研究（项目编号12CSB004）。第一作者为项目主持人。

[**] 董恒年（1962—　），经济学博士，北京联合大学应用文理学院副教授，主要研究区域经济、旅游规划与管理等；张远索，（1977—　），管理学博士，北京联合大学应用文理学院副教授，主要研究土地利用与管理及土地制度。

[①] 王佳佳：《实景舞台剧的游客感知研究——基于印象刘三姐和印象丽江对比的视角》，硕士学位论文，湘潭大学，2011年。

因此，表演艺术旅游和表演艺术旅游产品均属于非物质文化旅游或精神文化旅游范畴。

表演艺术旅游的诞生有着古老的历史渊源，其活动与产品原型，可以追溯到前大众旅游时期的漫长历史发展过程中。19世纪末以来，随着工业化和城市化的发展，铁路、公路、航海及航空等现代交通得到迅速发展和普及，大众旅游也随之在发达国家与地区兴起并得到快速发展。特别是20世纪40年代中叶以来，以精神文化旅游为主的表演艺术旅游，开始在英美等发达国家的世界城市中兴起，尤其拥有悠久舞台表演艺术历史和雄厚发展基础的伦敦与纽约两大世界城市，越来越凸显出其表演艺术旅游发展的优势和竞争实力，随即形成了伦敦西区和纽约百老汇两大世界表演艺术旅游中心。与此同时，自20世纪50年代中叶起，随着美国居民收入水平的不断提高，以动画电影为主导产业的美国沃尔特·迪士尼公司，在加州推出了第一个融休闲娱乐艺术表演、娱乐探险、度假酒店和迪士尼小镇为一体的迪士尼休闲娱乐度假区，随后又分别于20世纪70年代、80年代、90年代和21世纪10年代及20年代，迅速将这种融休闲娱乐艺术表演和各种休闲活动于一体的休闲度假旅游模式扩展到美国奥兰多、法国巴黎、日本东京、中国香港及中国上海。

我国的当代表演艺术旅游兴起于20世纪80年代初，以1980年北京杂技团在北京大栅栏的"庆乐大戏院"为海内外游客上演古老的中国杂技为标志。20世纪90年代起，国粹京剧和地方戏剧及曲艺等表演艺术，作为新兴文化旅游产品开始在北京和旅游发达省份纷纷与游客见面。这一时期，以娱乐为特征的大型表演艺术旅游产品，开始在深圳华侨城和浙江杭州宋城等国内著名主题公园崛起并取得成功。[1] 进入21世纪以来，融合高技术与山水实景为一体的"印象系列"表演艺术旅游产品及众多充分展示地方文化特色的剧场舞台表演艺术旅游产品，在我国许多著名旅游景区和重点旅游城市普遍出现并获得巨大成功。[2]

需要指出的是，关于表演艺术旅游活动及产品的术语界定问题，国内

---

[1] 徐菊凤：《中国主题公园及其文娱表演研讨会综述》，《旅游学刊》1988第5期；李雷雷、张晗、卢嘉杰等：《旅游表演的文化产业生产模式：深圳华侨城主题公园个案研究》，《旅游科学》2005年第6期。

[2] 方世敏、杨静：《国内旅游演艺研究综述》，《旅游论坛》2011年第4期。

至今尚未达成认识上的统一。文化和旅游局等官方机构的正式文件及新近学术研究中，通俗地将表演艺术旅游产品称之为"旅游演出"。[①] 较早期的国内学术研究中，学者们将表演艺术旅游产品称之为"景区文娱表演"和"旅游表演"[②]，之后的较长一段时期，学术界则多用"旅游演艺"一词代指表演艺术旅游产品[③]。表演艺术旅游不仅可以使北京的文化旅游产品从观光文化产品向休闲度假文化旅游产品转化，也能为北京带来巨额经济收入，还能传播城市形象、树立城市品牌。准确的产品和市场定位，可以突出城市旅游的特点，引导城市展开合理的旅游开发。因此对北京表演艺术旅游产品的研究具有现实意义。

（二）北京表演艺术旅游的发展条件

北京拥有优越的表演艺术旅游发展条件。北京是一座拥有3000年建城史和800年建都史的文化古都，除拥有很多规模巨大、级别很高的历史遗迹与遗址等历史景观外，也拥有众多规模大、级别高的博物馆、艺术馆、展览馆、纪念馆和名人故居等物质文化旅游产品，是北京发展文化观光旅游的重要依托，也已经为北京的文化旅游发展做出了重大贡献。目前，北京共拥有世界文化遗产7项，是我国拥有世界文化遗产最多的城市。全市登记的文物古迹数量达7300多项，其中，全国重点文物保护单位127项，市级重点文物保护单位326项，区县级重点文物保护单位754项。

同时，北京还拥有全国数量最多、级别很高的各类表演艺术团体和舞台剧院，为北京发展表演艺术旅游提供了便利条件。目前，北京是全国剧

---

① 文化部、国家旅游局：《国家文化旅游重点项目名录——旅游演出类》，文化部官方网站，https://zwgk.mct.gov.cn/zfxxgkml/scgl/202012/t20201206_918174.html，链接日期：2010年10月16日；周坤：《旅游演出产品开发论纲》，《重庆文理学院学报》（社会科学版）2012年第5期。

② 徐菊凤：《中国主题公园及其文娱表演研讨会综述》，《旅游学刊》1988年第5期；李雷雷、张晗、卢嘉杰：《旅游表演的文化产业生产模式：深圳华侨城主题公园个案研究》，《旅游科学》2005年第6期。

③ 李幼常：《国内旅游演艺研究》，硕士学位论文，四川师范大学，2007年；徐世丕：《旅游演艺对我国传统演出市场的冲击和拓展》，《戏剧论坛》2008年第9期；余琪：《国内大型主题性旅游演艺产品开发初探》，硕士学位论文，华东师范大学，2009年；孙进军：《北京亟需大力发展旅游文化演出业》上，《中国旅游报》2009年8月5日第011版；刘艳兰：《旅游演艺的发展历程及其对旅游业的影响》，《科技广场》2009年第8期；王佳佳：《实景舞台剧的游客感知研究——基于印象刘三姐和印象丽江对比的视角》，硕士学位论文，湘潭大学，2011年；朱新宇：《辽宁歌剧院艺术演出商业模式研究》，硕士学位论文，吉林大学，2012年。

场演出最为集中的城市。北京市演出行业协会的最新统计资料显示，2015年，北京市共有营业性演出场所135家（比2014年新增5个剧场，其中包括各类小剧场、各郊区县影剧院56家），演出场次共计24238场，观众人数共计1035.63万人次，演出票房收入共计15.49亿元。其中，专门从事表演艺术旅游经营的机构有红剧场、朝阳剧场、梨园剧场等12家，演出收入1.73亿元，占全年总收入的11.2%，比2014年减少600万元。[①]

此外，北京是我国所有城市中旅游接待规模最大的城市之一。2015年，全市游客接待总量达2.73亿人次，实现旅游总收入4607.1亿元人民币。其中，接待国内游客2.69亿人次（外地来京游客1.63亿人次，本地游客1.06亿人次），实现国内旅游收入4320.3亿元人民币；接待入境游客420.0万人次，实现旅游外汇收入46.0亿美元。[②] 北京巨大的海内外游客市场，为北京发展表演艺术旅游提供了无与伦比的客源市场条件。

（三）北京舞台表演艺术剧场及演出经营现状

北京市演出行业协会的统计资料显示，2012年，北京共有不同级别的营业性舞台演出剧场113家，其中，综合性多功能剧场16家，大型演出场馆8家，专业演出剧场（戏剧、音乐和儿童）19家，旅游演出剧场16家，其他小剧场54家，见表1。

表1　　　　　　　　　　北京市舞台演出剧场类型及数量[③]

剧场类型	剧场名称	剧场数量
综合性剧场	国家大剧院歌剧院、国家大剧院音乐厅、国家大剧院戏剧厅及小剧场、水立方游泳馆、北大演讲堂、北大演讲堂小厅、海淀剧院、国安剧场、解放军歌剧院、中国剧院、民族宫大剧院、北展剧场、世纪剧院、天桥剧场、保利剧院	16

---

① 北京市演出行业协会：《2015年北京市演出市场统计与分析》，北京演出行业协会官方网站，2016年1月。
② 北京日报：《北京市2015年旅游接待2.73亿人次收入4607亿元》，2016年2月28日。http://www.gov.cn/xinwen/2016-02/28/content_5047009.htm。
③ 北京市演出行业协会：《2012年北京市演出市场统计与分析》，北京演出行业协会官方网站，2013年1月。

续表

剧场类型	剧场名称	剧场数量
大型场馆	首都体育馆、工人体育馆、工人体育场、五棵松体育馆、人民大会堂、国家体育场（鸟巢）、国家体育馆、北京奥林匹克中心体育馆	8
戏剧音乐儿童剧场	梅兰芳大剧院、中国儿童艺术剧院、中国儿童小剧院、长安大戏院、中国木偶剧院大剧场、中国木偶剧院酷宝宝剧场、中国木偶剧院小铃铛剧场、海淀区工人文化宫动漫剧场、中国评剧大剧院、中华皮影文化城剧场、人艺实验小剧场、首都剧场、国图音乐厅、京剧院实验剧场、北京音乐厅、中山公园音乐堂、中国国家话剧院剧场、中央音乐学院音乐厅、北京国话先锋剧场	19
旅游演出剧场	北京天桥杂技剧场、湖广会馆、天桥乐茶园、梨园剧场、梨园大戏楼、天地剧场、朝阳剧场、市工人俱乐部、东城区工人文化宫、老舍茶馆、北京之夜剧场、北京天龙源温泉剧场、北京金融文化俱乐部、刘老根大舞台剧场、北京剧院、欢乐谷剧场	16
其他小型剧场	广德楼戏楼、东苑戏楼、北京戏曲艺术职业学院排演场、繁星戏剧村剧场、地质礼堂剧场、张一元天桥茶馆剧场、北青盈之宝剧场、雷剧场、木马剧场、金萍萍二人转剧场、广名阁茶楼、东城区文化馆剧场、46号剧场、麻雀瓦舍剧场、嘻哈包袱铺安贞剧场、嘻哈包袱铺西直门剧场、皇家粮仓剧场、东创蜂巢剧场、蓬蒿人剧场、朝阳文化馆行动剧场、TNT剧场、后SARS剧场、东四工人文化宫剧场、东城区文化馆剧场、东城区文化宫剧场、中央音乐学院音乐厅剧场、朝阳非非小剧场、西城区文化馆小剧场、雷动天下剧场、东城区文化馆剧场、正乙祠剧场、小梨园剧场、mao live house剧场、大隐剧院、壹空间剧场、西城区文化馆剧场、黄梅戏会馆、正华影剧院、戏逍堂柏拉剧场、东方斯卡拉剧场、枫蓝购物中心剧场、顺义影剧院、平谷影剧院、密云影剧院、大兴影剧院、延庆影剧院、门头沟影剧院、怀柔影剧院、万事达中心M空间剧场、解放军军乐厅、优剧场、传奇小剧场、什刹海剧场、糖果餐饮剧场	54

北京市演出行业协会的统计资料还显示，2012年全市113家营业性演出场所的演出总场次达21516场，观众总人数达1100万人次，演出门票总收入15.27亿元人民币，见表2。

表 2　　　北京市 113 家营业性演出场所演出情况统计（2012）①

项目		总量	音乐	舞蹈	京剧	话剧	地方戏	杂技	曲艺	儿童	综合	其他
演出场次	数量（场）	21516	2016	461	1281	4404	3830	2955	*	3095	3696	**
	比例（%）	100	9.3	2	5.8	20	17.5	13.6	—	14.2	17	—
观众	数量（万人）	1100	221.8	52.3	40.6	205.9	17.3	136.7	46.2	165	36.9	177.9
	比例（%）	100	20.2	4.8	3.7	18.7	1.6	12.4	4.2	15	3.4	16.2

注：* 演出场次数据并入地方戏类；** 演出场次数据并入综合类。

2012 年北京市 113 家营业性演出场所的演出门票收入中，16 家综合性多功能演出场所演出收入 4.48 亿元，占全年演出总收入的 29%，比上年同期减少 9200 万元。8 家大型场馆演出收入 6.14 亿元，占全年演出收入的 40%，比上年略有减少。19 家戏剧、音乐和儿童剧为主的专业演出剧场演出收入 1.36 亿元，占全年总收入的 8.9%，比上年同期增长 6542 万元。16 家观众以游客为主且节目相对固定的旅游演出场所演出收入共 2 亿元，占全年总收入的 13%，比上年增加 7391 万元。其他 54 家各类小剧场演出收入 1.26 亿元，占全年演出收入的 8.25%。

2012 年北京市演出场次在 200 场以上的剧场共计 42 家，包括国家大剧院音乐厅、国家大剧院戏剧厅、国家大剧院小剧场、保利剧院、梅兰芳大剧院、长安大戏院、中国木偶剧院、中国木偶小剧场、人艺实验小剧场、首都剧场、北京音乐厅、中山公园音乐堂、欢乐谷剧场、北京湖广会馆、天桥乐茶园、梨园剧场、朝阳剧场、东城区工人文化宫、老舍茶馆、天地剧场、北京梨园大戏楼、市工人俱乐部、广德楼戏园剧场、刘老根大舞台剧场、繁星戏剧村剧场、木马剧场、金萍萍二人转剧场、广茗阁茶楼剧场、嘻哈包袱铺安贞剧场、海淀区工人文化宫动漫剧场、东创蜂巢剧场、中华皮影文化城剧场、中国儿童剧院、北京国话先锋剧场、东图会议中心剧场、

---

① 北京市演出行业协会：《2012 年统计与分析》，北京市演出行业协会官方网站，2013 年 1 月。

蓬蒿人剧场、解放军歌剧院、张一元天桥茶馆剧场、东方斯卡拉剧场、海淀剧院、什刹海剧场。

1. 北京表演艺术旅游及其展演剧场现状

2012年，在113家营业性演出剧场中，观众以游客为主且演出剧目相对固定的表演艺术旅游展演剧场共有16家，包括北京天桥杂技剧场、湖广会馆、天桥乐茶园、梨园剧场、梨园大戏楼、天地剧场、朝阳剧场、市工人俱乐部、西城区工人文化宫、老舍茶馆、北京之夜剧场、北京天龙源温泉剧场、北京金融文化俱乐部、刘老根大舞台剧场、北京剧院和欢乐谷剧场。北京表演艺术旅游展演场所基本信息见表3。

表3　　　　　　　　北京表演艺术旅游展演场所基本信息

名称	座位（个）	场次/天	艺术类型	理论接待量（人次）	代表作品	固定演出时间	价格（元）
天桥杂技剧场	300	2	传统杂技	600	传统杂技	17：30；19：15	180—380
湖广会馆	260	1	京剧	260	京剧	19：30	180—680
天桥乐茶园	200	1	茶文化体验	200	老北京民俗节目大串演	19：30	57
梨园剧场	800	1	京剧	800	京剧	19：30	280—580
梨园大戏楼	1600	1	京剧	1600	京剧	19：00	80—120
天地剧场	951	1	杂技	951	精品杂技	19：15	180—480
朝阳剧场	1300	2	杂技	2600	四川杂技	17：15；19：15	180—880
市工人俱乐部	1300	2	杂技类	—	神话金沙	17：30；19：30	180—680
工人文化宫	—	1				—19：30	180—680
老舍茶馆	250	1 周六加场	曲艺 戏剧 茶艺表演	500	—	15：30；19：30	60—380
北京之夜剧场	500	1	音乐 歌舞	500	大中华乐舞	19：30	240—580

续表

名称	座位（个）	场次/天	艺术类型	理论接待量（人次）	代表作品	固定演出时间	价格（元）
北京天龙源温泉剧场	2000	1	幻景演出/大型梦幻冰、水歌舞晚会	2000	圣水观音	20：00	232
北京金融文化俱乐部	—	—	—	—	—	—	D
刘老根大舞台剧场	300	1	二人转表演	300	二人转表演	20：00	380—680
北京剧院	930	—	—	—	D	—	—
欢乐谷剧场	1600	1	舞蹈诗剧	1600	金面王朝	17：50	140—336

注：本表数据为各演出剧场官方网站公开数据，数据截止时间为2015年。

2012年北京全部21516场营业性演出中，16家以旅游演出为主的剧场共演出5379场，占全年总场次的25%；观众人数262.6万人次，占全部舞台剧场观众的23.8%；旅游演出门票收入2亿元，占全部营业性演出场所演出总收入的13.1%，比2011年增加7391万元。按照16家舞台剧场演出场所的理论接待量计算（约520万人次），目前16家舞台剧场的旅游演出上座率约为50%。

上述分析表明，2012年北京113家舞台剧场的全部1100万人次观众中，16家表演艺术旅游展演剧场接待观众262.6万人次。考虑到这16家展演剧场以接待团体游客为主，因此，假设他们都是赴京旅游的海内外游客①，那么，其所占北京113家剧场1100万人次观众的比例尚不足24%，远低于伦敦西区观赏表演艺术游客占伦敦西区全部观赏表演艺术观众65%的比例。而北京16家表演艺术旅游展演剧场接待的国内外游客占同期全市

---

① 2012年北京113家舞台表演艺术剧场实际接待非京籍海内外游客无统计调查数据，由于存在着散客对16家表演艺术旅游展演剧场之外的其他展演剧场表演艺术的消费需求和京籍游客对16家表演艺术旅游展演剧场表演艺术的消费需求，因此作此假设。

来京海内外游客总量（2012年为14120万人次，不包括9014万人次本市游客）的比例只有1.86%，远低于伦敦西区8%的比例。由此不难看出，作为有着发展表演艺术旅游优越条件的北京，与伦敦西区在表演艺术旅游发展上还存在很大差距。

2. 北京实景表演艺术旅游发展现状

实景表演艺术旅游，是在我国兴起的独特表演艺术旅游产品形式。以集广西漓江山水风情、少数民族文化及中国精英艺术家创作之大成的"印象·刘三姐"为典型，是全世界第一部全新概念的"山水实景主题"民族文化的表演艺术旅游产品。继"印象·刘三姐"之后，以张艺谋为主创的印象系列表演艺术旅游产品相继推出，包括"印象·大红袍""印象·丽江""印象·西湖""印象·海南岛""印象·普陀"和"印象·武隆"等。

印象系列实景表演艺术旅游产品诞生后，国内有条件的旅游目的地纷纷投入巨资进行实景表演艺术旅游产品开发，据不完全统计，目前已投入运营的实景表演艺术旅游产品达30项之多。与国内实景表演艺术旅游产品的迅速崛起相对应，北京在实景表演艺术旅游产品的开发上一直居于落后地位，至今尚未推出具有首都和东方文化之都特色的实景表演艺术旅游产品，与全国文化中心和历史文化之都的地位不相称。

二 北京表演艺术旅游发展滞后问题与原因分析

上述分析表明，北京具备发展表演艺术旅游的优越资源和市场条件，但受多种因素的影响和制约，北京表演艺术旅游自20世纪80年代起步至今一直处在初级发展阶段。无疑，导致北京表演艺术旅游未能及时转型升级发展的问题和原因是多方面的，归结起来主要有以下几个方面。

一是受传统经营体制和机制的约束及传统经营观念的束缚，不少国有表演艺术企业长期将本地居民作为表演艺术产品的主导消费群体，未能认识到随着居民收入水平的提高和旅游产业的不断发展，游客对表演艺术产品的消费需求将会不断增长，同时也未能认识到表演艺术旅游发展对文化旅游城市表演艺术产业发展的客观影响，进而制约了表演艺术旅游的市场转型和产业升级。

二是受表演艺术企业产品和经营机制创新制度供给不足的影响，同时也受地方政府在表演艺术产业集群发展规划与政策引导上的滞后与缺失的影响，表演艺术旅游经营企业长期停留在仅满足团体游客的表演艺术消费需求及产品供给上，未能通过效益激励在空间布局上形成自我集聚；与此同时，政府部门也未能根据游客需求变化规律和团体游客市场不断萎缩、散客市场不断发展壮大的变化趋势以及散客按照空间成本最小化原理选择表演艺术产品的特征等及时规划并引导表演艺术产业集群投资与发展，因而未能形成具有显著空间集聚效益的表演艺术产业集群。

三是受表演艺术产业产权流动制度供给不足的影响，不论是原来竞争实力雄厚的国有表演艺术企业，也不论是具有较为灵活经营机制的非国有表演艺术企业，都无法通过兼并和收购等方式做大做强，因而无法通过规模经营降低生产经营成本，因而也无法向当地居民和游客提供高质量的廉价表演艺术产品，从而制约了表演艺术产业的产业升级和市场转型。

此外，由于在游客对表演艺术产品消费需求认识上存在严重滞后与不足和表演艺术产品市场定位上存在着严重缺陷与失误，同时受产品及经营创新激励制度供给不足的影响，历史时期曾经创立了著名品牌的不少传统国有表演艺术企业，未能通过品牌的不断维护与强有力的品牌推广来实现表演艺术旅游的品牌经营。除华侨城集团外，其他非国有表演艺术旅游经营企业，则受企业规模小、投资实力弱和经营理念滞后等因素的影响，也未能发展成为市场影响力巨大的表演艺术品牌经营企业。

综上，北京具备发展表演艺术旅游的优越资源条件和市场条件，但北京表演艺术旅游受多种因素的制约而存在诸多发展问题，使北京表演艺术旅游发展长期处在初级发展阶段。这些发展问题包括表演艺术经营企业对游客需求市场认识上的滞后和缺陷、经营理念和经营机制的滞后，表演艺术团体和剧场等机构缺乏相应的规模，加之创新不足和空间布局不合理等，最终导致具有较高集聚经济效益和规模经济效益的表演艺术旅游产业集群尚未形成。

三 伦敦西区表演艺术旅游发展特征与经验借鉴

英国是工业革命的摇篮，也是大众旅游兴起最早的国家，同时也是工业化和城市化实现最早的国家。随着英国社会形态由工业社会向后工业社会过渡，表演艺术资源条件优越且旅游业高度发达的世界城市伦敦，不但表演艺术旅游发展成其文化旅游的重要支柱,而且演化为其文化旅游品牌。

20世纪中叶以来,伦敦西区一直保持着约40—50家的剧院正常营业,除为伦敦居民提供丰富多彩的剧院艺术表演外,也为英国及世界各地游客提供了大量精彩纷呈的表演艺术旅游产品。伦敦剧院协会的统计报告显示[1],自1986年至2012年的27年时间里,除1990—1993年和1996—1997年这6个年份外,其余年份伦敦西区每年新创作的剧目都在200部以上,平均达250部,最高年份2012年超过了300部,达305部之多。1986年,伦敦西区观众总人次数为1023.6万人次,正常营业的42家剧院门票经营总收入为1.12亿英镑,剧院经营给地方政府带来的附加财政税收(Value Added Tax,VAT)为1461.75万英镑。到2012年,西区观众已增长到1400万人次,正常营业的52家剧院门票经营总收入增长到了5.3亿英镑,剧院给地方政府带来的附加财政税收也增长到了8829.8万英镑。

詹姆斯·H.甘品斯基的研究表明,虽然伦敦西区观赏剧院艺术表演的游客只占伦敦全部游客的8%,但其占伦敦西区全部观众的比例却高达65%。[2]据此可以估计,20世纪80年代中期(1986年)观赏伦敦西区剧院艺术表演的游客总量达665万人次,而同期伦敦接待的全部游客量则高达8300多万人次。自詹姆斯·H.甘品斯基研究成果发布至今的二十多年时间里,游客占伦敦西区全部观众的比例一直保持在60%左右。目前,伦敦西区表演艺术旅游的游客量基本保持在每年800万—850万人次。

从总体上看,伦敦西区的表演艺术旅游发展呈现出以下三大特征。

(一) 表演艺术旅游在伦敦西区呈现出典型的产业集群特征

表演艺术旅游目前在伦敦西区所呈现出的产业集群特征,突出地反映在剧场经营、剧目创作与编剧工作室、艺术表演团体、教育培训、技术服务、专业票务代理、专业协会(包括剧场协会、剧团协会、演员协会等)、表演艺术学院、剧院设备经销、住宿、餐饮、购物、导游服务等众多行业在伦敦西区的地理集中,并因此形成了具有世界影响的表演艺术旅游产业

---

[1] SOLT (The Society of London Theatre), Statistics Report of SOLT (1986 – 2012), SOLT, www.OfficialLondonTheatre.co.uk, 2013.

[2] James H. Gapinski, "Tourism's Contribution to the Demand for London's Lively Arts", *Applied Economics*, No. 20, 1988, pp. 957 – 968.

集群——伦敦西区（London West End）。但是，伦敦西区表演艺术旅游的地理集聚，本身是一个历史过程，在大众旅游普及前，甚至在大众旅游诞生前，服务于伦敦市民的娱乐艺术表演活动及其场所，已经在市场力量作用下呈现出集聚特征。

表演艺术旅游在伦敦西区的地理集聚，首先取决于大众旅游普及乃至诞生前的早期剧场的选址与布局。16世纪后半叶前，英国的戏班子基本无固定演出场所，大多是在街头巷尾和酒吧中流动演出。16世纪后半叶开始出现露天剧场，如剧场（The Theatre, 1576—1597）、幕帷剧场（The Curtain, 1577—1627）、伯特戏院（Newington Butts, 1579—1599）、红牛剧场（The Red Bull, 1605—1663）、希望剧场（The Hope, 1613—1617）、玫瑰剧场（The Rose, 1587—1606）、天鹅剧场（The Swan, 1595—1632）、环球剧场（The Globe, 1599—1613；1614—1644）、吉星剧场（The Fortune, 1600—1621；1621—1661）等均是，其中，前五个分布于当时的伦敦城北郊，后四个分布于泰晤士河南岸。在整个17世纪英国戏剧发展的黄金时期，随着莎士比亚大量深入人心作品的创作，戏剧开始从过去的流动演出中寻找观众，转变为在固定演出场所通过精彩艺术表演来吸引观众。由于王宫和教堂等重要公共建筑都集中在当时的伦敦西部闹市区，因此，早期的几个室内剧院都在城市公共建筑集中的闹市区进行选址和布局，如在原黑衣修道院基础上改造并于1610年开始用于戏剧表演的黑衣修士剧院（The Blackfriars Theatre），建于1616—1617年且位于德雷巷的凤凰剧院（The Phoenix），建于1663年位于德雷巷的皇家剧院（Theatre Royal Drury Lane），建于17世纪60年代前（具体年份不详）且位于葡萄牙大街的孔雀剧院（Peacock Theatre）等均是如此，从而形成了现在位于伦敦市中心地带的西区剧院集聚区雏形。①

其次，表演艺术旅游在伦敦西区的地理集聚，与不同时期艺术表演团体或剧场在激烈的市场竞争中，能均衡有效地获得相应的观众市场份额而进行邻近选址与布局有关。这同美国著名统计经济学家哈罗德·赫特林对销售同质产品的零售企业区位竞争均衡模型的研究结论完全吻合，即只有相互间进行邻近选址和布局，竞争性零售企业才可以获得相应的市场份额

---

① P. J. Atkins, "How the West End was Won: The Struggle to Remove Street Barriers in Victorian London", *Journal of Historical Geography*, Vol. 19, No. 3, 1993, pp. 265–277.

与市场地域。①

再次，表演艺术旅游在伦敦西区的地理集聚，与其他产业经济活动的空间集聚及产业集群的形成有着异曲同工之处，目的是追逐更好的集聚经济效益②，这种集聚效益主要来源于以下几个方面。一是艺术表演团体或剧场通过在城市特定地理空间的集聚，使各艺术表演团体或剧场之间有效地形成一个剧目创作与制作的创新网络，从而分享剧目创作与制作上的知识溢出效应，进而降低各自的生产经营成本。二是各艺术表演团体或剧场通过城市特定地理空间的集聚，可以使其共享演员及技术人员市场，大大降低其雇用演员及技术人员的成本，同时也降低了演员及技术人员的失业风险。三是各艺术表演团体或剧场通过城市特定地理空间的集聚，可以使其共享需求、供给及价格等市场信息，从而降低各自的生产经营成本。四是各艺术表演团体或剧场通过城市特定地理空间的集聚，可以使其共享政府提供的公共基础设施和公共服务，同时也能共享专业公司提供的各种专业服务，从而降低各自的生产经营成本等。

此外，表演艺术旅游在伦敦西区的地理集聚，能有效地为当地观众和游客带来相应的利益，突出表现在两个方面。一是地理集聚使各艺术表演团体或剧场之间形成激烈的竞争，必然促使竞争性市场价格的形成，进而使当地观众和游客从表演艺术旅游产品较低的购买价格中获得更多利益。二是艺术表演团体或剧场在特定地理空间的集聚，为游客（特别是散客）提供了更多的选择机会，大大降低了不同游客获取能充分满足自己偏好的表演艺术旅游产品的机会成本。

（二）伦敦西区的大部分剧院本身已经成为城市重要的历史遗产

表演艺术旅游活动场所——剧场或剧院的形成与分布过程，本身就是一个历史过程。17世纪形成西区雏形之后，历经18世纪和19世纪的瘟疫、大火及战争等的影响，到第一次世界大战结束前的约220年时间里，西区原有部分剧院遭到毁坏，新建剧院数却达到了29座。第一次世界大战结束后

---

① Hotelling, H., "Stability in Competition", *Economical Journal*, No. 39, 1929, pp. 41 – 57.
② Markusen, A., "Sticky Places in Slippery Spaces: A Typology of Industrial Districts", *Economic Geography*, No. 72, 1996, pp. 293 – 313; Floridak, R., *The Rise of the Creative Class*, New York: Basic books. 2002; Fujita, M. and Krugman, P., "The New Economic Geography: Past, Present and the Future", *Papers in Regional Science*, Vol. 83, No. 1, 2004, pp. 139 – 164.

至第二次世界大战前，西区剧院又迎来了一个短暂的快速发展期，在前后不到20年的时间里，新增剧院达9座之多。伦敦西区虽然后来还经历了第二次世界大战炮火的洗礼，但今日的西区剧院，基本保持了20世纪30年代的格局。①

在伦敦西区，目前正常营业的47座剧院中，第二次世界大战前建立的42座剧院（占总数的89%以上），先后被伦敦市政府确定为历史遗产②，这些历史遗产可从表4伦敦西区现有47座剧院的初次开业及再开业时间得到说明。无疑，作为历史遗产的各个剧院，对伦敦西区表演艺术旅游产业集群的形成有着重要意义。

表4 伦敦西区正常营业的47家剧院初次开业及再开业时间情况（2012）

剧院名称	初次及再开业时间	剧院名称	初次及再开业时间	剧院名称	初次及再开业时间
Adelphi	1806/9次	Haymarket, Royal	1720/1821	Playhouse	1882/1907
Aldwych	1905	Her Majesty's	1897/4次	Prince Edward	1930
Apollo	1901	London Coliseum – ENO	1904/2000	Prince of Wales	1884/1937
Apollo Victoria	1930	London Palladium	1910/3次	Queen's	1907
Cambridge	1929—1930	Lyceum	1772/5次	Royal Court	1888
Comedy	1881	Lyric	1888	Royal Opera House	1732/1858
Criterion	1874	New Ambassadors	1913/1999	St Martin's	1916
Dominion	1928—1929	New London	1911/1973	Sadler's Wells	1683/2次

---

① P. J. Atkins, "How the West End was Won: The Struggle to Remove Street Barriers in Victorian London", *Journal of Historical Geography*, Vol. 19, No. 3, 1993, pp. 265 – 277.

② SOLT (The Society of London Theatre), *After Wyndham – Key Issues in London theatre*, SOLT, www. OfficialLondonTheatre. co. uk. 1999.

续表

剧院名称	初次及再开业时间	剧院名称	初次及再开业时间	剧院名称	初次及再开业时间
Donmar Warehouse	1953/1977	Noël Coward	1899/1903	Savoy	1881
Duchess	1929	Novello	1905	Shaftesbury	1911
Drury Lane Theatre Royal	1663/3 次	Old Vic	1818/7 次	Soho	1969
Duke of York's	1892	Regent's Park Open air Theatre	1932/1999	Trafalgar Studios	1630 ± /1930
Fortune	1924	Palace	1891/1892	Vaudeville	1870/1926
Garrick	1889	Peacock	1911/1650 ±	Victoria Palace	1832/1910
Gielgud	1906	Phoenix	1930	Wyndham's	1898—1916
Hammersmith Apollo	1932	Piccadilly	1928	—	—

资料来源：剧院名称根据 SOLT 官方网站，初次开业及再开业年份根据各剧院官网资料整理。

（三）伦敦西区大部分剧团及剧院经营者在发展中不断追求规模效益

伦敦西区剧团及剧院经营者追求规模经济效益一般通过两个途径来实现。一是随着伦敦人口的增加和观众人数的稳定增长，不断改建或扩建剧院，使单个剧院的规模尽量扩大，从而有效降低演出票价，吸引更多观众。在 1660 年查理二世复辟之前，绝大部分剧院的坐席都在 700 座左右或以下。1660 年复辟时代开始后，剧院规模开始扩大，以德雷巷皇家剧院和考文特花园剧场最具有代表性。德雷巷皇家剧院 1663 年开业时拥有座位 1200 席，1674 年改建时座位数超过 2000 席，1794 年改建时更扩大到 3600 席，1812 年改建时为提高剧院现代化程度，不得不缩减座位数，比 1794 年减少了 540 席，目前，该剧院座位仍达 2196 席之多。考文特花园剧场 1732 年兴建时座位数为 1300 席左右，1780 年改建后扩大到 2500 席，1793 年再次扩建时座位数扩大到 3000 席。[1]

表 5　伦敦西区正常营业的 47 家剧院拥有的座位数（2012）[2]

剧院名称	座位（席）	剧院名称	座位（席）	剧院名称	座位（席）
Adelphi	1500	Her Majesty's	1161	Piccadilly	1200
Aldwych	1198	Hammersmith Apollo	3574/5039	Playhouse	800
New Ambassadors	410	Haymarket, Royal	894	Prince Edward	1625
Apollo	755	London Coliseum – ENO	2358	Prince of Wales	1131
Apollo Victoria	1832	London Palladium	2291	Queen's	990
Arts Theatre 1927	350	Lyceum	2107	Royal Court	485
Cambridge	1253	Lyric	916	Royal Opera House	2422
Charing Cross Theatre	591	National – Lyttleton Theatre	890	St Martin's	546
Criterion 1874	588	National – Oliver Theatre	1160	Sadler's Wells	1732
Comedy Theatre	795	National – Cottesloe Theatre	400	Savoy	1157
Dominion	2137	Novello	1052	Shaftesbury	1405
Duchess	476	New London	920	Soho	224
Duke of York's	586	Noël Coward	877	Trafalgar Studios	381

[1]　Londré, F. H., The History of World Theater: From the English Restoration to the Present, New York: The Continuum Publishing Company, 1999, pp. 70 – 129, http://www.isnare.com/encyclopedia/heatre_Royal,_Drury_Lane.

[2]　资料来源：剧院名称根据 SOLT 官方网站，座位数根据各剧院历史资料整理。

续表

剧院名称	座位（席）	剧院名称	座位（席）	剧院名称	座位（席）
Donmar Warehouse	248	Regent's Park Open air Theatre	1240	Vaudeville	686
Drury Lane Theatre Royal	2188	Peacock	1000	Victoria Palace1911	1575
Fortune	432	Leicester Square Theatre 1953	400	Wyndham's	759
Garrick	724	Palace	1390	Tristan Bates Theatre	2003
Gielgud	889	Old Vic	1067	Phoenix	1020
Harold Pinter Theatre	—	—	—	—	—

二是通过所有权或经营权的合理流动，不断扩大剧团经营者或剧院的经营规模，从而最大可能地降低同一个表演艺术旅游产品的生产经营成本，以期在市场竞争中获得更多经营利润。目前，西区正常营业的47家剧院中，在英国拥有38家剧院和1家电影院，在美国纽约百老汇拥有1家剧院的英国最大的剧院集团公司大使剧院集团有限公司（The Ambassador Theatre Group Limited，ATG Theatres），在伦敦西区拥有所有权和经营权的剧院达12家之多，位居第二的英国实用集团有限公司（The Really Useful Group Ltd.）在伦敦西区则拥有6家剧院的所有权和经营权。这两大集团控制了近40%的伦敦西区剧院。

（四）品牌经营成为伦敦西区剧院集团的重要经营战略

伦敦西区的大使剧院集团和英国实用集团有限公司等剧院集团，一方面，通过所有权和使用权等方式尽量多地控制历史较为悠久的剧院，使游客在欣赏新颖、独特的艺术表演而获得更高情感体验或深度精神体验的同时，通过对剧院古老建筑的观赏和游览，获得更直观的视觉美学感官体验，从而使游客在伦敦西区的文化旅游中获得更加多元化的收益，进而增强剧院集团的品牌影响力。另一方面，伦敦西区的巨型剧院集团，在不断提升艺术表演旅游产品质量的同时，尽量通过所有权和使用权等方式控制数量更多和规模更大的剧院，以便最大限度地降低单场艺术表演旅游产品的价格，从而使游客在享受高质量表演艺术旅游产品的同时，获得更具有竞争优势的门票价格，进而提升剧院集团的品牌竞争力。此外，伦敦西区的巨型剧院集团，往往利用伦敦西区剧场、剧目创作与编剧工作室、艺术表演团体、教育培训机构、技术服务机构、专业票务代理机构、专业协会（包括剧场协会、剧团协会、演员协会等）、表演艺术学院、剧院设备经销、住宿、餐饮、购物、导游服务等众多机构的空间地理集聚优势，或通过产权安排实现资源控制，或通过战略合作伙伴关系的建立以增强自身旅游产品的开发与经营，从而增强剧院集团自身的品牌影响力。

四 北京表演艺术旅游发展借鉴伦敦西区经验的对策建议

尽管北京的表演艺术旅游早在 20 世纪 80 年代初即已诞生，但受多种因素的制约和影响，既未能形成有相当竞争实力的表演艺术旅游产业集群，又没有形成具有自身特色的表演艺术旅游集聚区。与伦敦西区和纽约百老汇等的表演艺术旅游发展水平相比，目前北京的表演艺术旅游发展似乎仍处于初创阶段。

因此，借鉴伦敦西区等表演艺术旅游集群发展的成功经验，有效利用规模巨大的旅游客源市场，是未来北京表演艺术产业和表演艺术旅游发展的可能途径。未来北京表演艺术旅游应通过发展理念的更新，市场化运营政策的充分供给和运营体制的创新，与既有城市文化遗产及景观和其他有观光功能的建筑景观在空间上实现整合，通过对已有能同时发挥观光功能和艺术表演功能的大型设施及场所的充分利用及空间布局调整，大力培育新型表演艺术旅游产业集群，使表演艺术旅游成为未来北京文化旅游发展的重要支柱和抓手。

（一）加快北京表演艺术产业向双重市场定位方向转型发展的步伐

前文分析表明，伦敦西区的表演艺术产业既服务于伦敦城市居民的表演艺术消费需求，同时也最大限度地服务于伦敦游客的表演艺术消费需求。

伦敦西区表演艺术产品的消费游客占伦敦城市全部游客的比例高达8%以上，占伦敦西区表演艺术产品消费观众的比例更高达60%—65%。正是这种同时兼顾本地居民和外来游客表演艺术消费需求的双重市场定位，使伦敦西区发展成为全球最著名的表演艺术旅游集聚区。

北京是我国最具文化竞争力的文化旅游城市，目前，其游客市场规模已达2.73亿人次，旅游消费规模更高达4600多亿元人民币，相对于全市1100万人次的表演艺术观众规模和15多亿元人民币的表演艺术消费规模，北京的文化旅游需求市场是一个规模更大和潜力更大的需求市场。而目前北京参与表演艺术旅游产品消费的游客只有200多万人次，最多不超过300万人次，只占北京全部游客总人次约1%。因此，有效开发和利用北京的表演艺术旅游市场，将目前主要服务于本市居民的表演艺术产业，快速转化为既服务于本地居民表演艺术消费需求同时也服务于大众游客表演艺术消费需求的具有双重市场定位的表演艺术产业，无疑是未来北京表演艺术产业发展的不二选择。因此，应加快北京表演艺术产业市场转型发展步伐，迅速将目前主要服务于本地居民的表演艺术消费需求市场，快速延伸和拓展到外来游客的表演艺术消费需求市场，使北京表演艺术产业真正发展成为一个具有双重市场定位的新型文化创意产业。

（二）培育表演艺术产业集群并使展演场所布局同现有文化景观整合与融合

前文分析还表明，经数百年的发展，伦敦在商业和娱乐高度发达的城市中心方圆不足1平方英里的夏夫茨伯里和黑马克等街区，集中了40多家剧院，占伦敦剧院总数的40%以上，形成了一个表演艺术产业集群，不但使集群内与表演艺术关联的所有机构间形成极为显著的集聚经济效益，而且使伦敦西区当之无愧地成为世界最重要的表演艺术旅游中心之一。这样，在散客旅游居于主导地位的时期，将极大地削减游客选择不同表演艺术产品的交易成本。同时，伦敦西区许多古老的剧院，本身也是伦敦重要的历史遗产，是伦敦发展文化旅游不可或缺的观光文化旅游资源。历史遗产与表演艺术旅游中心相互映衬，使伦敦这个古老的工业革命发源地，在物质文化和非物质文化旅游发展上相得益彰，在当代伦敦旅游经济的发展中发挥了重要作用。

北京拥有丰富的表演艺术资源，但是，受城市规划与城市发展历史、表演艺术团体和剧场经营体制以及城市行政区划等多种因素的影响，使全市表演艺术资源在16个行政区间的分布呈现出既不平衡又较为分散的特征。2015年，北京市演出业协会共下辖235家表演艺术团体、展演剧场、文化传播公司、票务公司、表演艺术院校及协会等机构，其中195家机构分布在中心城区，东城54家居首位，朝阳45家居其次，海淀和西城分别有37家和35家，丰台和石景山分别有18家和4家，合计占全部表演艺术机构的83%。其他10个行政区总计分布着剩余40家机构，其中，密云19家居首位，大兴6家居其次，怀柔5家居再次，通州和顺义各4家，房山2家，平谷和昌平各1家。

但是，即使集聚度相对较高的东城、朝阳、海淀和西城四个区，不同表演艺术机构间因发展目标存在显著差异，运营体制僵化和产权流动性严重不足，以及市场化运营的投资政策供给不足等，至今未形成集聚效益显著的表演艺术产业集群。"十二五"期间，北京虽在东、西城规划并开始建设龙潭湖和天桥两大表演艺术产业集聚区，并已形成初步格局。但要形成集聚效益显著的表演艺术产业集群，必须加快表演艺术机构市场化运营政策的供给，改革僵化的运营体制，使各表演艺术机构所有权和使用权等产权充分流动起来，同时，激励有实力的投资商进入表演艺术产业市场，在加快整合产业发展目标的同时，调整机构的空间布局，使已经规划并实施的龙潭湖和天桥表演艺术产业集聚区得到顺利发展并发挥应有的效益。

与伦敦西区相比，北京的表演艺术旅游无疑因缺乏众多的剧院类历史遗产作为物质文化景观以增强游客在文化旅游中的综合感知与体验。因此，未来在整合和调整表演艺术剧场等机构的空间布局时，应尽可能考虑使表演艺术剧场同城市现有重要的人文景观和具有文化观光功能的新型城市建筑景观间形成强有力的空间呼应，从而使游客在表演艺术旅游区能同时获得文化观光和文化体验的双重收益。无疑，若能充分利用既有观光功能又有艺术表演功能且规模大、利用效率相对不足的城市现有设施和场所，作为表演艺术旅游产业集群的重要组成部分，那么北京表演艺术旅游的集聚经济效益和规模经济效益将会得到显著提升。事实上，北京这样的设施和场所较多，鸟巢和水立方等设施即属之，它们既有很强的观光功能，又有巨大的体量和规模，同时还有奥运森林公园作为背景旅游吸引物，将其作为未来北京新的表演艺术旅游产业集群核心区是再理想不过的。

(三) 加快表演艺术产权流动并促使表演团体和舞台剧场实现规模经营

伦敦西区所属剧团和剧院集团通过不断追求规模经营效益促使表演艺术产品价格不断下降，不但使本地居民获得了廉价的高质量表演艺术产品，也使近千万人次的游客在廉价的高质量表演艺术产品消费中获得了无与伦比的精神体验。

与伦敦西区剧团和剧院集团相比，北京表演艺术企业普遍规模较小，经营者难以通过降低经营成本进而降低表演艺术产品价格来获取更大的市场份额。2012年北京全部113家营业性舞台剧场中（2015年增长到135家），真正规模大的剧场或场馆并未开展表演艺术旅游产品经营，相反，经营表演艺术旅游产品的16家舞台剧场（2015年减少到12家）中，座位数超过2000个的只有1家，座位数超过1000个的也才5家，座位数在200—1000个的剧场却达8家之多。

与北京舞台剧场的小规模形成对照的是伦敦西区的舞台剧场，座位数超过3000个的1家，座位数在2000—3000个的共6家，座位数在1000—2000个的达18家之多，座位数在500—1000个的15家，座位数在100—500个的只有15家。由于伦敦西区剧场都是规模大且竞争激烈，因此，剧场演出门票价格并不高，一般在5—20英镑，门票价格超过30英镑已属凤毛麟角。

与伦敦西区剧场门票价格的普遍较低相对应，北京表演艺术剧场演出门票价格受剧场规模小的制约而普遍偏高，许多剧场将A类票价格定在480元、680元、880元和1080元，最高的恭王府京剧演出A类门票价格甚至高达1200元人民币。这样畸高的门票价格使得许多游客望而却步。

因此，北京表演艺术产业的发展，一方面要通过引入有实力的投资商使现有剧团和剧场企业扩大生产经营规模，另一方面通过产权流动使现有实力较强的剧团和剧院企业兼并实力较弱的剧团和剧院企业，从而扩大其生产经营规模，以便表演艺术企业利用规模经济效益降低经营成本，进而加速其市场的转型发展。

(四) 通过深挖产品文化内涵实现产品创新进而打造北京表演艺术产业品牌

表演艺术旅游产品的文化内涵既指其所反映的当地传统文化、民族文化和民俗文化等所具有的丰富文化题材、深厚文化底蕴及悠久文化历史，更指当地传统文化、民族文化和民俗文化等所蕴含的生死观、婚姻观、价值观、历史观和世界观等精神文化观念。在文化发展全球化的今天，表演艺术产品的文化内涵越丰富和深刻，产品的市场影响力就越大，其品牌效应也越强。伦敦西区在表演艺术发展中，各剧院集团和剧场企业都非常重视表演艺术产品文化内涵的挖掘，使其产品的市场影响力和品牌影响力不断得到提升。

北京拥有悠久的历史和丰富多样的文化资源，但是北京在表演艺术产品开发中，对产品文化内涵的挖掘尚存在诸多不足，不论从表演艺术产品的题材丰度，还是文化底蕴深度及文化发展历史，也不论从表演艺术产品所蕴含的精神文化观念角度看，有不少表演艺术产品远未达到让观众和游客流连忘返的境地。例如，北京人遗址是我国第一批被列入世界文化遗产名录的古人类文化遗址，但至今尚未开发出一款既反映北京人历史演进又具有相应知名度和品牌影响力的表演艺术旅游产品。又如，北京是一座具有3000年建城市和800多年建都史的历史古都，至今游客在北京也无法找到既能反映北京悠久的城市兴替史或跌宕起伏的皇朝更迭史，同时又能给游客留下深刻印象而使之流连忘返的表演艺术旅游产品。再如，北京天桥地区是北京杂耍的发源地，清朝末年和民国时期曾盛极一时，而目前到北京做文化旅游的游客，几乎难以看到人头攒动的天桥杂耍的现场表演。

而北京有些已经形成相当知名度和品牌影响力的舞台表演艺术，因表演剧目缺乏从内涵到形式的不断创新，从而使其市场需求呈现出江河日下之势，这种情况最典型的莫过于国粹京剧。北京是京剧的发源地，在经历了长达两百多年的不间断积淀，可以说已经形成了相当的知名度和品牌影响力。但是，最近几十年来，因京剧表演剧目从内涵到表达形式都缺乏实质性创新，不能反映时代风貌与时代精神，因此，其市场需求呈现出日趋衰退之势。其实，20世纪50年代甚至不少60年代以前出生的人都看过京剧《红灯记》《沙家浜》及《沙家浜》唱段《智斗》等现代京剧剧目，这些剧目在 20 世纪 60 年代后期直至 90 年代一直有着不衰的市场影响力，根本原因在于这些剧目在保留京剧唱腔的基础上，对剧目内容、演员装束、舞台布景等表演形式都进行了大胆的和符合时代要求的创新，因此在长达数十年的时间里有着长盛不衰的生命力。未来，北京应加大对传统民族文化、民俗文化和城市地域文化的文化内涵挖掘，同时对已有作品进行从内容到形式的创新，着重提升产品的市场知名度和品牌影响力，逐步实现北京在文化旅游中拥有自己的表演艺术旅游世界品牌。

（五）培育和建设从产品创新到市场运营再到消费者的信息化网络体系

从经营机制看，北京表演艺术产业尚未形成适应后工业社会和信息时代的产品创新与运营及消费市场间的信息化网络体系，亦即尚未建立起包括剧本创作、剧目投资、演员培训、剧场投资与经营、旅游投资与经营、行业协会、表演艺术学院、政府监管职能部门及游客等在内的产品创新、产品运营和产品消费为一体的信息化运营网络体系。同时，由于这些环节间相互分割，小规模运营，产品成本难以下降。因此，未来要通过新型经营机制的塑造，使剧本创作、剧目投资、剧目演员、剧场投资与经营、旅游投资与经营、演出业协会、表演艺术学院等之间通过产权流动和战略合作伙伴的构建，形成大型乃至特大型的剧院集团或表演艺术旅游集团，从而形成规模经济效益，进而降低产品经营成本和产品价格。

（六）配套建设满足表演艺术产业集群需要的旅游基础设施和旅游服务设施

北京表演艺术旅游发展中还存在一些限制性因素，即旅游基础设施和旅游服务设施的配套问题。目前，北京有不少表演艺术旅游场所因受其自身发展历史和当前规划、土地、投资和运营体制等多种因素的限制，往往缺乏充足的、良好的停车、供水、卫生等旅游基础设施，同时也缺乏购物、娱乐、酒吧、就餐、住宿及剧院门票代理营销等旅游配套服务设施。纽约百老汇和伦敦西区等表演艺术旅游胜地，除拥有一流的剧院设施和知名度很高的固定表演剧目，还有非常完备的旅游基础设施，而且与展演剧场相关联的购物、娱乐、酒吧、餐饮、住宿及门票营销等旅游配套服务设施也十分完备，能大大增加展演文化旅游区的经营收益。研究表明，伦敦西区剧院门票收入只占整个西区旅游经营收入的1/3，另外2/3的经营收入得益于与剧院配套布局的购物、娱乐、酒吧、就餐、住宿和剧院门票代理机构的经营。

基于此，北京在未来拟打造的表演艺术旅游产业集群，既要保证有足够充分的停车、供水、废弃物收集与处理等旅游基础设施支撑其发展，还要使购物、娱乐、酒吧、就餐、住宿和剧院门票代理等机构，成为新型表演艺术旅游产业集群的重要组成部分和盈利空间。

第三篇
北京学与地方学理论研究

地名管理相关政策

朱永杰[*]

地名蕴含着地方的历史和文化,与"地方学"研究相关联。有学者认为,一些地名是地方独特历史文化的容器,一些地名是对地方个性而非凡文化的命名。一个地方发生的一切,都积淀在地名里,并渐渐地形成地名的独特的历史文化。地名是城市的文化代号,蕴含着城市的生命密码。地名中潜藏着一种凝聚力,亲和力和复杂的情感。[①]有学者认为,地名可以直接反映语言、民族起源的空间分布,具有可悟性的一面,而且当它出现在聚落、道路、田野、标牌和布告栏时,又具有直观性的一面,所以,通过地名研究可以再现各地的自然景观、历史文化景观,指示历史上重大政治变革、经济兴衰、民族迁徙、宗教信仰等状况。[②]2007年第九届联合国地名标准化大会暨第二十四次联合国地名专家组会议确定,地名属于非物质文化遗产。[③]地名还是一种民俗文化,蕴含着一些神话、传说和民间故事,并体现着民间的信仰。地名可以展现出传统商业、手工艺的空间变化。因此,地名不仅是纯粹的地理现象,还是典型的社会现象和文化现象。[④]地名是一个地域文化的载体,它是伴随着区域历史的发展而逐步形成的,并随着区域的变化而变化。

---

[*] 朱永杰(1976—),男,地理学博士,北京联合大学北京学研究所副研究员,主要从事北京学、历史地理学方面的研究。

[①] 冯骥才:《地名的意义》,《中国测绘》2001年第6期。

[②] 岳升阳、田鹏骋:《北京旧城改造中的地名保护问题》,《城市问题》2012年第10期。

[③] 王长松:《地名非物质文化遗产特征》,《中国地名》2007年第12期;岳升阳、田鹏骋:《北京旧城改造中的地名保护问题》,《城市问题》2012年第10期;刘保全:《抢救和保护地名文化遗产》,《时事报告》2008年第1期。

[④] 刘保全:《传承历史的"清明上河图"——解读北京胡同地名保护》,《北京规划建设》2011年第3期。

关于"地名"的政策与"地方学"研究密切相关。由于地名与地方文化的关系，关于"地名"的政策与"地方学"研究密切相关，而与地名相关的政策，从内容方面来看，主要分布在地名规划、地名保护、地名管理三个方面。从空间尺度来看，地名政策主要有国家尺度的政策，还有省市级尺度的政策等。这些政策的公布实施间接地联系到地方学与地方文化的研究，下面对一些相关的政策做一些简介。

一　国家政策

自 1951 年以来，民政部、中国地名委员会、全国地名标准化技术委员会、国家档案局等陆续发布一些地名保护、地名规划、地名管理等方面政策。其所颁布的时间及政策名称见表 1。这些政策中，关于地名的文化保护与传承的相关规定，可以参照 2004 年 6 月全国地名标准化技术委员会印发的《关于加强地名文化遗产保护的通知》，此通知要求各地在地名标准化工作中，加强对传统地名和有丰富文化内涵的地名进行保护。此外，关于地名的文化保护还可以参考 2012 年 6 月《民政部关于加强地名文化建设的意见》，该意见规定，"在新形势下，加强地名文化建设，是贯彻落实党的十七届六中全会精神、促进社会主义文化大发展大繁荣、发展社会主义先进文化的重要举措；是传承和弘扬中华文化、增强国家文化软实力、提高国民对中华民族文化的认同感、自豪感的重要手段；是增强地名工作发展活力与动力、推动地名工作可持续发展的重要途径。……各地要进一步加深对党的十七届六中全会精神的理解，充分认识地名文化的历史地位，充分理解地名文化与地名工作的密切关系，认真谋划、切实做好地名文化建设有关工作。"[1]　关于地名保护还可以参照 2012 年 7 月《全国地名文化遗产保护工作实施方案》，该方案明确了地名保护对促进地名文化繁荣发展、推动地名事业科学发展、弘扬中华优秀文化、促进社会主义文化建设具有重要意义，并对地名保护的总体目标、基本原则、重点保护对

---

[1]　民政部：《民政部关于加强地名文化建设的意见》，万方数据库，2012 年 6 月 18 日（链接日期），https://d.wanfangdata.com.cn/claw/Cg9MYXdOZXdTMjAyMjA5MjkSCkcwMDAxMzk4-NzMaCHhjenl1dTlh。

象、管理机制和申报程序、保障措施等进行了规定。① 关于地名的文化保护，还可以参考 2004 年 7 月全国地名标准化技术委员会印发的《关于推荐和收集古地名资料的函》。而其余的政策较少涉及地名文化保护与传承方面的内容。如民政部《关于实施地名公共服务工程的通知》中只是明确了"数字地名"的专项事务。其中主要任务和要求是，建立国家、省、市、县四级地名数据库，依托数据库开展地名信息化服务等。②

表1　民政部、中国地名委员会、国家档案局等颁布的地名相关政策

颁布时间	政策名称
1951 年 12 月	《政务院关于更改地名的指示》
1979 年 12 月	《国务院关于地名命名、更名的暂行规定》
1982 年 1 月	《中国地名委员会、外交部关于边境地区地名命名、更名的处理意见》
1982 年 1 月	《关于加强各级地名档案工作的通知》
1983 年 7 月	《中国地名委员会、民政部关于在行政体制改革中认真做好地名命名、更名工作的通知》
1986 年 1 月	《地名管理条例》
1996 年 6 月	《地名管理条例实施细则》
1996 年 12 月	《民政部办公厅关于加强地名档案管理的意见》
2001 年 7 月	《地名档案管理办法》
2004 年 6 月	《关于加强地名文化遗产保护的通知》
2005 年 5 月	《民政部、建设部关于开展城市地名规划工作的通知》
2005 年 6 月	《关于实施地名公共服务工程的通知》
2012 年 6 月	《民政部关于加强地名文化建设的意见》

续表

---

① 民政部：《民政部关于印发〈全国地名文化遗产保护工作实施方案〉的通知》，http：//mzzt.mca.gov.cn/article/qgdmwhjsgzhy/zhbd/201207/20120700330717.shtml. https：//dmfw.mca.gov.cn/PolicyLaws/detailUI.html？id=1188（中国国家地名信息库）。

② 黄炜：《论地名命名与更名的文化传承》，《中国地名》2012 年第 10 期。

颁布时间	政策名称
2012年7月	《全国地名文化遗产保护工作实施方案》
2013年10月	《全国地名公共服务示范测评体系(试行)》
2014年1月	《关于开展第二次全国地名普查的通知》
2014年5月	《第二次全国地名普查宣传工作方案》

二 市级政策

地名政策除国家尺度的政策外，一些省市也出台了一些地名政策，这些地名政策也包含地名规划类、地名管理条例类政策等。

（一）地名规划类政策

2004年，全国首个城市地名总体规划在杭州诞生。地名规划注重地方地名的未来发展，对地名进行整体设计和规划。地名规划政策也是保护地名资源、弘扬城市文化的重要措施。[①] 如北京市在2009年正式发布了《北京市地名规划编制导则（试行）》，对历史地名保护做出了初步可行的具体规定。其中第九条指出："保持地名的相对稳定，地名规划设计中原则上不更改现行地名。在地名文化遗产集中地区，要保持区域原有地名体系和地名景观的稳定。"第十条规定："旧城内地名是北京历史文化名城保护的重要内容。旧城内地名规划编制中应充分挖掘地名的历史、文化内涵，制定地名分级保护名录。对列入保护名录的地名，应按照'就近保护'的原则，切实予以保护和使用。"第十八条规定："地名文化遗产保护：在地名文化遗产丰富的地区，应编制地名文化遗产保护专项规划，主要内容包括保护价值、保护原则、保护目标、保护内容、保护策略和保护方法，制定保护名录。"第二十七条"地名文化遗产保护"中指出应遵循如

---

① 许菁芸、夏丽萍：《文化聚力，地名传承——上海地名规划体系的探讨》，《上海城市规划》2012年第3期。

下原则："在名称设计中弘扬保护地名文化遗产的理念，优先使用历史地名；从严控制历史地名的更名与注销，具有历史文化价值的已注销地名可重新启用；难以直接使用的历史地名，在确有必要时可以将名称雅化，或用其谐音，以保持与历史地名的内在的联系；历史文化保护街区内，新建、改建道路应使用原有地名命名，原地名无法使用时，可由其派生命名，做好新老地名的有机衔接；在存量地名资源丰富的地区，应选择最具有代表性、最能反映当地历史、文化特点的名称用于命名设计。选取地名时，一般情况下，应综合考虑如下原则：在地名指代的地理实体上，取大舍小；在知名度上，用高舍低；在遗存年代上，留久舍近；在文化品位上，采雅舍俗。"[1]

总之，从地名规划所包含的内容来看，各个省市的地名规划政策所包含的内容不同，其中，一些省市的地名规划政策规范了城市地名命名、地名保护、地名优化等方面的内容，除《北京市地名规划编制导则（试行）》外，还如《东莞市地名总体规划》（2007）、《杭州市地名总体规划》（2010）等。一些省市的地名规划政策引导地名规划，同时也对命名做出一些规定，如《深圳市地名总体规划》（2009）、《镇江市城市地名总体规划》（2010）。从地名规划和城市规划的程序和步骤来说，一些省市把地名规划包含在城市规划中，根据已编制和审批完成的城市总体规划、分区规划或控制性详细规划，另行编制城市规划范围相对应的地名规划，并另行进行申报和审批。如《天津市环城四区环外道路地名规划》（2012）、《厦门新站地区道路命名规划》（2009）等。

（二）地名管理条例

一些省市相继出台了地名管理条例。如天津在2006年发布的《关于加强天津市历史地名管理的通知》中规定，"在国务院批复的新一轮城市总体规划中明确提出，要加强对传统地名等非物质文化遗产的保护，并将其作为天津历史文化名城保护的重要内容。"[2] 新疆于2011年10月1日在自治区正式施行了《地名管理办法》，其中规定了标准地名的书写、译写、规

---

[1] 张钧凡、赵琪：《挖掘城市历史 传承城市文脉——浅析北京历史地名保护的几种途径》，《北京规划建设》2010年第4期。

[2] 天津市规划局：《关于加强天津市历史地名管理的通知》，《天津政报》2007年第6期第44版。

则，以及机关、社会团体、企事业单位和其他社会组织在公文往来、信息发布、对外交往中应当使用标准地名。此外，2011年，江西省、淮南市、葫芦岛市分别出台了地名管理条例。2012年，苏州市、南京市、盘锦市分别出台了地名管理条例。2014年，江苏省印发了《江苏省地名管理条例》等。

北京学与地方学研究重要活动

朱永杰[*]

一 记住乡愁，传承文化——第十七次北京学学术年会

2015年6月5日至6日，由北京学研究基地和北京史研究会主办，北京联合大学学报编辑部、北京地理学会、中国近现代史史料学会地方文献研究中心协办的"记住乡愁，传承文化——第十七次北京学学术年会"在北京隆重召开。

会议开幕式由北京学研究基地主任、北京学研究所所长张宝秀主持。副校长乔东亮首先致辞，北京市社会科学界联合会党组书记、常务副主席韩凯，北京市哲学社会科学规划办公室副主任张庆玺和北京史研究会会长、北京学研究基地首席专家李建平到会讲话。国家级非物质文化遗产专家委员会副主任、辽宁大学教授乌丙安，中华母亲节促进会创会会长、中华父亲节促进会会长、安徽大学教授李汉秋，青海省社会科学院院长赵宗福，中国近现代史史料学学会秘书长、鲁东大学传统文化与现代思想研究院院长俞祖华，国际亚细亚民俗学会副会长、台湾成功大学教授陈益源，北京市哲学社会科学规划办公室基地处副处长刘军和其他来自京内外40多家单位的150余名专家学者出席会议。《北京日报》、《光明日报》、《中国文化报》、《中国社会科学报》、人民网、千龙网等多家媒体对会议进行了报道。此外，北京学研究基地组织编写的《北京学研究2014》《北京学研究报告2015》《中国城乡一体化发展报告（2014—2015）》北京卷等系列出版物和

---

[*] 朱永杰（1976— ），男，地理学博士，北京联合大学北京学研究所副研究员，主要从事北京学、历史地理学方面的研究。

北京学研究基地项目成果《北京会馆基础信息研究》也在大会上进行了发布，受到与会人员的广泛关注。

6月5日，会议进行第一阶段。上午，乌丙安教授、深圳大学传播学院教授李蕾蕾、北京市公园管理中心副主任高大伟、北京建筑大学教授秦红岭、北京学研究所研究员张勃、北京大学城市与环境学院历史地理研究中心副教授岳升阳6位专家先后做了大会主题发言。赵宗福院长和北京市社会科学院历史研究所所长、北京史研究会副会长王岗先后担任大会主持人，北京师范大学地理与遥感科学学院教授周尚意、中国社会科学院文学研究所研究员安德明、北京师范大学社会学院人类学与民俗学系主任萧放和复旦大学中国历史地理研究所所长张晓虹先后对大会主题发言进行了评议。

6月5日下午，分为两个分会场进行专题研讨。李汉秋教授、李建平研究员、张晓虹教授、陈益源教授、赵宗福院长、鄂尔多斯学研究会副会长潘杰、首都图书馆原副馆长韩朴、中山大学地理科学与规划学院教授司徒尚纪、国家行政学院社会和文化教研部教授李兴国、我校商务学院党委副书记唐少清、首都经贸大学副教授张祖群等三十多位专家学者先后进行了发言和提问讨论。多位专家分别对专题发言进行了评议。最后，大会颁发了会议优秀论文获奖证书，张宝秀教授对会议第一阶段进行了总结。

6月6日，会议进行第二阶段，对入选中国传统村落的门头沟区爨底下村和抗战旧址马栏村以及京西古道进行实地考察和调研。北京永定河文化研究会作为业务接待单位，会长张广林、副会长安全山和侯秀丽陪同参会代表进行了实地考察，并进行了生动、详细的讲解，引导大家考察、调研了新形势下京西古道、传统村落保护与开发利用的现状，介绍了存在的主要问题，参会代表有针对性地进行了讨论，并切磋、提出了一些对策建议。大家纷纷表示受益匪浅。

乡愁是我们挥之不去的情感，文化是我们赖以立身的根脉。记住乡愁，传承文化，是实现中华民族伟大复兴中国梦的历史使命。北京学学术年会紧紧围绕"记住乡愁，传承文化"展开热烈讨论，学者们一方面系统梳理了乡愁的内涵，结合历史与现实对其加以理论化和哲学思考，另一方面更多的是从记住乡愁、传承文化的角度去思考中国社会的城镇化进程、文化遗产的保护与利用、城市景观规划等问题，体现了学者们的社会责任和担当，获得了深刻的认识，取得了丰富的成果。

二 城市的变迁——2015年中国地方学国际学术研讨会

2015年6月27—28日，由中国地方学研究联席会、扬州市历史文化名城研究院和扬州大学社会发展学院联合主办的"城市的变迁——2015年中国地方学国际学术研讨会"举行。来自北京学研究所、鄂尔多斯学研究会、山西师范大学晋学研究中心、泉州学研究所、三峡文化研究会等二十多个单位的专家学者出席了会议。北京学研究所作为中国地方学研究联席会的执行主席单位，参与举办了此次会议。此次研讨以"城市的变迁"和地方学的发展为主题进行研讨交流。扬州大学周新国之《关于建设扬州学的几点思考》、北京学研究所所长张宝秀之《关于地方学学科理论的建构》、境外嘉宾日本京都市立命馆大学文学部教授山崎有恒之《立命馆大学的京都学研究现状》、香港文化更新研究中心研究员程婉玲之《芝加哥——从城市变迁看历史保育的文化动力》等在大会上进行了交流。本次会议内容既有地方学理论研究和深入思考，也有各地地方学研究进展情况、地方历史文化研究和服务地方发展对策研究等，反映了我国地方学以及日本京都学研究的最新动态，提供了地方学研究新的信息和彼此可借鉴的经验，无疑将有力推动地方学学科建设和发展。

三 地方学的应用与创新座谈会

2015年9月16日，在鄂尔多斯学研究会成立13周年，中国地方学研究联席会成立10周年的日子，由中国地方学研究联席会与鄂尔多斯学研究会在鄂尔多斯东胜区共同主办召开了"地方学的应用与创新"座谈会。会议有来自中国地方学研究联席会的成员单位北京学、鄂尔多斯学、泉州学、温州学、杭州学、长安学、大治学、元上都文化研究会等研究团体的专家学者共60余人。与会专家学者从地方学创建的经验与体会、地方学的创新发展、鄂尔多斯学："知识体系+应用服务"的学科架构、鄂尔多斯学与"爱我鄂尔多斯"主题实践活动等方面进行了研讨座谈。会议一致认为知识体系与应用服务的紧密结合，使应用服务言之有物，既有实践，又有理论，有品位、有层次，能很好发挥指导性作用；应用服务不仅使知识体系有了用武之地，也使知识体系接了地气，检验了自己，丰富了自己，新鲜的实践经验能及时得到提升。这是地方学的一大优势，可以弥补学术研究与社会需求相脱节的缺憾，探索一种相结合的有效途径。因此，可以说，知识体系与应用服务是地方学的两只轮子，相辅相成，缺一不可。

四 第二届晋学与区域文化国际学术研讨会

2015年10月10日至11日，第二届晋学与区域文化国际学术研讨会暨荀学与诸子学论坛在山西师范大学举行。来自韩国、日本和中国港澳台地区，北京大学、中国社科院、中国人民大学、国家博物馆、复旦大学、西北大学、山东大学、四川大学等省内外高校及相关机构的百余名专家学者参加了会议。山西师范大学设立晋学研究中心和荀子学院有其独特的区位优势，因为上古时期临汾曾是中国的政治和经济中心。春秋时期，晋国是长期称霸的国家，其历史与文化有重要研究价值。关于晋国的史料记载丰富，出土竹木简中很大一部分记载晋国。荀子研究是目前国际上的研究热点之一，特别是郭店简、上博简出土以来，证明荀子思想与孔子及其弟子思想的融洽程度，不亚于孟子。荀子故里在临汾安泽，所以山西师范大学既是三晋文化研究中心，又是荀子文化研究中心。晋学研究中心长期深入挖掘地方历史与文化，并与地方政府要求紧密结合，成就颇丰。

领域进展

成志芬[*]

2015年，关于"地方学"的研究成果主要包含两方面：鄂尔多斯学研究会出版了《"地方学的应用与创新"座谈会论文集》，晋学研究中心于"第二届晋学与区域文化国际学术研讨会暨荀学与诸子学论坛"前印刷了会议论文集，由徐俊忠、涂成林主编的《当代广州学评论》，一些学者在期刊发表学术成果。其中，一些学者在期刊发表的学术成果，以在中国知网检索到的为准。在中国知网，以"地方学"为主题词，进行模糊匹配检索，共检索到2015年全年81条记录，而与"地方学"研究真正相关的文章只有21篇。以"地方学"为关键词进行模糊匹配检索，共检索到2015年全年41条结果，以"地方学"以关键词进行精确匹配检索，共检索到2015年全年6条结果。而以关键词进行了检索结果包含在以主题词进行了检索结果之内。纵观2015年关于地方学的研究成果，其进展主要体现在以下几个方面。

一 对"地方学"的内涵、"地方"的范围的进一步研究

对于"什么是地方学"，"地方学"研究的"地方"或者"地域"范围怎么界定等问题仍然是学者们讨论的热题。有学者以广州学为例进行了研究，认为地方学是以研究地方现实发展的诸多问题为切入点和增长点，进而延伸到地方研究的横向（空间）和纵向（时间）领域，横向涵盖经济、社会、文化、科技、城市发展等各个方面，纵向延伸到城市史、文化演进

---

[*] 成志芬（1981— ），女，博士，北京联合大学北京学研究所教授，主要研究方向为文化地理学，北京学。

史和各种专门史等。① 有学者总结了当前美国和中国关于地方（区域）研究的取向，认为美国的"地方"研究是技术型专家取向和批判性知识分子取向，而中国的"地方"研究是史学取向和文人取向。在此基础上，他认为中国特色的地方学体系，应该至少包含这四种取向，同时又避免这四种取向各自的弊端：专家取向缺乏技术理性，知识分子取向对现实和未来的实际问题关切不够，文人取向过于注重务虚的文化，史学取向过于承担历史使命感。中国特色的地方学体系应该在技术与人文、历史与未来之间寻找一个平衡点，成为一门既有历史文化积淀、又能应对现实问题的基础性应用科学。② 有学者认为，"地方学"中的"地方"或者"地域"有很多种命名方式，可以按行政区划范围的不同划分，可以按自然地理地貌的不同划分，可以按经济地理、文化区域的不同进行划分，可以按以上这些现象形成的不同时期进行划分等。如就目前的地方学名称而言，鄂尔多斯学、北京学、泉州学、长安学、晋学、元上都历史文化等，是以当前的行政区划为准。而西口文化、敕勒川文化、巴蜀文化等则是各有特定渊源的地方学。西口文化是清末因自然灾害而产生的灾民大流动而形成的历史文化现象，它涉及的地域是广泛的，至少应包括山西、陕西、河北、内蒙古的很多地方。敕勒川文化则是一个特定的历史与地理区位文化，它的范围只限定于历史所划定的区域。巴蜀文化亦有历史属性。地方学以研究特定地方的文化为己任，或者说是以地方文化为研究对象。地方学要研究各种社会现象，包括政治经济学、军事学、法律学、历史学、生态学、文艺学、美学、伦理学、地理学等。③ 有学者认为从"区域研究"上升为"地方学"，需要有独特的研究对象；独特的学科概念、命题、假设和理论等学科理论体系；独特的研究价值和学术贡献；完善的研究方法等，并认为广州研究有成为广州学的现实基础，未来要打造广州学的概念体系和方法体系。④ 有学者探讨了中国地方学兴起的成因、将来地方学的学术追求和研究视角，在此基

---

① 涂成林：《关于"广州学"学科建构的几个问题》，载徐俊忠、涂成林主编《当代广州学评论》，社会科学文献出版社2015年版，第3—11页。

② 谭苑芳：《区域/地方研究、城市学及其综合：以广州学的建构为中心》，载徐俊忠、涂成林主编《当代广州学评论》，社会科学文献出版社2015年版，第12—21页。

③ 甄达真：《地方学初探》，载鄂尔多斯学研究会、中国地方学研究联席会《"地方学的应用与创新"座谈会论文集》，2015年，第2页。

④ 梁柠欣：《地方学：走向真正学科的可能性与前提条件》，载徐俊忠、涂成林主编《当代广州学评论》，社会科学文献出版社2015年版，第31—41页。

础上，探讨了什么是地方学。该学者认为，"地方学是一门对特定区域综合体的形态、性质、功能、结构要素及其结构过程进行研究，并为该区域综合体的良好发展提供智力支持的学问。要注重从地方性、关联性与过程性的视角进行研究，并将立足地方、研究地方、服务地方作为自己的学术追求。"①

二 对中国地方学研究状况的分析

关于中国地方学目前的研究状况，有学者认为，目前中国地方学主要有两种建构方式，一种为学院派（含研究单位）的建构方式，如北京学、台湾屏东学；一种以研究会、社会科学院系统以及地方大学系统为代表的实践导向的地方学，如温州学等。而这种分野造成了各自对所谓的地方学的内涵和目标的理解参差不齐。有学者认为，目前对地方学的概念论述主要有两种观点：第一种观点认为地方学是研究特定区域内各方面的一种学问，至今还没有形成一门独立的学科。第二种观点认为地方学是一门从全局出发，整体研究某个地区的一门新型学科。②

三 "地方学"的学科架构

关于"地方学"的学科架构，有学者以鄂尔多斯学为例，对地方学的学科架构提出了看法，认为地方学的学科架构的两个基本支撑点是知识体系和应用服务。而知识体系是指对地方历史文化及现实发展最具特征、最有代表性的现象及知识的系统归纳和表述，是地方文化资源的整合与研究。应用服务是知识体系的社会功能。两者相结合，既有理论，又有实践。应

---

① 张勃：《概念、视角与追求：中国地方学的兴起》，载鄂尔多斯学研究会、中国地方学研究联席会《"地方学的应用与创新"座谈会论文集》，鄂尔多斯学研究会、中国地方学研究联席会，2015年，第8页。
② 张有智、吉淑娟：《我国地方学研究回顾与展望》，载鄂尔多斯学研究会、中国地方学研究联席会《"地方学的应用与创新"座谈会论文集》，鄂尔多斯学研究会、中国地方学研究联席会，2015年，第5页。

用服务不仅使知识体系有了用武之地，也使知识体系接了地气。[1] 而有学者也以鄂尔多斯学为例，认为地方学的学科架构中具有四个关键词：知识体系、核心内容，应用服务、价值体现。并认为，地方学的知识体系的构建需要在地方学这个巨系统内探讨"在本质上是同一"的客观规律。规律与价值不可分，只有符合某种规律的东西才更有价值，而更有价值的东西一定符合某种规律。而地方学的核心内容之一也是规律。在社会化应用服务中体现地方学学科知识体系的价值需要产学研相结合，在产学研相结合中，也才能更系统性地构建知识体系。[2] 有学者研究了地方学与地域文化学科的基本属性和特征，认为，"地域文化是地方学建设的重要组成部分。地域文化研究应该在地方学学科的思维框架和理论指导下进行，以增强其系统性、综合性和科学性。而地方学各个研究领域一般都应具有地域文化的独特视角"[3]。

有学者以广州学为例，分析了地方学研究中的一般方法和具体方法，一般方法包括马克思主义哲学方法论和广义的系统理论方法。具体方法包括逻辑方法、数理分析方法等。[4] 有学者以广州学为例，认为地方学研究要重视以实地调研为特点的田野调查法。[5]

四 "地方学"如何研究和发展

一些学者围绕地方学如何进行研究和发展进行讨论。有学者认为，地方学研究应该以服务地方发展为中心，从破解当地当今经济社会发展面临

---

[1] 陈育宁：《鄂尔多斯学：知识体系＋应用服务》，载鄂尔多斯学研究会、中国地方学研究联席会《"地方学的应用与创新"座谈会论文集》，鄂尔多斯学研究会、中国地方学研究联席会，2015年，第3页。

[2] 包海山：《地方学的构建、应用以及价值体现》，载鄂尔多斯学研究会、中国地方学研究联席会《"地方学的应用与创新"座谈会论文集》，鄂尔多斯学研究会、中国地方学研究联席会，2015年，第4页。

[3] 徐进昌、闫甚甫、温茹雅等：《浅谈地方学、地域文化研究与晋、蒙文化圈》，载2015年10月9—11日山西师范大学召开的"第二届晋学与区域文化国际学术研讨会暨荀学与诸子学论坛"会议论文集。

[4] 王枫云：《广州学研究的一般方法与具体方法》，载徐俊忠、涂成林主编《当代广州学评论》，社会科学文献出版社2015年版，第52—59页。

[5] 杨宇斌：《广州学的现实价值和研究方法刍议》，载徐俊忠、涂成林主编《当代广州学评论》，社会科学文献出版社2015年版，第60—67页。

的诸多难题实际出发,加大服务当地经济社会发展重大理论和实际问题的研究与思考,拿出可供政府破解难题、决策参考的成果。[①] 有学者认为,地方学的研究的主攻方向之一为新常态下的应用对策研究。即要围绕全面建成小康社会、全面深化改革、全面推进依法治国、全面从严治党的"四个全面",结合本地区经济社会发展的理论与实际问题,主动把握新常态,开展应用对策研究。研究内容应该为研究地方经济的下滑问题、研究区域经济发展战略空间的变化问题、研究政府行为调整方向问题、研究探索地方治理问题、研究地区精神适应新常态问题、研究地方文化建设适应新常态问题。另一个主攻方向为传统文化的基础研究,即要研究地方的人文精神。[②] 有学者分析了地方学研究中成本控制的方法为进行必要的技术储备与人才储备。[③] 有学者认为目前地方学研究呈现民间性、创新性、初始性、拓展性特征。[④] 有学者认为,发展地方学,要做好地方资料的整理,包括地方志、地方文献以及地方个人撰写的文字资料等。要对地方的自然景观和人文景观进行梳理,包括对地方的聚落、服饰、建筑、音乐等进行梳理。要注重地方人物研究,既重视知名度很高的大人物,也重视各行各业的小人物。[⑤] 有学者提出了将来地方学发展的主要途径为:确立地方学发展战略;地方学建设注重形成和发展特色,即先进性和包容性;加强地方学理论研究;努力保护、开发、利用纳入地方学研究框架的文化遗产;加强地方学的舆论宣传和人才队伍建设。[⑥]

[①] 贾来宽:《地方学研究应该以服务地方发展为中心》,《鄂尔多斯日报》2015年11月27日003版。

[②] 高海胜:《关于地方学研究思维方式的一些理性思考》,载鄂尔多斯学研究会、中国地方学研究联席会《"地方学的应用与创新"座谈会论文集》,鄂尔多斯学研究会、中国地方学研究联席会,2015年,第3页。

[③] 巴音:《浅论地方学研究中的技术储备与人才储备——鄂尔多斯学研究历程经验谈》,载鄂尔多斯学研究会、中国地方学研究联席会《"地方学的应用与创新"座谈会论文集》,鄂尔多斯学研究会、中国地方学研究联席会,2015年,第2页。

[④] 徐进昌、温茹雅:《简述地域文化的深厚蕴涵和目前地域文化研究的特征》,载鄂尔多斯学研究会、中国地方学研究联席会《"地方学的应用与创新"座谈会论文集》,鄂尔多斯学研究会、中国地方学研究联席会,2015年,第2页。

[⑤] 张冷习:《发展地方学的几点思考》,载鄂尔多斯学研究会、中国地方学研究联席会《"地方学的应用与创新"座谈会论文集》,鄂尔多斯学研究会、中国地方学研究联席会,2015年,第3页。

[⑥] 包玉瑞:《确立锡林郭勒地方学的若干思考》,载鄂尔多斯学研究会、中国地方学研究联席会《"地方学的应用与创新"座谈会论文集》,鄂尔多斯学研究会、中国地方学研究联席会,2015年,第5页。

五 "地方学"与国学的关系

关于"地方学"与国学的关系,有学者认为,国学是地方学的集合,是上升了的地方学;地方学是国学的根基,没有地方学,就没有丰富多彩的国学。所以地方学是大国学的重要组成部分。[①] 有学者研究了地方学与国学的关系,认为国学是由地方学发展演化而来,"国学"应包括五术、六艺、诸子百家之说。其中诸子百家包括"儒、释、道、刑、名、法、墨"等各家,其中六艺包括"礼、乐、射、御、书、数",其中五术包括"山、医、卜、命、相"。一些地方学内容已经上升为国学范畴,地方学的概念也因国学概念的最终确定才能确定下来。[②] 有学者也认为,地方学是国学的一部分。[③] 有学者认为,国学是地方学研究的核心,国学与地方学形成"整体关联、动态平衡"人文思维。

六 对某个地方学的研究

2015年,一些学者对单个地方学的情况进行了研究。有学者从地方学研究对象的多样性、研究要素的交互性方面探讨了玉门学建立的可行性,从玉门关和玉门油田所蕴含的独特价值方面研究了玉门学建立的必要性。从玉门迁城的历史转折点,从保留集体记忆和个人记忆的价值方面研究了玉门学建立的迫切性。[④] 有学者研究了广州学的学科定位,广州学的基本框架,及广州学学科建构的几个核心问题。有学者研究了广州学的整体文化背景:开放性、平民性和重商性,以及研究了个体对广州文化的体验等,进而认为整体文化背景和个体文化体验是研究地方学

[①] 李建平:《地方学的研究与创新》,载鄂尔多斯学研究会、中国地方学研究联席会《"地方学的应用与创新"座谈会论文集》,鄂尔多斯学研究会、中国地方学研究联席会,2015年,第4页。

[②] 钟昌斌:《地方学研究大有可为》,载鄂尔多斯学研究会、中国地方学研究联席会《"地方学的应用与创新"座谈会论文集》,鄂尔多斯学研究会、中国地方学研究联席会,2015年,第3页。

[③] 陈育宁:《鄂尔多斯学:知识体系+应用服务》,载鄂尔多斯学研究会、中国地方学研究联席会《"地方学的应用与创新"座谈会论文集》,鄂尔多斯学研究会、中国地方学研究联席会,2015年,第3页。

[④] 林健:《玉门学作为地方学的研究意义初探》,《新西部》(理论版)2015年第12期。

的文化基础。① 有学者研究了鄂尔多斯学形成的基础，第一为其历史基础，即鄂尔多斯独特的地理条件、人文环境及其文化积累。第二为其形成的主要条件，包括重视文化、研究历史著书立说的传统。第三为其形成的前提，即社会发展的现实需求。最后是研究方法的创新，为鄂尔多斯学的形成注入了动力。② 有学者认为鄂尔多斯学的成立是因人而兴，是由于一些有文化自觉、历史责任感而又高度热爱这片热土的领导和专家的担当和积极创建，鄂尔多斯学才得以成立。而鄂尔多斯学的研究是以人为本，鄂尔多斯学的研究注重对鄂尔多斯人的历史演变、现实生存状态及对未来的抱负追求的探索。如对成吉思汗的研究、当代名人的研究等。③ 有学者对大冶学的创建及应用，即利用城市工业发展进程中形成的工业遗产资源创建地方学学科体系及其应用进行了探索。④ 有学者对专家学者关于泉州学研究的学科概念和定位、研究对象和框架、研究方法等进行了历史回顾。⑤ 有学者从鄂尔多斯学地理环境和历史文化两个方面阐述了鄂尔多斯的神奇故事，认为讲好故事接地气是地方学研究的新方法。⑥ 有学者对广州学的建构进行了研究，认为广州学应继承方志学和风物学的传统，借鉴社会科学和人文批判传统，以广州的现实发展问题为切入点，并对问题背后的根源和制度性原因进行挖掘和研究，而其中对于地方文献《广州大典》的"再利用"是一种基本的方法。有学者概括了广州学研究中的关键词为广州战略规划、国际商贸

---

① 李明华：《关于广州学的整体文化背景与个体文化体验》，载鄂尔多斯学研究会、中国地方学研究联席会《"地方学的应用与创新"座谈会论文集》，鄂尔多斯学研究会、中国地方学研究联席会，2015年，第3页。
② 汤晓芳：《一门新兴的学科——地方学——以鄂尔多斯学为例》，载鄂尔多斯学研究会、中国地方学研究联席会《"地方学的应用与创新"座谈会论文集》，鄂尔多斯学研究会、中国地方学研究联席会，2015年，第3页。
③ 潘洁：《因人而兴 以人为本的鄂尔多斯学》，载鄂尔多斯学研究会、中国地方学研究联席会《"地方学的应用与创新"座谈会论文集》，鄂尔多斯学研究会、中国地方学研究联席会，2015年，第4页。
④ 刘金林：《地方学应用的新探索——以大冶学研究为例》，载鄂尔多斯学研究会、中国地方学研究联席会《"地方学的应用与创新"座谈会论文集》，鄂尔多斯学研究会、中国地方学研究联席会，2015年，第4页。
⑤ 彭志坚：《泉州学理论研究的历史回顾》，载2015年10月9—11日山西师范大学召开的"第二届晋学与区域文化国际学术研讨会暨荀学与诸子学论坛"会议论文集。
⑥ 包海山：《地方学研究新方法——讲好鄂尔多斯神奇故事》，载2015年10月9—11日山西师范大学召开的"第二届晋学与区域文化国际学术研讨会暨荀学与诸子学论坛"会议论文集。

中心及岭南文化名城、绿道、红砖厂、城中村、秀山楼等。[①] 有学者对广州学研究中的现实问题进行了分析,广州学论题源于广州在发展中的经济、社会、文化等隐患,广州学研究要注重历史积淀、现实情境、重视全球化等,广州学研究还需要经费、人才队伍、制度等方面保障。[②] 有学者认为广州学可以归结为城市学或者地方学的研究序列,认为广州学的研究顺应了城市研究的发展趋势与城市发展的现实需求,对其的研究不能拘泥于某一学科的框架限制,应以协同创新促进广州学的研究,并争取得到政府支持。[③] 有学者对世界文化名城培育视野下广州学研究的意义和任务进行了研究,认为广州学研究应聚焦于广府文化,梳理广州历史文化的基因和特质,并应落脚于广州的文化实践,提供广州的决策咨询,还应对各地方学进行比较研究,为自身学科发展提供借鉴。[④] 有学者认为广州学研究要从综合性、现实性和地方个性三个方面切入,重点研究广州的现实问题,并要回归"千年商都"的本真。[⑤] 有学者对广州城市的外交发展进行了研究,认为其实践将推动广州学的学科内容、学理思路、研究视角等的发展。[⑥] 有学者对广州学建设地方新型智库提出了对策建议:加强应用对策研究,组建研究队伍、拓宽成果转化渠道、建立成果考核评价机制、树立智库形象等。[⑦]

七 其他研究方面

除以上研究内容外,2015 年,学者们对"地方学"的研究还有以下这

[①] 姚华松:《广州学研究中的若干关键词》,载徐俊忠、涂成林主编《当代广州学评论》,社会科学文献出版社 2015 年版,第 22—30 页。

[②] 李江涛:《论广州学研究的现实关怀》,载徐俊忠、涂成林主编《当代广州学评论》,社会科学文献出版社 2015 年版,第 45—51 页。

[③] 周凌霄:《城市学的发展及其对广州学研究的启示》,载徐俊忠、涂成林主编《当代广州学评论》,社会科学文献出版社 2015 年版,第 69—76 页。

[④] 黄旭:《世界文化名城培育视野下广州学研究的意义和任务》,载徐俊忠、涂成林主编《当代广州学评论》,社会科学文献出版社 2015 年版,第 77—86 页。

[⑤] 冯崇义:《广州学研究要回归商都本真》,载徐俊忠、涂成林主编《当代广州学评论》,社会科学文献出版社 2015 年版,第 203—208 页。

[⑥] 艾尚乐:《刍议城市外交视野下的广州学研究》,载徐俊忠、涂成林主编《当代广州学评论》,社会科学文献出版社 2015 年版,第 240—249 页。

[⑦] 谢意浓:《加强广州学研究,建设地方新型智库》,载徐俊忠、涂成林主编《当代广州学评论》,社会科学文献出版社 2015 年版,第 288—293 页。

些方面。有学者把音乐学和地方学相结合,尝试了"音乐地方学"命名的可能性。[①] 有学者简单介绍了西方国家,包括俄罗斯和德国的地区学的发展状况。[②] 有学者对地方学智库建设的优势、劣势、机遇、挑战进行了分析,并提出了地方学智库构建的建议。其中该作者认为地方学智库建设的优势体现为,丰富的研究成果为智库建设提供理论支撑,以及机制体制上的优势为智库建设提供多方面保障。而劣势体现为,一是高端地方学智库机构还比较少;二是大部分的地方学智库属于官方智库,无法保持政策研究的客观性和相对独立性的立场;三是不少地方学智库的机关化或行政化色彩比较浓,问题意识不够强;四是有些地方学研究机构分散,未成为一个团队,不容易出精品;五是大部分地方学智库建设没有形成一套符合自己地方文化特色的智库运行机制和管理体制。[③]

[①] 李玫:《"音乐地方学"——区域划分的版本3.0?》,《人民音乐》2015年第12期。
[②] 彭志坚:《西方国家地区学发展的评述与启示》,《哈尔滨学院学报》2015年第11期。
[③] 林丽珍:《基于SWOT分析法的地方学智库建设》,载2015年10月9—11日山西师范大学召开的"第二届晋学与区域文化国际学术研讨会暨荀学与诸子学论坛"会议论文集。

对地方学与北京学学科的认识

张宝秀[*]

一 地方学的概念

地方学（Localogy, the Science of Local Studies），以地名学，用地方名称命名学问，是研究地方的综合性学科，以某一地区为研究范围。地方学将某一地域作为一个有机整体进行研究，研究地域综合体各种组成要素的地方性特色、演变过程及其相互关系，探究其发生发展的规律，并预测未来发展趋势。

现代地方学，是研究地方的综合性学科，把某个具有典型性、代表性的区域甚至国家作为专门的研究对象，将其作为人文、自然要素共同构成的地域综合体进行综合性研究。[①]

从内涵上看，现代地方学，是研究地方的综合性学科，是根据区域划分学科，时间与空间相结合，天、地、人统筹兼顾，以某个地方为研究范围，把某个具有典型性、代表性的区域甚至国家作为专门的研究对象，将其作为人文、自然要素共同构成的地域综合体进行综合性研究。

从外延上看，某个地方学学科的具体研究对象理论上可以包括该地区的自然、历史、文化、社会、政治、经济、人口等各个方面，既研究历史，也关注现实和未来。

与其他研究地方的单一学科相比，地方学研究某个地方的任何一个要

---

[*] 张宝秀（1964— ），女，博士，教授，北京联合大学应用文理学院院长、北京学研究所所长、北京学研究基地主任，研究方向为历史地理学、人文地理学、北京学。

[①] 张宝秀：《地方学的设立标准和学科内涵》，《中国社会科学报》（岭南专刊）2014年4月25日第4版。

素，都有着综合性、历史性和地域文化的视角。

实际上，目前各地的地方学研究领域都有所侧重，不是包罗万象，大多数侧重研究历史文化，有的只重点研究某一方面。

任务：研究地方，挖掘文化，传承文脉，服务发展。

二 地方学的学科属性

《辞海》将"学科"解释为一是学术的分类。指一定科学领域或一门科学的学术分支，如自然科学中的物理学、生物学，社会科学中的史学、教育学等。二是教学的科目。指学校教学内容的基本单位，如普通中、小学的政治、语文、数学、物理、化学、美术、体育等。

我们在讨论高等教育和科学研究的学科时，取用的是第一种含义，即学科是知识的类别或科学分支，是人类在认识和研究活动中针对认识对象，而将自己的知识划分出来的集合，是相对独立的知识体系。

在我国，学科分类采用的是国务院学位委员会和教育部颁布的《学位授予和人才培养学科目录》。目前执行的 2011 年版《学位授予和人才培养学科目录》，分设哲学、经济学、法学、教育学、文学、历史学、理学、工学、农学、医学、军事学、管理学、艺术学 13 个学科门类，其下设有 110 个一级学科。

在这些学科中，以及以往各版学科目录的一级学科之下二级学科名录中，都没有独立设置的"地方学"学科，也没有"城市学"学科。教育部《普通高等学校本科专业目录（2012 年）》的 92 个专业类、506 种专业中也没有"地方学"和"城市学"专业。

地方学是跨自然科学和人文社会科学的综合性学科，是多学科之间的一个交叉学科。涉及历史学、地理学、经济学、社会学等多个学科领域。可以说，地方学研究是连接历史与未来、地方与世界、时间与空间、理论与实践、自然与社会、宏观与微观、单体与整体的一门学科，所以它具有地方性、区域性、世界性、历史性、当代性、现实性、理论性、应用性、综合性、系统性、整体性、多学科性等许多特性。

地方学的研究对象是地域综合体（城市或非城市地域）；研究时限是上起发端，下至当今；研究空间范畴是地方所在区域（不一定是行政区域）以及与其相关联的周边地区；研究尺度是宏观、中观、微观相结合；研究方法是采用跨学科的方法,时间与空间研究相结合,自然科学方法和人文科学方法并用,定性与定量方法相结合。

地方学,既不是史,也不是志,不同于地方史和地方志,不仅对地方情况进行记述,更重要的是将某一地域作为一个有机综合体进行研究。地方学,也不是专门的政策研究或部门学科,是一门交叉性、综合性的应用理论研究学科,是为地方城市或区域发展战略和管理决策提供应用理论基础的学科。地方学既是学科性的,又具有为解决现实问题服务的功能。

三 地方学与城市学的关系

地方学与城市学的研究对象都是城市地域综合体。但是,地方学不完全等同于城市学,二者的内涵和外延既有交叉,也有区别。

城市学(Urbanology),也是跨自然科学和人文社会科学的综合性学科,是多学科之间的一个交叉学科。城市学是一门从整体上研究城市产生、运行和发展规律的综合性学科,是一门统领城市科学各分支学科的新兴学科。城市学分支学科主要包括城市地理学、城市经济学、城市规划、城市管理等,研究城市的发生与发展、结构与功能、组合与分布等方面的规律性,侧重研究城市功能、规划布局、城市化、人口、交通、住宅、就业、治安、环境、社会保障等各种城市问题产生、发展与解决的战略与机制。

根据研究的地域类型不同,地方学可以分为城市地方学和区域地方学。如,北京学、泉州学、广州学的研究对象是城市综合体,属于城市地方学。城市地方学,将某一城市地域作为一个有机整体进行研究,研究城市地域综合体各种组成要素的地方性特色、演变过程及其相互关系,探究其发生发展的规律,并预测未来发展趋势。地方学的分支学科,主要包括地方史、地方文化、乡土地理、地方文学、地方艺术、地方经济、地方社会、地方文献等。地方学的研究框架,无论城市地方学还是区域地方学,都应该是时间纵向与空间横向相结合。城市地方学侧重挖掘城市的文化传统、传承城市的历史文脉、强化城市的文化认同、推动城市可持续发展。

四 地方学的根本任务——挖掘地方性

"地方性"具有两种含义:第一,英文是 local property,也可以称为

"本土性"，是指地方学研究的地方属性、特性；第二，英文是 placeness，亦称"场所性"，是文化地理学研究的核心概念之一，加拿大人文地理学家雷尔夫（E. Relph）认为地方性是指地方的唯一性，地方多样性的丧失预示着地方意义更大的丧失，从而导致无地方性。

本土性，是相对于全国性、世界性而言的，是研究问题空间尺度上的不同。地方学研究，提供地方知识，研究地方制度文化，最主要的特色就是本土性。地方学研究的本土性，集中体现在挖掘地方的独特文化，致力于表达和传承地方的历史文脉。地方学的根本任务，就是挖掘地方的地方性。

要传承好地方的历史文脉，需要地方学学科系统研究地方综合体的发展规律，科学分析地方的形成机制，深入挖掘地方文化的本质和内涵，在空间上有效表现地方的传统文化，取得对地方文化繁荣、社会发展、经济建设具有引导、支撑作用的认识和研究成果。[①]

地方性（场所性），是与"地方"这一文化地理学概念相联系的。美国人文地理学家段义孚（Yi—Fu T.）认为，空间被赋予文化意义的过程就是空间变为地方的过程。"地方"被人们赋予了意义。文化是地方性中的关键要素。地方学应重视地方与地方性的研究视角。

地方学的宗旨，就是要研究某一空间变为某一地方的过程，深入挖掘一个地方的地方性，揭示其地方性的形成过程、发展规律、地域特点和动力机制，彰显一个地方的地域文化特色，对地方的"未来"做出判断，为地方的文化、社会、经济、政治、生态发展提供理论支持。

地方性是区域发展的文化力或文化软实力，地方进行品牌建设和营销，需要挖掘地方性。挖掘地方性的基本方法就是区域比较。[②] 地方学研究，需要深入挖掘地方文本，关注不同主体的地方认同，并不断对地方进行新的评价。

文本（Text），通常是指与书面表达相联系的一系列表达习惯，在过去的几十年，这一概念已扩展到了包括诸如景观、地图、绘画等其他类型的文化产品以及经济、政治和社会制度等方面。地方文本再现地方性，包括

---

① 张宝秀、成志芬、张妙弟：《地方学的地方性与世界性》，载张宝秀主编《北京学研究2014》，中国社会科学出版社 2015 年版，第 8 页。
② 周尚意：《文化地理学研究方法及学科影响》，《中国科学院院刊》2011 年第 4 期。

再现地方典型的景观、日常生活实践和业已消失的文化。

挖掘地方性，需要地方公众的参与，因为当地人对所在地方有较为深入的了解，理解每个街区或社区的"地方性"。"由于缺少对城市每个地方的地方性的了解，现阶段一些城市规划方案缺乏对城市历史文化遗产价值的认识，从而使得许多有价值的街区和建筑在城市更新中遭到破坏，造成城市特有风貌的消失、城市的文脉被切断等问题，制约了城市的进一步发展。澳大利亚《巴拉宪章》（The Burra Charter）指出，遗产保护的目的在于维持'地方'的文化重要性，也强调维持一种地方感，因为具有文化重要性的'地方'，既是历史纪录，也是国家认同和经验的有形表现。因此，有公众参与的城市历史文化保护才能真正保护城市各处的地方性。"① 地方学深入挖掘地方的地方性、地方文化，就是为了彰显地方文化的深刻内涵和生命力。

小区域与大区域以及全国文化区之间，存在不同尺度的空间套嵌关系。小区域的地方文化、地方性，构成大区域的地方文化、地方性，进而组成民族文化、国家文化。地方学研究应重视在本地区、更大区域、全国范围内加大宣传、交流与合作的力度，首先要让本地人、本国人了解各个地方的文化特色，同时也应走向世界，加强与世界多元文化的交流。

五　北京学学科建设

1998 年 1 月，经北京市政府批准，设立北京联合大学北京学研究所，是一个实体性科研机构。2004 年 9 月，经北京市哲学社会科学规划办公室与北京市教委联合批准，设立北京学研究基地，是首批北京市哲学社会科学研究基地之一，以北京学研究所为核心。2014 年 4 月，接受三期建设（2011—2013 年）验收，被评为优秀基地。基地每 3 年为一个建设周期，现已进入四期建设。2008 年 11 月，开始接替鄂尔多斯学研究会担任中国地方学研究联席会轮值主席单位。

北京学的研究对象是北京城市综合体，北京学不仅仅研究北京的某个方面，也不是将各个方面简单地进行罗列，而是研究北京城市各个要素及其环境共同组成的城市综合体。

---

① 周尚意：《文化地理学研究方法及学科影响》，《中国科学院院刊》2011 年第 4 期。

北京学研究有三条主轴线：一是时间轴，即研究北京城市在时间上的发生、发展和演变规律，并预测其未来的发展趋势；二是空间轴，即研究北京城市在空间布局上分异及其发生、发展和演变规律，并预测其未来的发展趋势；三是结构轴，即研究北京城市各个要素的内部结构和城区、郊区及外围区域的结构及其发生、发展和演变规律，并预测其未来的发展趋势。①

北京学以"立足北京、研究北京、服务北京"为宗旨，以中观到微观层次的调查研究为重点，理论与实际相结合，定性与定量研究相结合，自然科学与人文社会科学相结合，校内与校外相结合，科研与教学相结合，积极开展北京城乡地域综合体及地方文化的综合研究、应用研究和人才培养工作，具体定位为建设"三个平台"，即为政府部门提供学术支持的综合研究北京历史文化、文化遗产保护和首都城市发展的开放性研究平台，面向社会各界开放的北京学相关领域学术交流和信息交流平台，普及北京历史文化和城市建设知识、提升广大市民文明素质的科普教育平台。

北京学主要研究领域，包括北京历史文化、北京城乡建设、北京旅游发展、北京经济与管理、北京地方文献和北京学基础理论等。重点要研究方向，包括以时间为主线的北京历史文化遗产保护与传承研究，以空间为主线的北京城乡发展动力与特点研究，时空相结合的北京文化与城市形象研究。

北京学以北京城乡地域综合体为核心研究对象，聚焦主要研究方向，时空研究相结合，各个传统研究领域、研究要素都要强化北京地域文化的视角、综合的视角和历史发展的视角，申报和承担国家社科基金和自然科学基金、教育部、北京市科纵向研项目和企事业单位委托单横向课题；同时，开展北京学和地方学基础理论研究。北京学的学术队伍专兼职相结合、校内外相结合、国内外相结合。

北京学学科正在谋划新的突破：一是研究范畴适当延伸到京津冀地区，以及扩展到首都在全国发展和世界关系中的影响和作用发挥方面；二是加强地理信息技术、空间关系分析、文化动力解读等方面理论和方法的应用；三是组织撰写、出版北京学和地方学理论研究成果。

"十三五"规划目标，是在北京市社科规划办公室、北京市市教委和学

---

① 张妙弟、张景秋、张宝秀等：《北京学研究的理论体系》，《北京联合大学学报》2003年第1期。

校的领导下，坚持"立足北京、研究北京、服务北京"的宗旨，坚持"地域性、综合性、应用性、开放性"的研究特色，充分发挥北京学研究基地链接学术与应用，链接高校、科研院所与政府部门、实际工作单位的作用，坚定不移地走服务政府、社会和广大市民的应用性科研道路，继续坚持规范管理，不断优化队伍结构、提高队伍水平，提升基地的咨询服务能力、辐射能力和影响力，提高学术研究水平，力争在首都北京历史文化名城整体保护和各类文化遗产保护与传承，首都文化建设理论探索和北京历史文化要素分类研究，以及首都北京城市空间结构演变、城市功能定位、城乡统筹发展模式和中国特色世界城市建设途径等领域取得高水平的标志性研究成果，积极为首都北京城乡发展、文化建设、社会进步提供决策咨询参考意见，发挥首都文化智库作用，为北京城乡可持续发展和京津冀协同发展服务，为首都发挥全国文化中心示范作用做出更大贡献。

地方学与地域文化关系

刘开美[*]

地方学与地域文化的关系，是地方学学科建设中一个十分重要的问题。认识地方学与地域文化关系的难点，在于实际研究中对地方学与地域文化之间区别的把握。固然从总体而言，地方学研究也属于地域文化研究的范畴，是地域文化研究进入学科研究的表现，并且在地方学具体研究中也是以地域文化作为研究对象的，但是地方学与地域文化之间还是有区别的。由于对这二者间区别的认识还不到位，因此在实践中容易将地域文化研究与地方学研究混为一谈，也容易将地域文化分类与地方学体系构建相混。因此，加强地方学与地域文化关系的研究，对于避免地方学研究与地域文化研究间的混淆，对于地方学体系的构建，都是有重要意义的。本研究报告从概念类型、概念内涵和概念外延等层面对此进行了阐述。这方面的研究还有待深入，学界应对此予以关注，在地方学研究中应重视对地方学与地域文化关系的研究，尤其是对这二者之间区别的研究。

研究地方学与地域文化关系，就是要界定地方学与地域文化概念的内涵，把握地方学与地域文化间的联系，明确地方学与地域文化间的区别。这对于深化地方学研究，构建地方学体系，形成地方学理论，推动地域文化繁荣，促进域内经济社会发展，都具有重要意义。

一 地方学与地域文化的概念

研究地方学与地域文化关系，首先应该界定二者的概念内涵。地方学的基本内涵可以从广、狭两个层面来理解。从广义上讲，地方学是以特定地

---

[*] 刘开美（1947— ），男，湖北省宜昌市社科联原副主席、湖北省社科院宜昌分院原副院长、湖北省三峡文化研究会副会长、研究员，研究方向为传统历史文化、地域文化与地方学。

域里的人类形成发展过程中的活动,以及所创造的物质性与非物质性成果作为研究对象的文化学科。而从狭义上讲,地方学是以特定地域里的人类形成发展历史中的活动及创造成果所表现出的精神因素作为研究对象的文化学科。① 在地方学基本内涵的广、狭两义中,无论是"特定地域里的人类形成发展过程中的活动,以及所创造的物质性与非物质性成果",还是"特定地域里的人类形成发展历史中的活动及创造成果所表现出的精神因素",都属于地域文化的基本内涵,只不过在内容上有整体与局部的区别罢了,前者表现为地域文化全部内容的表述,后者则表现为地域文化部分内容的界定。

关于地方学与地域文化概念内涵的这一界定,是由文化概念的本质内涵决定的。文化是人类社会实践活动及其成果的总称。它表明,只要人类一旦进入实践,其"活动"便都打上了"文化"的烙印,而属于"文化"的范畴。人类社会实践的形式,决定其活动及其成果的形式,表现为文化的结构形式。从文化的属性划分来说,文化包括物质性文化和精神性文化,制度和组织机构被列入物质和精神两类文化。按照这种划分,人类社会实践活动及其成果的总称,便构成广义的文化;而人类社会实践活动及其精神成果,则构成狭义文化。② 正是文化的这一本质内涵,决定了地域文化乃至地方学基本内涵的界定。

地方学与地域文化的概念内涵看似简单,但在学界具体研究中的认识却并不简单。先就地域文化的概念而言,仅从称谓上就有"地方文化""区域文化"和"地域文化"几种。就人类在特定空间所创造的文化而言,这几种称谓都具有明确的抽象概括性,无论使用哪种表述都无可厚非。但就地方学构建来说,学界应逐渐达成共识,以形成规范的概念、范畴。就这几种称谓而言,其间还是有某些区别的。地方文化、区域文化两种称谓,都容易使人产生与行政区划的对应和联想,使人类在特定空间中所创造的文化被局限在行政区划之内,这样容易切断与同类地理范围间的文化联系。而地域文化称谓则立足地理走势,体现自然与人文间的联系,将地域与空域、海域等概念相对应,因此空间概念更为明确。目前学界对这一称谓的认知日益趋同,不能说与此没有关系。

至于地方学概念在学界中的反映则更为复杂。这种反映集中表现在对

---

① 刘开美:《论地方学的构建》,同心出版社 2007 年版,第 169—170 页。
② 刘开美:《地域文化与地方学研究》,学苑出版社 2015 年版,第 1—9 页。

地方学内涵的狭义理解上。自20世纪初以来，国内外从地域角度构建不少学科，诸如地区学、区域经济学、流域经济学、城市经济学、集镇经济学、民族经济学、布局经济学、经济地理学、旅游地理学等，不胜枚举。[①] 进入改革开放新时期，全国地方学学科如雨后春笋般不断涌现。随着诸多地域文化学科的出现，学界对学科内涵理解上的差异日益显现，尤其是这些年来更是如此。有的将所建立的城市学，与地方学相提并论；有的将以地域某种文化现象为研究对象所建立的学科游离于地方学之外。即便将所建学科称为地方学，但学科研究的对象也各不一样，有的提出学科以地域文化和城市建设为研究对象；有的提出学科以地域某个时期的历史现象为研究对象。本研究报告也提出学科以特定地域里的人类形成发展历史中的活动及创造成果所表现出的精神因素为研究对象。于是学界在地方学基本内涵界定上显得有些各执一端。这样，科学把握地方学基本内涵的问题就显得十分重要。其实，出现这种情况实属正常，它是地方学研究迅速发展中的反映。"欲穷千里目，更上一层楼"。只要将地方学内涵的理解由具体表述向抽象概括深化，问题便会迎刃而解。从这个意义上说，这就是把握地方学基本内涵界定、化解认识上各执一端问题的那层"楼"。

将地方学内涵的理解由具体表述向抽象概括深化，就是要站在更高的层面上，对地方学的狭义内涵做出新的概括。以上所述学界对地方学狭义内涵的理解都是从具体层面把握的。本研究报告所提出的地方学狭义内涵的见解同样也是如此。而这些具体层面的内容归纳起来都是"特定地域里的人类形成发展过程中的活动，以及所创造的物质性与非物质性成果"中某个方面的具体现象。换句话说，到目前为止，全国各个地域文化学科，都是以其特定地域某个方面的具体现象作为研究对象而建立的。这些学科与地方学的关系，既不是并列的，也不是游离其外的，而是属于同一范畴的整体与局部的关系。一句话，这些学科都是地方学不同类型的表现。由此可见，只要从更高层面对地方学研究对象加以概括，形成地方学狭义内涵的抽象表述，即"地方学是以特定地域里的人类形成发展过程中的活动，以及所创造的物质性与非物质性成果中的某个方面作为研究对象的学科"，这样学界在界定地方学基本内涵问题上的各执一端，便会即刻归于一统。

---

① 金哲、姚永抗、陈燮君主编：《世界新学科总览》，重庆出版社1987年版，第802—838、1517—1563页。

诸如"地方学"与"地区学",从表面上看似乎十分相似,都是以特定地域作为研究对象的学科。其实彼此之间是有区别的。"地区学"是20世纪60年代发展起来的一门新兴学科,美国学者马纳斯·查特杰是其创始人。它是一门研究人与物质环境如何不断相互作用以及人如何适应物质环境等问题的学科。其探讨的中心问题是空间(地区),即从政治、社会、经济的角度来研究地区的结构、职能和活动,并从中找出变化的规律,以不断推动一个地区社会和经济的发展。① 可见,"地区学"是以特定地域中的空间这一具体现象作为研究对象所形成的学科,这与具有广义内涵的"地方学"来说,仅是局部与整体的关系罢了。也就是说,尽管地区学与地方学表面上相似,但地区学只是地方学的组成部分,而并非等同于地方学。"地方学"与"地区学"间的关系明确了,那么"地方学"与全国各地所建立起来的地域文化学科间的关系也就不言而喻了。

二 地方学与地域文化的联系

地方学与地域文化密不可分,地域文化是地方学的研究对象,没有地域文化就创立不了地方学;而地方学则是地域文化的理论表现,不创立地方学地域文化就构建不了完整的理论体系。

(一)地域文化是地方学的研究对象

任何一门学科都有自己特定的研究对象,以便研究特定对象的发展过程,揭示特定对象的发展规律,构建特定对象的理论体系,从而有效地指导特定对象的发展。地方学作为一门新兴学科同样有其特定的研究对象。地方学的研究对象就是地域文化。离开地域文化,地方学研究就成为无源之水、无本之木。在地方学与地域文化关系中,这是首要的、起主导作用的方面。换句话说,在地方学与地域文化关系中,地域文化决定地方学研究。这种决定作用表现为地域文化研究是地方学研究的先导,地域文化资料是地方学研究的素材,地域文化发展是地方学研究的归属。一句话,地域文化是地方学研究的基础。

---

① 金哲、姚永抗、陈燮君主编:《世界新学科总览》,重庆出版社1987年版,第847—848页。

地方学研究古已有之，但是自古以来地方学研究都是始于地域文化研究的。也就是说地方学研究是地域文化研究发展到一定阶段的产物。当今地方学研究的实践就说明了这一点。早在20世纪80年代中后期，随着改革开放和现代化建设的蓬勃发展，在全国出现了一股文化热。但是这股文化热，并非是独立的文化现象，而是作为"经济唱戏"的"文化搭台"出现的。正因为如此，其间的文化热，作为对外开放和经济发展的氛围，还处于表层状态，对地域文化研究的推动作用不大。这股文化热持续一阵后便逐渐趋于平缓，代之而起的则是文化产业更为广泛、更为持续的崛起，其中经久不息的则是旅游文化的发展。正是在这样的背景下，地域文化开始由表层展示向深层挖掘转变。于是，地域文化研究便应运而生。此时已经是20世纪90年代。地域文化研究发展的标志表现为文化研究团体不断诞生，文化研究队伍不断壮大，文化研究成果不断涌现，研究成果转化为文化产品尤其是旅游文化产品不断增多。文化破天荒地作为经济发展的增长点登上了中国发展的舞台。但是此时的地域文化研究尚处于资料挖掘阶段，研究成果转化为产品开发也处于初始阶段。正因为如此，经济腾飞的发展需要迫切要求地域文化研究和开发与之相适应。于是便促使地域文化研究向纵深发展，从而推动地方学呼之欲出。地方学研究就是在这样的背景下发展起来的。它是地域文化研究进入学科建设新的发展阶段的根本标志，成为当今地域文化研究的主流趋势，其势方兴未艾，一发不可收。从这个意义上说，作为当今中国热门的文化研究学科，地方学是文化产业地域化的产物。

自20世纪90年代至21世纪初，北京、福建泉州市、湖北宜昌市、浙江温州市、内蒙古鄂尔多斯市等也先后成立了地方学研究机构或学术团体。2004年鄂尔多斯学研究会倡议成立全国地方学研究联席会，得到徽州学、泉州学、扬州学、潮州学、温州学等地方学研究团体的响应。2005年9月中国地方学研究联席会成立。[①] 鄂尔多斯学研究会担任首届执行主席，2008年11月以来执行主席由北京联合大学北京学研究所担任。此间，全国出现的当代地方学学科，还有江汉学、河洛学、元上都学、西口学、武汉学、南京学、杭州学、西安学、广州学、兰州学、青岛学、开封学、安阳学、

---

① 鄂尔多斯学研究会：《以党的十七大精神为指导，促进鄂尔多斯学研究事业科学发展》，载《北京学研究文集（2008）》，同心出版社2009年版，第94—96页。

河西学、关东学、泰山学、故宫学等。这表明，应我国改革开放和现代化建设之运而生的地域文化研究，已经进入学科建设新的发展阶段。

纵观我国改革开放时期地域文化研究兴起到地方学研究应运而生的发展过程，充分说明地域文化研究是地方学研究的先导。地域文化研究为地方学研究提供资料准备，地域文化研究呼唤地方学研究。地域文化资料是地方学研究的素材和地域文化发展是地方学研究的归属的道理正在于此，以至这两方面也都成为地域文化决定地方学研究的重要表现。至于这两方面表现的内涵比较容易理解，因此这里就不展开叙述了。这一切表明，在地方学与地域文化关系中，地域文化主导地方学研究。

（二）地方学是地域文化的理论表现

地方学是地域文化的理论表现，讲的是地方学克服了地域文化所具有的孤立性、分散性和表象性的局限，展示出地域文化的内在联系，揭示出地域文化的发展规律，呈现出地域文化的理论体系，使地域文化理论化、系统化了。

在研究北京学构建的思路设想中有这样一种见解，认为构建北京学理论体系应当在地方学体系构建思维方式的引领下，以北京城市变迁为线索，以北京历史演变、北京民族聚居、北京语言特征、北京宗教信仰、北京民俗风情为重点，以北京考古发现、北京文物遗存等为特色。并按照这一构建线索、构建重点、构建特色所指引的路径，提出了北京学体系构建思路的基本设想。[①] 这里所要讲的不在于这种见解在实际研究中会有多少可行性，而在于它向学界反映了北京学体系构建研究中的一种探索，并通过这种探索所形成的关于北京学体系构建思路的设想，来认识北京学是北京地域文化理论表现的道理。应该说在这种探索所形成的关于北京学体系构建思路的设想中，充满着北京地域文化的内容。但是这一思路设想中的北京地域文化内容，显然已经超出了北京地域文化现象的层面，进入了北京学体系构建的研究范畴。因为在这一思路设想中，已经克服了北京地域文化现象中的孤立性、分散性和表象性，展示了北京地域文化间的内在联系，揭示了北京地域文化中的发展规律，呈现出北京地域文化的理论体系，使

[①] 刘开美：《试论地方学构建中的思维方式与北京学构建的思路设想》，载《北京学研究文集（2008）》，同心出版社2009年版，第447—449页。

北京地域文化成为理论化、系统化的科学。因此透过北京学体系构建思路的设想，使人们从一个层面上明确了地方学是地域文化理论表现的道理。

固然地方学研究所选择的对象是地域文化，地方学研究所表述的内容是地域文化，地方学研究所引用的资料也是地域文化，但是地方学研究并非是地域文化现象的简单罗列，而是通过一系列研究，使地域文化由孤立、分散、表象的文化现象，向理论化、系统化的学科体系飞跃。正是这种飞跃，使地域文化现象得以提升为地域文化理论，从而成为具有完整体系的科学。由此可见，研究地方学是地域文化理论化、系统化的唯一途径；创建地方学学科是地域文化理论化、系统化的唯一标志。从这个意义上讲，地方学就是理论化、系统化的地域文化。这本身就是地方学对地域文化的功能作用之所在。在地方学与地域文化关系中，如果说地域文化决定地方学研究，那么地方学研究则对地域文化起能动的反作用。正是这二者的有机结合才使得地方学与地域文化间的关系如此密不可分。

三　地方学与地域文化的区别

在地方学与地域文化关系中，二者之间不仅密切相关，而且彼此区别。这种区别表现在概念类型不相同、概念内涵不可比和概念外延不对等三个方面。

（一）地方学与地域文化在概念类型上不相同

就概念的类型而言，地方学与地域文化并不相同。地域文化是分散的文化现象，而地方学则是成体系的文化学科。不仅如此，二者所创造的主体也不相同，作为地域性的文化现象，地域文化是通过特定地域的人们在继承与发展中创造的；而作为地域文化的理论体系，地方学则是通过专家学者在研究与构建中创立的。这表明尽管地方学与地域文化关系密切，二者是类型不同的两种概念。地方学研究与地域文化研究不能混为一谈，甚至就连字面完全相同的概念，在地方学研究与地域文化研究中所表达的意思也会截然不同。

在北京历史文化中，有一个地名称谓为"燕京"。最早出现在唐乾元二年（759年），史思明自称应天皇帝，国号大燕，建元顺天，改范阳为燕京，是今北京称燕京之始。辽会同元年（938年）升幽州为幽州府，所建之号也称"燕京"，是辽国陪都的称谓，还称为"南京"。这是人所共知的历史文化现象，从北京地域文化的层面来说，也是北京地域中的一个文化现象。但是在北京地域文化定位研究中有一种见解，基于对地域文化定位的理性思考，结合北京的文化资料，认为北京地域文化应该定位为"燕京"文化，并从文化的地域特征、地域内涵、地域品位等层面对此进行论证，提出"燕京"是北京最具地域特征的文化称谓，是北京最富地域内涵的文化属性，是北京最有地域品位的文化界定。[①]根据这一见解，北京地域文化中的定位文化"燕京"，其内涵并非仅局限于作为大燕都城与辽陪都的"燕京"这一层面，而是包括作为大燕都城与辽陪都"燕京"在内的整个"燕地"与"都城"的广阔范围。这里所要讲的不在于这种见解在实际研究中会有多少可行性，而在于它向学界反映了北京地域文化研究中的一种探索，并通过这种探索所形成的关于北京地域文化定位的见解，来认识字面完全相同的概念"燕京"，在北京学研究与北京地域文化研究中在表意上的区别。应该说这种探索所形成的见解属于北京学研究的范畴。它表明作为北京地域文化现象中的"燕京"，已经成为北京学研究中的一个学科概念。这说明，字面相同的"燕京"所表达的概念属性，在北京学研究中发生了截然不同的变化。

　　认识这种区别对于地方学研究来说至关重要，它表明地方学研究根本在于探求地域文化之间的内在联系，揭示地域文化发展中的规律，构建地域文化研究中的逻辑概念，形成相对完整的地域文化理论体系，而不能将地域文化现象与地方学学科概念相混淆，否则在实际研究中就会造成误解。事实上，当时就有人对北京地域文化定位"燕京"的见解提出过疑义，认为"北京"是一种称谓，"燕京"也是一种称谓，同是首都的一种称谓，这个地域的文化定位，为什么就偏要用"燕京"来概括，而不就用"北京"来概括呢？通过以上叙述不难看出，持此疑问者看问题的着眼点是停留在北京地域文化层面上，而并非是北京学研究层面上的。如果明确了"燕京"在北京学研究与北京地域文化研究中的区别，也就是理解了作为北京文化定位的"燕京"所包含的意义，即从北京学研究的视野上来理解"燕京"的概念内涵，那么就不会将文化定位中所形成的学术概念，与地域称谓中

[①] 刘开美：《论北京地域文化的定位》，载《北京学研究2012：北京文化与北京学研究》，同心出版社2012年版，第22—27页。

所反映的文化现象相混淆，以至产生如此的疑义。由此可见，学界在研究地方学与地域文化关系中，应对地方学与地域文化在概念类型上的区别引起足够的关注。

（二）地方学与地域文化在概念内涵上不可比

就概念的内涵而言，地方学与地域文化并不可比。地域文化内涵十分丰富，而地方学的内涵则相对狭窄。固然地方学的基本内涵可以从广、狭两个层面来理解，但是从实践上讲，要从广义上去把握地方学的内涵是不现实的。因为从广义上讲，地方学是以特定地域里的人类形成发展过程中的活动，以及所创造的物质性与非物质性成果作为研究对象的文化学科。根据这一理解，从时间上讲，地方学涉及的内容是特定地域里的古往今来；从空间上讲，地方学涉及的内容是特定地域里的无所不包。形象地说，根据这一理解，地方学就成了一只筐，什么东西都可以往里装。对地方学基本内涵的这种理解从理论上讲是无可厚非的，但是，作为一门学科，其基本内涵是有严格界定的。界定的标准，归根结底取决于学科的社会功能，也就是创立该学科所要达到的目的。正是学科创立的这一价值取向，决定着该学科的基本内涵。如前所说，地方学是当今中国文化产业地域化的产物。换句话说，构建地方学，是为中国文化产业地域化服务的。既然如此，地方学的基本内涵就不应按照广义的角度去理解。否则，且不说无所不包的基本内涵在学科创立中是难以把握的，即便达到无所不包的程度，势必也会造成学科内容的杂乱无章，结果带来学科功能的无济于事，从而失去学科构建的意义。再说，目前学界从地域角度所构建的学科不少，诸如以上所类举的"地区学""区域经济学""流域经济学""城市经济学""集镇经济学""民族经济学""布局经济学""经济地理学""旅游地理学"等。其中，尽管"地方学"与"地区学"从表面上十分相似。但"地区学"究其内涵也不是无所不包的。因此，"地方学"既不能趋同"地区学"，也不能超越"地区学"。因为再从"地区学"的角度去理解和构建"地方学"，是没有意义的；同样，再将"地区学""区域经济学""流域经济学""城市经济学""集镇经济学""民族经济学""布局经济学""经济地理学""旅游地理学"等学科综合起来构建"地方学"，也是没有必要的。因此，对地方学基本内涵的理解应该从狭义上去把握。

从狭义上讲，地方学是以特定地域里的人类形成发展历史中的活动及创造成果所表现出的精神因素作为研究对象的文化学科。对地方学基本内涵的狭义理解与广义理解相比，学科具有的地域性、应用性和综合交叉性等特征都是相同的，但根本的区别则在于历史文化性上。就是说，从狭义角度理解地方学的基本内涵，要从地域性的历史文化上去把握。从这个意义上讲，地方学是一门以特定地域为特征的、以历史文化研究为主线的、应用性的、诸多学科交叉的文化学科。一句话，地方学就是地域文化学。按照这种理解界定地方学的基本内涵，表明构建地方学就是要立足特定地域，挖掘历史文化资源，运用多学科的理论进行综合交叉研究的系统成果，为发展文化产业尤其是旅游文化产业服务。当然，作为特定地域理解地方学基本内涵，也应从各自的具体实际出发。既不能机械照搬，更不能贪大求全。而要立足地域发展实际，明确地方学基本内涵，注重特色研究，运用研究的成果来为促进地域发展服务。

如前所述，地方学是以地域文化为其研究对象的。因此地方学基本内涵的广、狭两义，来源于地域文化的全、窄之分。既然以上叙述已经反映对地方学基本内涵广、狭两义理解的取舍，那么也就说明了地方学与地域文化在概念内涵上的区别。对特定地域来说，地域文化内涵十分丰富，而地方学则内涵相对狭窄。这种区别对地方学研究来说十分重要，它决定了地方学在以地域文化为研究对象时不能兼收并蓄，面面俱到，应该有所取舍，有所为有所不为。这样才有利于地方学研究向地域文化学科方向发展，不至于同大百科全书般的地域文化类书相混淆。

（三）地方学与地域文化在概念外延上不对等

就概念的外延而言，地方学与地域文化也不对等。地域文化外延极为宽泛，而地方学的外延则相对有限。地方学与地域文化在概念外延上的这种区别，是由概念内涵上的区别决定的。既然地域文化内涵丰富无所不包，那么地域文化外延也就极为宽泛无所不有。这对于地方学研究来说既不现实也不可能。因为地方学的概念内涵相对狭窄，所以地方学的概念外延也就自然相对有限。从已有的研究成果来看，地方学研究的外延，应该包括五个主要方面，即地域文化挖掘整理研究，地域文化评价鉴赏研究，地域文化学科拓展研究，地域文化开发展示研究和地域文化研究史的研究。① 至于地方学学科体系构建中的具体研究对象，就更为狭窄了。② 这在以上关于北京学体系构建思路设想的叙述中可以看出，这里就不展开了。这一切说明，地方学与地域文化在概念外延上的区别是显而易见的。在地域文化研究中，不仅可以而且应该根据实际情况，不断拓展领域，挖掘文化宝藏，为地方学研究提供资料，为文化产业开发提供资源。而在地方学研究中，则应根据学科发展的内在联系，把握学科研究的外延，推动学科研究深入，促进学科体系构建，为创意产业化提供学理指导，为增强文化软实力提供理论支撑。

综上所述，研究地方学，必须明确地方学与地域文化的关系。地方学与地域文化是既有联系又有区别的两个概念。从广义上讲，地方学是以特定地域里的人类形成发展过程中的活动，以及所创造的物质性与非物质性成果作为研究对象的文化学科。而从狭义上讲，地方学是以特定地域里的人类形成发展历史中的活动及创造成果所表现出的精神因素作为研究对象的文化学科。无论是"特定地域里的人类形成发展过程中的活动，以及所创造的物质性与非物质性成果"，还是"特定地域里的人类形成发展历史中的活动及创造成果所表现出的精神因素"，都属于地域文化的基本内涵，只不过在内容上有宽、窄之分罢了。地方学与地域文化在概念类型上是不相同的，地域文化表现为地域性的文化现象，是通过特定地域的人们在继承与发展中创造的；而地方学则表现为地域文化的理论体系，是通过专家学者在研究与构建中创立的。在概念内涵与外延上，地域文化都表现得丰富宽泛，而地方学则表现得相对狭窄。尽管如此，但是地方学与地域文化间的联系密不可分，地域文化是地方学的研究对象，没有地域文化创立不了地方学；地方学是地域文化的理论表现，不创立地方学地域文化就不能构建完整的理论体系。因此，地方学研究要以地域文化研究为基础，而地域文化研究则有待于上升为地方学研究，通过地方学研究成果的指导提升地域文化研究。

---

① 刘开美：《地域文化与地方学研究》，学苑出版社2015年版，第316页。
② 刘开美：《地域文化与地方学研究》，学苑出版社2015年版，第322—325页。

第四篇
2015年北京学研究基地学术工作信息一览

表1 2015年立项的主要科研项目

序号	项目名称	项目来源	负责人
1	中华传统节日文化内涵及其传承研究	国家社科基金项目	张勃
2	元明清时期北京与周边地区关系的历史地理学研究：基于古地图的考察	北京市社科基金重大项目	张妙弟
3	北京学与首都时空发展趋势研究	北京社科基金研究基地项目	张宝秀
4	北京城市社区公共设施时空配置优化研究	北京社科基金研究基地项目	张艳
5	北京抗战遗迹历史文化价值及利用研究	北京社科基金研究基地项目	李宝明
6	西方驻京外交官群体与清代后期中外文化交流研究	北京社科基金研究基地项目	孙琼
7	近代北京治安防控管理研究	北京社科基金研究基地项目	李自典
8	城市化进程中三山五园地区村落文化现状调查与保护策略研究	北京市教委社科计划面上项目	李自典
9	北京市"三山五园"历史文化元素谱系构建	北京市教委社科计划面上项目	尹凌
10	基于李氏朝鲜汉籍资料的三山五园研究	北京市教委社科计划面上项目	张雨
11	传统文化在全国文化中心建设中的地位与影响研究——以道教为例	北京市科委项目	于洪
12	佛教文化在首都文化中心建设中的地位和影响	北京市科委项目	杨靖筠

续表

序号	项目名称	项目来源	负责人
13	北京及周边地区民族建筑流影	北京学研究基地特设项目	张妙弟
14	北京风景园林"天人合一"思想的传承与保护研究	北京学研究基地特设项目	高大伟
15	中国城乡一体化发展报告（2014—2015）北京卷	北京学研究基地特设项目	黄序
16	北京近代公共交通与城市空间演变研究	北京学研究基地特设项目	唐晓峰
17	北京"两轴"的历史文化遗产保护与发挥首都全国文化示范中心作用	北京学研究基地特设项目	郑珺
18	新型城镇化背景下门头沟区传统村落民俗文化传承模式创新研究	北京学研究基地特设项目	张勃
19	从前门到郊县：明清时期京师的山西会馆研究	北京学研究基地一般项目	孟伟
20	新形势下北京运河文化遗产保护与利用研究	北京学研究基地一般项目	朱永杰
21	京津冀一体化与首都旅游竞争力研究	北京学研究基地一般项目	窦群
22	生态位视阈内京津冀旅游一体化发展策略研究	北京学研究基地一般项目	李剑玲
23	新常态下北京城乡旅游一体化发展机制研究	北京学研究基地一般项目	逯燕玲
24	北京市宗地类型划分及再开发模式研究	北京学研究基地一般项目	岳晓燕
25	北京老字号餐饮企业历史流变与传承发展：以全聚德用人文化为例	北京学研究基地一般项目	田雅琳
26	北京新媒体舆论引导对首都消费的影响机制研究	北京学研究基地一般项目	刘宇涵
27	三山五园与周边村落文化保护策略研究	北京学研究基地一般项目	李自典
28	天坛传说的资料收集	横向课题	顾军

续表

序号	项目名称	项目来源	负责人
29	制作10处北京市文物保护单位记录档案	横向课题	顾军
30	北京市东城区历史建筑调查及保护对策研究成果汇编	横向课题	顾军
31	朝阳区十三五生活性服务业发展规划研究	朝阳区商务委	唐少清
32	北京市"互联网+"与首都商务融合发展研究	北京市商务委	崔玮
33	通州区商业流通新模式研究	通州区商务委	李剑玲

表2　2015年出版的主要学术著作和论文集

序号	书名	作者(著/编著/编/主编/译)	类别(专著/论文集/报告集)	出版地	出版社	出版年月
1	《北京学研究2014》	张宝秀	论文集		中国社会科学出版社	2015.4
2	《北京学研究报告2015》	张宝秀	研究报告集	北京	中国社会科学出版社	2015.4
3	《中国城乡一体化发展报告·北京卷(2014—2015)》	张宝秀、黄序	研究报告集	北京	社会科学文献出版社	2015.5
4	《城市办公出行与应急管理》	张景秋等	专著	北京	科学出版社	2015.12
5	《城市空间行为与分异:以北京市为例》	张艳	专著	北京	学苑出版社	2015.7
6	《地域文化与地方学研究》	刘开美	专著	北京	学苑出版社	2015.10
7	《清代满城历史地理研究》	朱永杰	专著	北京	知识产权出版社	2015.7
8	《西安城市史·五代至元卷》	朱永杰	专著	西安	陕西师范大学出版总社	2015.7
9	《贾道燕蕴:古都北京的商业文化》	周小翔等	专著	北京	中华书局	2015.01
10	《格致之路:古都北京的科技文化》	李颖伯	专著	北京	中华书局	2015.06
11	《北京非物质文化遗产传承人口述史——京作硬木家具制作技艺·杜新士》	李自典	专著	北京	首都师范大学出版社	2015.10

续表

序号	书名	作者(著/编著/编/主编/译)	类别(专著/论文集/报告集)	出版地	出版社	出版年月
12	《北京非物质文化遗产传承人口述史——京派内画鼻烟壶·刘守本》	任丽娜	专著	北京	首都师范大学出版社	2015.10
13	《北京非物质文化遗产传承人口述史——"面人汤"面塑·汤夙国》	郝秦玉、丁历	专著	北京	首都师范大学出版社	2015.10
14	《北京非物质文化遗产传承人口述史——"葡萄常"料器·常弘》	沈柏楠、刘沙莎	专著	北京	首都师范大学出版社	2015.10
15	《北京非物质文化遗产传承人口述史——肄雅堂古籍修技艺·汪学军》	赵宁	专著	北京	首都师范大学出版社	2015.10
16	《新北京新布局新思路——北京市产业结构与就业结构协调发展研究》	姜鹏飞	专著	北京	中国市场出版社	2015.7
17	《北京市花园路地区历史与文化研究》	中共海淀区委花园路街道工作委员会、海淀区人民政府花园路街道、北京联合大学应用文理学院(王玉方和胡宗江和张连城编著;张雨副主编)	著作	北京	学苑出版社	2015.2

表3 2015年完成的研究报告

序号	报告名称	作者	类别（调研报告/研究报告）	完成时间	采用单位	备注
1	《关于制定北京历史文化街区保护条例的建议》	朱永杰（执笔）	调研报告	—	北京市政协文史委	
2	《北京市西城区老字号企业竞争力提升研究》	朱永杰	调研报告	—	北京市西城区社科联	
3	《北京传统村落文化现状及保护对策研究》	苑焕乔	调研报告	—	民盟北京市委	提交市委统战部
4	《佛教文化在首都文化中心建设中的地位和影响》	杨靖筠、于洪	调研报告	2015.3	北京市人大民宗侨办	
5	《"互联网+"与北京商务转型升级研究报告》	崔玮等	研究报告	2015.10	北京市商务委	
6	《朝阳区生活性服务业发展策略研究报告》	唐少清等	研究报告	2015.11	朝阳区商务委	

表4 2015年发表的主要学术论文

序号	论文名称	作者	刊物名称	发表年期
1	《北京中轴线的文化空间格局及其重构》	张宝秀、张妙弟、李欣雅	《北京联合大学学报》（人文社科版）	2015年2期（被中国人民大学书报资料中心复印报刊资料《文化研究》2015年8期全文转载）
2	《地方学的地方性与世界性》	张宝秀、成志芬、张妙弟	《北京学研究2014》	中国社会科学出版社，2015年4月
3	《古今贯通 纵横结合 地域文化研究范式的奠基之作——读司徒尚纪教授的〈雷州文化概论〉有感》	张宝秀	《北京学研究2014》	中国社会科学出版社，2015年4月
4	《建构时代的中国节日建设》	张勃	《民俗研究》	2015（1）
5	《中国民俗学会与国家文化建设——以传统节日的复兴重建为例》	张勃（第二作者）	《民间文化论坛》	2015（1）
6	《传统村落与乡愁的缓释——关于当前保护传统村落正当性和方法的思考》	张勃	《民间文化论坛》《文化研究》（人大复印资料）	2015（2）2015（8）
7	《非物质文化遗产不能笼统谈创新》	张勃	《中原文化研究》	2015（3）
8	《再次命名与传统节日的现代转换——基于重阳节当代变迁的思考》	张勃	《西北民族研究》	2015（4）
9	《风俗与善治：中国古代的移风易俗思想》	张勃	《广西民族大学学报》（哲学社会科学版）	2015（5）

续表

序号	论文名称	作者	刊物名称	发表年期
10	《论当下北京新兴节庆的优化发展》	张勃	《北京学研究2014》	中国社会科学出版社2015年版
11	《春秋代序,情以辞发》	张勃	《中国文化报》	2015年2月4日
12	《年俗流变折射时代变迁》	张勃（第二作者）	《光明日报》	2015年2月14日
13	《融古汇今,书写春节情怀》	张勃	《中国文化报》	2015年2月18日
14	《品味羊年 回味春节》	张勃	《经济日报》	2015年3月1日
15	《让春节在生活中落地生根》	张勃	《经济日报》	2015年3月1日
16	《中国古代社会的节日休假》	张勃	《天津日报》	2015年3月23日
17	《荡秋千:清明节的半仙之戏》	张勃	《齐鲁晚报》	2015年4月2日
18	《古人的乡愁寻寄》	张勃	《北京日报》	2015年6月15日
19	《修复与提升:传统村落保护的关键词》	张勃	《中国文化报》	2015年7月20日
20	《传统村落保护必须重视村民参与》	张勃	《光明日报》	2015年8月26日
21	《新型城镇化与历史文化景区的整体保护——以北京三山五园地区为例》	李扬	《北京学研究2014》	中国社会科学出版社2015年版
	《清代北京旗人社会生活管窥:以成府村为例》	李扬	《北京史学论丛2014》	北京燕山出版社2015年版
	《厘清传统村落的非遗保护理念》	李扬	《中国社会科学报》	2015年8月19日
	《对国家级非遗项目"聚元号弓箭"及其传承人的调查与研究》	李扬	《当代北京研究》	2015年第4期
	《颐和园乾隆〈西师诗〉碑的意义和价值初探》	于洪	《学理论》	2015.6
	《挖掘和保护文化基因是历史文化村镇保护之本——读〈家园的景观与基因〉有感》	于洪（第二作者）	《地理研究》	2015.6
	《基于京津冀一体化下的网络城市分析》	唐少清	《中国软科学》	2015.12

续表

序号	论文名称	作者	刊物名称	发表年期
22	《北京生态城市建设策略研究》	李剑玲	《河北学刊》	2015.11
23	《基于"软创新"的北京市文化创意产业社会效益提升研究》	赵卜文（研究生）	《经营与管理》	2015.9
24	《城市副中心的概念、选址和发展模式——以北京为例》	刘洁	《人口与经济》	2015.6
25	《北京市朝阳区居家养老业的现状分析与对策研究》	秦立栓	《人口老龄化与养老服务业发展研讨会论文集》	2015.5
26	《基于京津冀一体化的都市圈比较研究》	唐少清	《北京学研究2014》	中国社会科学出版社2015年版
27	《北京总部经济的特点及提质升级》	张泽一	《中国经济体制改革》	2015.2
28	《城市居民出行的空气污染暴露测度及其影响机制——北京市郊区社区的案例分析》	郭文伯、张艳、柴彦威	《地理研究》	2015.7
29	《北京市重度大气污染时段污染物时空扩散特征》	熊黑钢、赵君仪、张景秋	《环境科学与技术》	2015.9
30	《世界首都区域发展经验对京津冀协同发展的启示》	张景秋、孟醒、齐英茜	《北京联合大学学报》（人文社会科学版）	2015.10
31	《北京城市办公郊区化及其发展阶段研究》	王丹丹、张景秋	《北京联合大学学报》（自然科学版）	2015.7
32	《灰色—多元回归模型下的北京办公用地开发面积预测及供需矛盾研究》	甄茂成、张景秋	《北京联合大学学报》（自然科学版）	2015.4
33	《北京市不同社区居民通勤行为分析》	贾晓朋、孟斌、张媛媛	《地域研究与开发》	2015.2
34	《基于地理探测器的北京市居民宜居满意度影响机理》	湛东升、张文忠、余建辉、孟斌、党云晓	《地理科学进展》	2015.8

续表

序号	论文名称	作者	刊物名称	发表年期
35	《北京城区餐饮老字号空间格局及其影响因素研究》	周爱华、张远索、付晓、朱海勇、董恒年	《世界地理研究》	2015.3
36	《2006—2014年北京市土地出让市场分析》	张远索、仲济香、谷裕、刘珅	《中国国土资源经济》	2015.11
37	《基于GIS的北京城区老字号小吃店空间分布特征研究》	周爱华、张宝秀、董恒年、付晓	《北京联合大学学报》（自然科学版）	2015.10
38	《历史文化街区居民旅游影响的感知研究——以北京什刹海地区为例》	李琛	《北京联合大学学报》（自然科学版）	2015.10
39	《北京城市居住环境类型区的识别与评价》	谌丽、张文忠、李业锦、党云晓、余建辉	《地理研究》	2015.7
40	《北京城市轨道交通发展时空特征分析》	朱海勇	《北京联合大学学报》（自然科学版）	2015.1
41	《基于能值分析的北京城市新陈代谢研究》	宋涛、蔡建明、杜姗姗、倪攀、丁悦	《干旱区资源与环境》	2015.1
42	《基于GIS和计量模型的首都城市群空间范围界定》	林平、杜姗姗	《北京联合大学学报》（自然科学版）	2015.7
43	Measuring Social Vulnerability to Natural Hazards in Beijing－Tianjin－Hebei Region,China	Huang Jianyi、Su Fei、Zhang Pingyu	Chinese Geographical Science	2015.4

表5 2015年主要的科研获奖情况

序号	获奖人	获奖成果类别及名称	奖项名称	授奖单位	获奖时间
1	张勃	明代岁时民俗文献研究	学校科技工作"十大突出贡献"奖	北京联合大学	2015.12

表6 2015年"北京学讲堂"系列讲座

2015年，北京学研究基地继续举办"北京学讲堂"系列讲座。"北京学讲堂"是一个校内外专家学者就北京文化、北京精神和北京的历史、文化遗产、民俗风情、城市变迁、地理环境、生态景观等方面进行知识传播和学术交流的开放性科普教育平台，旨在以北京学研究成果和学术资源更好地为我校人才培养服务，并推进北京文化和北京精神的研究、交流和传播，促进北京学研究基地的对外交流与合作，扩大北京学的影响，努力为首都北京文化大发展大繁荣做贡献。

2015年，"北京学讲堂"共开展讲座9讲（见下表）。2015年北京学讲堂9讲听众人数达1297人次。

序号	主讲人	工作单位	讲座题目	时间	听众构成及人数
1	李建平	北京学研究基地首席专家	北京城·胡同·四合院	2015.3.26	全校师生274人
2	郭豹	北京市正阳门管理处主任	前门楼子九丈九——趣谈正阳门的故事	2015.4.9	全校师生164人
3	董耀会	中国长城学会副会长	万里长城——人文与大地的契合	2015.5.7	全校师生45人
4	安全山	北京永定河文化研究会副会长	京西古道文化及其特点	2015.5.28	全校师生25人

表 6　2015 年"北京学讲堂"系列讲座　317

续表

序号	主讲人	工作单位	讲座题目	时间	听众构成及人数
5	唐晓峰	北京大学城市与环境学院教授	水与北京城的关系	2015.6.17	全校师生 20 人
6	梁怡	北京联合大学海外中国学研究中心首席教授	约翰·拉贝和老北京	2015.10.28	全校师生 257 人
7	岳永逸	北京师范大学文学院副教授	旧京的庙会与庙市	2015.11.5	全校师生 238 人
8	张艳	北京学研究所助理研究员	单位大院的故事:北京工业文化遗产的保护与利用	2015.12.7	全校师生 138 人
9	张勃	北京学研究所研究员	时间节律与日常生活——漫话二十四节气	2015.12.27	全校师生 136 人

表7 2015年举办的主要学术活动

序号	名称	主办单位	协办单位	时间	地点
1	记住乡愁，传承文化——第十七次北京学学术年会	北京学研究基地、北京史研究会	《北京联合大学学报》编辑部、北京地理学会、中国近现代史史料学会地方文献研究中心	2015.6	北京
2	北京学研究基地发展暨文化遗产空间保护与文脉传承研讨会	北京学研究基地	—	2015.11	北京
3	"北京学之我见"专家咨询研讨会	北京学研究基地	—	2015.12	北京
4	北京史研究与北京学探索学术前沿论坛暨研究成果展	北京市社会科学界联合会、北京史研究会、北京学研究所	—	2015.10	北京
5	"城市化进程中节庆文化的变迁与发展"学术研讨会	中国音乐学院、文化部民族民间文艺发展中心、北京学研究所	—	2015.10	北京
6	城市的变迁——2015年中国地方学国际学术研讨会	中国地方学研究联席会、扬州市历史文化名城研究院、扬州大学社会发展学院	北京学研究基地	2015.6	江苏扬州
7	绿色经济、文化传承、材料创新——2015年北京洪堡论坛·绿色城镇化	对外经贸大学、德国洪堡基金会联合主办	北京学研究基地	2015.9	北京

续表

序号	名称	主办单位	协办单位	时间	地点
8	"城市化进程中节庆文化的变迁与发展"学术研讨会	中国音乐学院、文化部民族民间文艺发展中心、北京学研究所	—	2015.10	北京

表8 2015年参加的主要学术活动

序号	名称	主办单位	参加人员	时间	地点	规模
1	"东亚首都的持续与变迁"国际学术研讨会	韩国首尔市立大学首尔学研究所	李建平、成志芬、刘丹	2015.2	韩国首尔	
2	第22期"敬文民俗学沙龙"	北京师范大学文学院	张勃	2015.1	北京	
3	中国生肖文化研究中心成立大会	中国民俗学会、山西省稷山县人民政府	张勃	2015.1	山西稷山	
4	"中国古村镇保护与利用"研讨会	北京古都学会、中国文物学会古村镇专业委员会等	张宝秀、张勃、苑焕乔、李自典、李扬	2015.4	北京	
5	第十四届文学与美学国际学术研讨会:文学的跨领域视野	淡江大学中文系	张勃	2015.5	台湾	
6	"礼俗互动:近现代中国社会研究"学术研讨会	山东大学文化遗产研究院	张勃	2015.5	济南	
7	二十一世纪民俗节庆文化发展及"嘉兴模式"探索国际学术研讨会	中国民俗学会、嘉兴市政府	张勃	2015.6	嘉兴	
8	中国的双城记:比较视野下的北京与上海城市历史研究国际学术研讨会	北京社会科学院、华东师范大学上海史研究中心	李扬、李自典	2015.6	北京	

表8 2015年参加的主要学术活动　321

续表

序号	名称	主办单位	参加人员	时间	地点	规模
9	2015（第十三届）海峡两岸休闲产业与乡村旅游发展学术研讨会	中国科学院地理科学与资源研究所、广西桂林理工大学、中国地理学会乡村景观与休闲产业研究会、中国人类学民族学研究会民族旅游专业委员会、台湾亚洲大学等	孟斌、张勃	2015.7	广西桂林	
10	首届北京宗教研究高端论坛—北京的多元宗教与和谐社会建设	中国社会科学院宗教学所	左芙蓉、杨靖筠	2015.7	北京	200人
11	第22届国际历史科学大会	国际历史学会	张勃、尹凌、程德林	2015.8	济南	
12	地方学的应用与创新座谈会	鄂尔多斯学研究会、中国地方学研究联席会	张宝秀、张勃	2015.9	鄂尔多斯市	
13	"华北城乡与近代区域社会"暨第六届中国近代社会史学术研讨会	—	李自典	2015.9	保定	
14	第二届晋学与区域文化国际学术研讨会暨荀学与诸子学论坛	山西师范大学历史与旅游文化学院、山西省晋学研究中心	张勃	2015.10	山西临汾	
15	京张历史文化协同研究座谈会	晋察冀边区文化研究院	李建平、刘丹	2015.10	张家口	
16	中国民俗学会2015年年会	中国民俗学会、辽宁大学	张勃	2015.10	沈阳	
17	大数据与时空行为规划研讨会暨第十次空间行为与规划研讨会	同济大学建筑与城市规划学院、高密度区域智能城镇化协同创新中心主办，上海同济城市规划设计研究院、中国城市规划学会国际城市规划专业委员会协办	张艳	2015.1	上海	

续表

序号	名称	主办单位	参加人员	时间	地点	规模
18	美国地理学家协会2015年会	美国地理学家协会	张艳、张景秋、黄建毅、何丹	2015.4	美国芝加哥	
19	第十届中日韩地理学家学术研讨会暨第一届亚洲地理学大会	由中国地理学会主办,华东师范大学与日本地理学家协会、韩国地理学会联合主办,华东师范大学地理科学学院承办	张艳	2015.10	上海	
20	第十一次空间行为与规划研究会暨"时空行为研究与应用前沿"学术研讨会	主办单位:中山大学地理科学与规划学院 中国城市时空行为研究网络（Urban China Spatial-temporal Behavior Research Network）承办单位:中山大学地理科学与规划学院 综合地理信息研究中心	张艳	2015.12	广州	
21	"两岸四地"青年地理学者学术沙龙	主办单位:中国地理学会青年工作委员会 承办单位:中山大学地理科学与规划学院	张艳	2015.12	广州	
22	2015年全国地理学会秘书长工作交流会	主办单位:中国地理学会 协办单位:海南师范大学	张艳	2015.12	海口	
23	"全球视域下三山五园文化遗产传承和保护"学术研讨会	北京联合大学、中共海淀区委宣传部、天津大学	尹凌、石竞琳、李扬、李自典	2015.10	北京	
24	"故宫博物院成立90周年暨清代万寿盛典"学术研讨会	故宫博物院	李扬	2015.10	北京	

表 8 2015 年参加的主要学术活动

续表

序号	名称	主办单位	参加人员	时间	地点	规模
25	第二届全国文化遗产保护研究生论坛	—	—	2015.11	北京	
26	2015年中国当代社会史学术研讨会	北京师范大学	李自典	2015.11	北京	
27	"空间正义与城市规划"学术研讨会	首都师范大学文化研究院	李扬	2015.11	北京	
28	全媒体时代的文艺价值重构：2015·北京文艺论坛	北京市文联主办，北京市文联研究部、北京文艺评论家协会承办	张勃	2015.12	北京	
29	薪火相传：传统节日文化校园传承学术研讨会	华东师范大学校园文化建设委员会主办、华东师范大学社会发展学院民俗学研究所承办	张勃	2015.12	上海	
30	历史影响研究与文化传播：第二届全国影像史学学术研讨会	北京师范大学历史学院、北京师范大学历史影像研究中心	李扬	2015.12	北京	
31	《北京学学术文库》选题论证暨专家咨询会	北京学研究基地	—	2015.1	北京	20多人